高等学校应用型特色规划教材

广告策划与写作实务

曾红宇　主　编

陶　磊　胡芳豪　袁　超　副主编

清华大学出版社
北京

内 容 简 介

本书贯彻以任务导向为中心的教学理念,先提出探索问题,再引导学生边学边实践,是编写团队多年教学经验的结晶。

全书内容涉及认识广告写作、广告调查报告写作、广告文案写作、广告策划书写作、广告合同写作,共5个项目、22个任务、5个实训。为方便不同专业师生使用,在每个项目中设计了"情境描述""学习目标""学习任务""课后练习",在每个任务中设置了"教学准备""案例导入""知识嵌入""课堂演练"等部分,特别是"课堂演练"能有效地巩固任务知识学习和技能操作。

本书适合普通高等院校(含高职院校)出版发行、传媒策划与管理、文化市场经营与管理、新闻采编、广告、中文、艺术设计、行政管理、工商管理、公共管理等专业的学生作为教材使用,也可作为相关业务人士的学习参考书。

本书封面贴有清华大学出版社防伪标签,无标签者不得销售。
版权所有,侵权必究。举报:010–62782989,beiqinquan@tup.tsinghua.edu.cn。

图书在版编目(CIP)数据

广告策划与写作实务/曾红宇主编. —北京:清华大学出版社,2016(2023.1重印)
高等学校应用型特色规划教材
ISBN 978-7-302-42669-1

Ⅰ. ①广… Ⅱ. ①曾… Ⅲ. ①广告学—高等学校—教材 ②广告—写作—高等学校—教材 Ⅳ. ①F713.8

中国版本图书馆 CIP 数据核字(2016)第 014152 号

责任编辑:	陈冬梅　李玉萍
封面设计:	杨玉兰
责任校对:	吴春华
责任印制:	沈　露
出版发行:	清华大学出版社
网　　址:	http://www.tup.com.cn, http://www.wqbook.com
地　　址:	北京清华大学学研大厦 A 座　邮　编:100084
社 总 机:	010-83470000　邮　购:010-62786544
投稿与读者服务:	010-62776969, c-service@tup.tsinghua.edu.cn
质量反馈:	010-62772015, zhiliang@tup.tsinghua.edu.cn
印 装 者:	天津鑫丰华印务有限公司
经　　销:	全国新华书店
开　　本:	185mm×260mm　印　张:15.5　字　数:374 千字
版　　次:	2016 年 4 月第 1 版　印　次:2023 年 1 月第 5 次印刷
定　　价:	45.00 元

产品编号:062361-03

高等学校应用型特色规划教材
出版传媒系列丛书编委会名单

主　任：唐乘花

副主任：章忆文　陆卫民　袁　超　张　波

编委会成员：

唐乘花	章忆文	陆卫民	张彦青	李玉萍
王谷香	刘为民	陆　文	张　波	陈　琦
余　福	周蔡敏	赵艳辉	袁　超	曾红宇

本书编委会名单

主　编：曾红宇

副主编：陶　磊　胡芳豪　袁　超

编写人员：

刘为民　陆　文　张　波　余　福

杨钰莹　欧继花　周蔡敏　赵艳辉

唐乘花

前　言

社会经济的发展和信息时代的到来，使广告日益成为个人和企业宣传自身、诱导消费、推进新技术新产品发展，甚至传递审美价值的重要媒介。中国在成为世界级广告市场的同时，其自身的广告业务能力也在向世界广告业的先进水平奋力赶超。广告写作不仅仅是一个运用语言文字与受众沟通的过程，更是一个思维创造的过程，在整个广告活动中起着基础性的作用。因此，对广告活动中各种文体写作技巧的把握应该成为衡量广告人能力和业务水平的主要指标。

中国的出版业正在从传统型走向数字化。今天高职院校培养的未来出版行业的从业者不仅需要精通传统出版业务，还需要与时代接轨，向新技术看齐。我们认为，掌握实用广告的策划与写作技能正是数字化出版的需求与召唤。

本书旨在从高职高专出版专业学生的学习目标和广告行业的通用能力要求出发，以广告作品创作的完整过程为主线，以不同阶段主要文本的写作为节点，在系统阐述各文案写作理论知识的同时，突出学生写作能力的实践性训练，同时，力求实用性、时代性、趣味性、通俗性的和谐与统一。

根据写作本身实践性强的特点，全书采取项目导向、任务驱动式编排。通过每一项目的"情境描述"对本项目的学习意义、学习内容做了全面概括；"学习目标"从理论知识和写作能力两个方面对教学目的进行界定；"学习任务"则对学生的学习要求做出最终明确，这些都能够帮助学生在学习之前即对所学内容和要求形成感性认知。进入具体任务后，"案例导入""知识嵌入""课堂演练"寓学于做，强调了学生主导、能力主导的职业教育改革理念，"教学准备"则为教学工作提供相应的建议和保障。总体而言，体例上的这种结构安排使得本书具有方便学、方便教、方便用的特点。

本书由湖南大众传媒职业技术学院曾红宇老师担任主编，负责拟写大纲并编写各章节；湖南大众传媒职业技术学院陶磊、胡芳豪和袁超老师担任副主编，负责全书的汇编、统筹，以及结构和文字的梳理。感谢同院出版业专家唐乘花教授在整个书稿编著过程中的指导与帮助。

本书编写过程中借鉴、引用了国内同类教材、著作、杂志、报纸、权威网站中的不少资料，因不便与原作者一一沟通，在此深表谢忱。

广告行业的发展日新月异、突飞猛进，由于编者水平有限、时间仓促，书中疏漏、不足在所难免，敬请专家、学者及广大读者不吝赐教，斧正是幸。

编　者

目　　录

项目一　认识广告写作 1
　任务1　认知广告与广告写作 1
　　【教学准备】 1
　　【案例导入】 2
　　【知识嵌入】 2
　　　一、广告 3
　　　二、广告写作 4
　　【课堂演练】 7
　任务2　广告写作者相关素质要求 7
　　【教学准备】 7
　　【案例导入】 7
　　【知识嵌入】 8
　　　一、应具备的相关学科知识 8
　　　二、应具备的专业技能 9
　　　三、应具备的思维方式 11
　　【课堂演练】 13
　项目实训——广告写作者知识储备 13
　课后练习 14

项目二　广告调查报告写作 16
　任务1　广告调查的内容 17
　　【教学准备】 17
　　【案例导入】 17
　　【知识嵌入】 17
　　　一、广告调查的含义与作用 18
　　　二、广告市场调查的内容 19
　　【课堂演练】 25
　任务2　广告调查的方法 25
　　【教学准备】 25
　　【案例导入】 26
　　【知识嵌入】 27
　　　一、广告调查方法概述 27
　　　二、二手资料的收集方法 28
　　　三、原始资料的收集方法 30

　　　四、问卷设计 33
　　【课堂演练】 37
　任务3　广告调查报告 37
　　【教学准备】 37
　　【案例导入】 37
　　【知识嵌入】 39
　　　一、调查报告的基本要求 39
　　　二、调查报告的结构 39
　　　三、撰写调查报告的注意事项 42
　　【课堂演练】 42
　项目实训——广告调查报告写作 42
　课后练习 47

项目三　广告文案写作 48
　任务1　认知广告文案写作 49
　　【教学准备】 49
　　【案例导入】 49
　　【知识嵌入】 50
　　　一、广告文案写作的立足点 51
　　　二、广告文案写作的原则 52
　　　三、广告文案写作的要求 56
　　【课堂演练】 58
　任务2　广告标题和标语的写作 58
　　【教学准备】 58
　　【案例导入】 58
　　【知识嵌入】 59
　　　一、标题和标语的含义及作用 59
　　　二、广告标题的拟定 62
　　　三、广告标语的撰写 69
　　【课堂演练】 72
　任务3　广告正文和随文的写作 73
　　【教学准备】 73
　　【案例导入】 73
　　【知识嵌入】 74
　　　一、广告正文写作 74

二、广告随文的写作..........................84
   【课堂演练】..............................85
 任务 4　报纸广告文案写作..................86
  【教学准备】................................86
  【案例导入】................................86
  【知识嵌入】................................87
  一、报纸广告的特点........................87
  二、报纸广告文案的特点..................89
  三、报纸广告文案的写作技巧............89
   【课堂演练】..............................95
 任务 5　杂志广告文案写作..................95
  【教学准备】................................95
  【案例导入】................................96
  【知识嵌入】................................96
  一、杂志广告文案写作......................97
  二、杂志广告的类型........................99
  三、杂志广告画面布局的原则..........101
   【课堂演练】............................103
 任务 6　广播广告文案写作................105
  【教学准备】..............................105
  【案例导入】..............................105
  【知识嵌入】..............................105
  一、广播广告的构成要素................105
  二、广播广告文案的表现形式..........108
  三、广播广告文案的语言要求..........113
   【课堂演练】............................116
 任务 7　电视广告文案写作................117
  【教学准备】..............................117
  【案例导入】..............................117
  【知识嵌入】..............................118
  一、电视广告文案的构成要素..........118
  二、电视广告文案写作格式............119
  三、电视广告文案写作要求............123
  四、电视广告文案写作技巧............124
   【课堂演练】............................126
 任务 8　新媒体广告文案写作............126
  【教学准备】..............................126
  【案例导入】..............................127
  【知识嵌入】..............................127

  一、网络广告文案的特征................127
  二、网络广告文案的形式................128
  三、网络广告文案写作注意事项......131
   【课堂演练】............................133
 项目实训——广告文案写作..............133
 课后练习..135

项目四　广告策划书写作..............136

 任务 1　解读广告策划书..................137
  【教学准备】..............................137
  【案例导入】..............................137
  【知识嵌入】..............................138
  一、认识广告策略单......................138
  二、广告策划书............................140
   【课堂演练】............................142
 任务 2　市场环境分析......................143
  【教学准备】..............................143
  【案例导入】..............................144
  【知识嵌入】..............................144
  一、PEST 分析..............................144
  二、产品分析................................146
  三、消费者分析............................150
  四、竞争对手分析........................151
  五、SWOT 分析............................152
   【课堂演练】............................153
 任务 3　营销策略提案......................153
  【教学准备】..............................153
  【案例导入】..............................153
  【知识嵌入】..............................153
  一、营销策略概述........................154
  二、营销策略的种类、特点和
   要素......................................156
  三、营销策略提案写作..................159
  四、营销策略常用形式..................164
   【课堂演练】............................169
 任务 4　广告创意执行提案................169
  【教学准备】..............................169
  【案例导入】..............................169
  【知识嵌入】..............................170

一、什么是广告创意 170
二、广告创意的基本理论 175
三、广告创意的表现原则 179
四、广告创意的表现形态 187
【课堂演练】 191

任务 5　媒介投放提案 191
【教学准备】 191
【案例导入】 191
【知识嵌入】 192
一、广告媒介概述 192
二、选择媒介的影响因素 195
三、选择广告媒介的方法与原则 ... 197
【课堂演练】 199

任务 6　广告预算 199
【教学准备】 199
【案例导入】 199
【知识嵌入】 199
一、广告预算的作用 200
二、广告预算的内容 201
三、广告预算的方法 201
四、影响广告预算的因素 205
【课堂演练】 206

任务 7　广告提案 206
【教学准备】 206
【案例导入】 206
【知识嵌入】 207
一、什么是广告提案 207
二、广告提案演示部分的写作 208

三、广告提案表达的准备工作 211
【课堂演练】 212
项目实训——广告提案演练 212
课后练习 214

项目五　广告合同写作 215

任务 1　认知广告合同 215
【教学准备】 215
【案例导入】 216
【知识嵌入】 217
一、广告合同的含义和特征 217
二、广告合同的主要条款 218
三、广告合同制度 220
四、广告合同的法律适用 221
【课堂演练】 222

任务 2　不同类型广告合同的写作 ... 223
【教学准备】 223
【案例导入】 223
【知识嵌入】 224
一、广告设计、制作合同 224
二、广告发布合同 227
三、广告代理合同 230
【课堂演练】 231
项目实训——广告代理合同写作 ... 231
课后练习 232

附录　授课计划表(72 课时) 233

参考文献 236

项目一　认识广告写作

【情境描述】

随着经济改革的深入，出版行业的市场化程度越来越高。根据《中国经济报》的报道，"转企改制、兼并重组、上市融资"等越来越成为出版行业的热门话题。民营资本的引入、畅销书的运作、数字出版的发展，使得营销手段、广告投放与出版业的联系日益紧密，操作方式亦日渐成熟。企业和作品的营销离不开广告，广告也可以依据自身的需要嵌入出版物中。互惠互利、互相需要已将出版和广告紧紧联系到了一起。

作为出版与发行专业的学生，熟悉广告活动的流程，掌握广告写作的特点、内容及原则，能够主动修正、完善自我广告写作意识，具备广告文案撰稿人应有的知识、技能、品德素质，对于自己的职业必将大有裨益。

本项目将带领读者获得包括基本概念、内涵、原理、要求、素质等在内的关于广告、广告写作及广告撰稿人的必需、够用的理论知识，完成相应的实训任务，为将来从事出版物与出版企业的推广、营销、广告插入、市场运作及相关工作奠定基础。

【学习目标】

- 掌握广告活动的流程。
- 熟悉广告写作的内容。
- 能主动修正、完善自我的广告写作意识。

【学习任务】

任务1　认知广告与广告写作(建议：2课时)

任务2　广告写作者相关素质要求(建议：2课时)

项目实训——广告写作者知识储备训练(建议：2课时)

任务1　认知广告与广告写作

【教学准备】

1. 具有互联网环境的实训教室。
2. 指定可链接的网页。

(1) 中国大学生广告艺术节学院奖(http://www.xueyuanjiang.cn/)。
(2) 第七届全国大学生广告艺术大赛(http://www.sun-ada.net/)。
(3) 聚美优品官网(http://bj.jumei.com/)。

【案例导入】

聚美优品：一则广告为何能赢得上万人"围观"

2012年11月，聚美优品在湖南卫视"快乐大本营"投放两期的一则广告迅速红遍大江南北，短短两个月，赢得单纯优酷网上近400万次的点击——上千万人'围观'。其广告词"你只闻到我的香水，却没看到我的汗水，你有你的规则，我有我的选择，你否定我的现在，我决定我的未来，你嘲笑我一无所有，不配去爱，我可怜你总是等待，你可以轻视我们的年轻，我们会证明这是谁的时代，梦想是注定孤独的旅行，路上少不了质疑和嘲笑，但那又怎样，哪怕遍体鳞伤也要活得漂亮！"更是引发世人的争相模仿，形成当年网络书写新宠"陈欧体"。有广告圈内资深人士评价聚美优品全新商业广告片称："文案一流、配音有张有弛、音乐节奏恰到好处、画面干净唯美，相当赞的创意！"

该广告在传统媒体上的投入仅限湖南卫视两周，在"快乐大本营"的黄金时间投放4次。由于电视平台的成本相对较高，聚美优品发起全力攻击——用足2分钟时间(与其他15秒广告形成鲜明对比)脱颖而出，然后迅速收兵——两期投放后不再投放。这种集中广告投放方式，比持续几个月在电视中单调、反复播放效果更加明显。聚美优品的成功还来自打通了电视与网络媒体的使用界限，将广告由传统媒体转移到网络媒体上形成热门讨论话题，无论是拥有上千万粉丝的明星还是普通用户都参加了讨论。广告播出后，奥运冠军孙杨、著名主持人何炅、知名艺人韩庚均在微博上转发、评论该广告。拥有2400万粉丝的何炅看过广告后说："我承认，有点儿感动。"聚美优品的投资人徐小平在转发微博时评价："非常精彩，非常深刻，反映了这个时代的声音。"孙杨、何炅、韩庚和徐小平四人拥有的粉丝总数超过7000万，即便不计算粉丝的重复转发，这则广告实际吸引到的群体数目也是异常庞大的。

【知识嵌入】

广告写作从本质上说是对广告创意与广告策略的表达。

世界著名的广告文案写作大师大卫·奥格威(David Ogilvy)说过："广告是文字性的行业……在奥美广告公司，通常写作越好，提升越快。"著名广告学者H.史载平斯也提到："文案是广告的核心。"广告写作在整个广告中所处的位置非常重要。首先，几乎所有形式的广告都会用到语言文字。不管是传统媒体还是新媒体都需要通过语言文字来突出广告创意和广告策略。其次，有关调查机构经过科学测试得出结论："广告效果的 50%~75% 来自广告文案写作。"

一、广告

美国历史学家、斯坦福大学教授波特说："广告对社会的影响，目前已可以与拥有悠久传统的教会和学校相匹敌。广告支撑了各种媒体的发展，在大众兴趣的形成上也起到了很大的作用。可以说，广告已成为当代重要的社会组成部分。"在现代生活中，广告是一种非常普遍的现象。随着科学技术的发展，经济日益繁荣，人们的需求越来越旺盛，广告活动已经深入到社会、经济、文化等各个方面，成为人们生活中不可或缺的部分。广告无处不在，人们的衣食住行、休闲娱乐，处处受到广告所传递观念的影响，可以说，现代人每时每刻都生活在广告包围中。美国人曾这样调侃道："我们呼吸的空气由氧气、氮气和广告组成。"

在经济高速发展的今天，广告早已成为传递商品信息、引导消费习惯的重要工具，"一则广告救活一个工厂""一则广告成就一个百年品牌""一则广告引导一种生活潮流"的事件屡见不鲜。广告业在经济发展的推动下持续增长，被称为"世界上最大的无烟工业"。那么，究竟何为"广告"？

普遍认为，"广告"一词源于拉丁文 Advertere，意思是引起注意、进行关注诱导。公元 1300 年至 1475 年间，中古英语里出现了 Advertise，其含义演化为"某人注意到某事"，后演变为引起别人注意，通知别人某件事情。17 世纪英国工业革命开始进行大规模商业活动，让"广告"一词广泛流行。这里的"广告"不是单指一则广告，而是指一系列广告活动。由此，广告的动词词性发生了变化，成了名词"广告"。当时在报纸上经常可以看到的 Advertisement 字样的标题，意为通告、告示，以引起读者的注意。

一般而言，广告有广义和狭义之分。广义的广告是指广告活动，一切为了沟通信息、促进认知的广告传播形式都包括在内。从大的分类来看，广告可分为商业广告和非商业广告。狭义的广告是指商业广告，是传统广告学的主要研究对象。国内外学者根据广告目的侧重点的不同对广告的定义有着不同的表述。

(1) 广告是一种销售形式，它推动人们去购买商品、劳务或接受某种观点。广告这个词来源于法语，意思是通知或报告。登广告者为广告出钱是为了告诉人们有关某种产品、某项服务或某个计划的好处。(《美国小百科全书》)

(2) 广告是付费的大众传播，其最终目的为传递情报，改变人们对广告商品的态度，

诱发行动而使广告主得到利益。(美国广告主协会)

(3) 广告是客户为实现目的而针对特定对象进行的信息传播活动，其内容包括商品、服务、意图(想法、方针、意见)等。信息传播是通过媒体实现的，企业广告的目的是满足消费者的需要，并起到创造社会经济效益的作用。(日本小林太三郎)

(4) 广告是向公众介绍商品、报道服务内容和文娱节目等的一种宣传方式，一般通过报刊、电台、电视台、招贴、电影、幻灯、橱窗布置、商品陈列的形式来进行。(1989年《辞海》)

(5) 广告是商品经营者或服务提供者承担费用，通过一定媒介和形式直接或间接地接受自己所推销的商品或者所提供的服务。(1994年《中华人民共和国广告法》)

广告概念的具体阐述很多，目前学术界和广告界较倾向和较权威的定义是1984年美国市场营销协会的界定：广告是广告主为了推销其商品、劳务或观念，在付费的基础上，通过传播媒体向特定的对象进行的信息传播活动。

二、广告写作

广告是一种传播活动，将广告写作置身于整个广告活动中，涉及的写作内容非常多。下面我们先来了解一下广告活动的内容、参与者以及广告写作的内容。

1. 广告活动的内容

广告活动是广告信息传播的全过程，包括广告内容、表现方式、运作行为以及所产生的效果。人类社会从出现广告活动开始，发展到今天广告活动随处可见，无时不在，深入到社会生活、经济和文化的各个方面，广告已经显示出强大的生命力以及在发展过程中的独特作用。总体而言，完整的广告活动包括以下几个部分。

1) 广告调查

调查是开展广告活动的起点和基础，也是争取理想广告效果的重要环节。广告调查涉及有关资料的收集、整理、分析，对市场环境、商品、目标消费者和竞争对手的把握，为广告主提供有力的调查报告，完成广告决策。在一次广告活动结束时，广告效果测评也涉及广告调查。广告传播出去后，到底有多少人接触到？产生了什么影响？对企业营销有多大的促进作用？进行广告效果的检测与评估，可以对广告传播的效益做到胸有成竹，同时，也是对前期广告活动如广告创意、广告设计等的一个检验。通过效果评估，还能为调整和改进下一步广告活动提供依据。当然，它也是广告调查的一项重要内容。

2) 制订广告计划

制订出详细周密的广告计划是广告活动的核心任务。这要求在广告调查的基础上，通过对目标市场的分析研究，结合广告客户的具体情况，构思出广告活动整体实施方案，提出广告战略和战术，撰写出广告计划书。广告计划是否周全，关系到广告活动的水平和质量，决定着广告活动的成败。

3) 创作广告作品

创作广告作品是广告表现的问题。怎样把广告信息内容通过语言文字表现出来，需要构思和创造，也需要设计和制作。广告作品是广告创作成果的直接体现。广告作品的创作与其他创作不同，需要依据广告总体目标和要求，既要有艺术魅力，又要有营销效果，也是整体广告活动中非常重要的组成部分。

4) 传递广告信息

广告活动的最终目的，是向广告客户传递产品或品牌信息。这就需要选择一定的媒体并进行媒体组合，选择适当的时机，采用一定的组合方式把广告作品发布给目标受众。

2. 广告活动的参与者

从机构组成上看，广告活动的参与者主要有 4 类：广告主、广告公司、广告媒体以及调研制作公司。广告主是广告活动的源头和中心，他们刊播广告的意义和行为是广告活动的起点。广告公司、媒体和调研制作机构是广告活动的支持。

1) 广告主

根据《中华人民共和国广告法》总则，广告主是指为推销商品或者提供服务，自行或者委托他人设计、制作、发布广告的法人、其他经济组织或者个人。广告主是广告活动的重要参与者，可以是自然人也可以是法人。

2) 广告公司

广告公司是指受委托提供广告设计、制作、代理服务的法人、其他经济组织或个人。一般为广告主或广告媒体提供服务。

3) 广告媒体

广告媒体是指为广告主或广告委托的广告经营者发布广告的法人或其他经济组织。广告主可以选择自行发布广告，但更多情况下是通过广告经营者委托广告媒体发布广告。需要指出的是，我国不允许私人性质的组织或个人经营大众传媒。因此，对广告发布者的资格审查非常严格。

4) 广告调研制作机构

广告调研制作机构是指为广告主、媒体和广告公司服务的下游企业,它们协助广告活动的整体过程。

5) 其他组成部分

(1) 广告管制部门。广告管制部门执行国家和政府的相关法规,是依法对广告活动进行监管的组织。我国的广告监督管理机关主要是国家工商管理总局和县级以上人民政府工商行政管理部门。它们的主要职责是:对广告发布者和经营者的经营申请进行审查登记,对广告活动实施监督管理,对广告违法行为实施行政处罚,维护消费者利益、保护企业合法权益、保护市容环境、促进精神文明建设等。

(2) 广告受众(消费者)。广告受众是接触、接受广告信息的各类消费者。广告活动的其他角色都是围绕广告受众进行的,广告主以其为目标,广告经营者和广告发布者接受其检验,广告监督者为其服务。广告受众是广告活动的中心。

3. 广告写作的内容

我国大部分学者对广告写作的研究主要在"广告文案",仅指广告作品中的语言文字部分,只有少部分学者将"广告文案"置于整体广告活动中,使其内涵和外延变得更宽广。顾执在《广告文案技法》一书的引言中提到:凡是在广告活动中为广告而撰写的文字资料都可以称为广告文案,其中包括广告计划书、广告媒体计划书、广告策划书、广告预算书、广告总结报告、广告调查报告,以及广告策划过程汇总产生的书面文本;同时还包括广告业务部门为开展广告业务而编制的广告刊例、广告订单、广告合同等有关样本、表格等文字资料。从广告活动整体过程来看,广告写作的内容主要包括以下几个方面。

1) 广告调查报告

无论是对产品信息的收集、整理和分析,或是对市场环境的把握,乃至后期的广告效果评估,都需要形成统一的调查报告,即广告调查报告。

2) 广告文案

广告文案是指每一个广告作品中传达广告信息而使用的全部语言符号(包括有声语言和文字)所构成的整体就是广告文案。它与非语言符号共同构成优秀的广告作品。当然,广告文案既包括已完成的为传达广告信息而使用的全部语言符号,也包括为广告作品的最终完成提供蓝本的那一部分语言符号(如广播广告文案、电视广告文案脚本等)。

3) 广告策划书

广告活动中,对其运作过程中的每一部分做出分析和评估,并制订出相应的实施计划后,最终要形成一个纲领式的总结文件,就是我们所说的广告策划书。广告策划书主要提供给广告主审核,是经其认可的广告运动的策略性指导文件。

4) 广告合同

广告合同是指广告客户与经营者之间、广告经营者与广告经营者之间确立、变更、终止广告承办或代理关系的协议。

【课堂演练】

1. 谈谈你印象最深刻的广告,并说明理由。

2. 打开你的微信朋友圈,请统计朋友圈中有哪几种类型的广告,分别指出他们的广告目的是什么?

任务2　广告写作者相关素质要求

【教学准备】

1. 具有互联网环境的实训教室。

2. 指定可链接的网页。

(1) 中国大学生广告艺术节学院奖(http://www.xueyuanjiang.cn/)。

(2) 第七届全国大学生广告艺术大赛(http://www.sun-ada.net/)。

(3) 中国广告网(http://www.cnad.com/)。

(4) 中华广告网(http://www.a.com.cn/)。

【案例导入】

广告文案撰稿人的"构思装置"

日本D广告公司的一位优秀撰稿人曾成功地为旭化成、丰田、日清食品等品牌撰写过广告。她在谈到自己的创作经验时,说道:"广告要让客户满意,要让消费者满意,要让自己满意。"

优秀的广告创意人要创作出让人回头看的广告,同时还要传递出让人喜欢的信息。

创意的第一个步骤如同打猎,冷静而专注。只有认真分析猎物的各种动作,猎人才能准确地知道从什么角度攻击猎物的哪个部位。创意的第二个步骤就是画出各种设计图。大部分书籍都提到构思无限制,实际上很难做到天马行空地随便想。冲破常识性的构思很难,这时就需要运用"构思装置"。

每个广告写作人员都有自己的方向，也就是拥有自己的"构思装置"。构思装置中装满了自己的智慧和解决问题的各种工具。优秀的广告创意人员都有自己独特的抽屉，在生活中不断积累经验，将积累的信息按自己的方式分析并重新组合后，形成新的知识储备。他们都善于从别人的广告中发现所需要的东西，为己所用。

以辣椒的"辣"为例，广告文案撰稿人的"构思装置"中有：直截了当——一个字，辣！比喻——辣！让全世界热泪盈眶；夸张——汗水淹没了房屋，形成历史长河；炫耀——美国的辣椒算得了什么；诙谐——尖嘴猴腮的家伙。拟人——蔬菜王国里的红脸关公。

【知识嵌入】

广告写作是将创意文字化的过程，是一项复杂的脑力劳动。广告写作者从生活累积、分析资料开始，一直到将创意转化为语言文字或图片，整个过程都依赖创作者本身的基本素质。从某种程度上说，广告写作人员素质的高低直接决定着广告作品的质量。因此，如何不断提升广告写作人员的素质，是一项非常重要的研究内容。

一、应具备的相关学科知识

一般而言，广告写作者合理的知识结构应该是T型结构。"一"代表横向的相关知识，"|"代表专业知识。也就是说，广告写作者既要有扎实的专业知识，还要有广博的相关知识。德国化学家利希腾贝格(Lichtenberg)说过："一个只知道化学的化学家，他未必真正懂得化学。"广告大师大卫·奥格威也说过："我想不出有其他任何一个行业，靠这么一点知识就能混饭吃。"一个优秀的广告人应该是知识多样的，这已经成为广告界人士的共识。

具体来说，广告写作者应该掌握以下这些学科知识。

1. 艺术史和广告学知识

广告是一种艺术，而艺术是人类创造精神最集中、最典型的表现形式。因此，广告人应该了解人类艺术发展的历史，同时也应该有一定的艺术鉴赏能力，尤其要能记住超过10个以上的著名广告整体策划、60个杰出的创意广告作品，并能较好地领会其创意。

2. 传播学知识

传播学是研究人类信息传播行为的重要学科，近年来在我国日益受到重视。广告的基本功能在于信息传播。广告学是传播学研究的重要内容之一。传播学中传播过程五要素理论、"双向传播"理论等都为广告学研究提供了科学依据。因此，广告人应该具备一定的传播学知识。

3. 市场知识

广告不是纯粹的艺术，而是一种经济行为，广告作品必须接受市场的检验。因此，广告人必须掌握市场学的基本知识，了解宏观市场的基本走向和微观市场的分布状况。例如，消费者市场情况、竞争对手市场情况等。

4. 心理学知识

广告是劝说受众采取购买行为的活动。因此，广告人掌握消费心理学的基础知识是非常必要的，应了解消费者需求、购买动机、注意记忆和兴趣欲望所在等一系列与消费行为相关的心理知识，并掌握消费者接受广告的心理。

5. 社会学知识

广告是一种经济行为，也是一种社会行为。广告只能在社会形态、社会潮流与社会心理中发生作用。因此，广告写作者必须掌握相关的社会学知识。

6. 写作学知识

广告写作是文体写作的一个分支。文体写作有自身的一般规律和技巧，如文章切入的角度、主题的提炼、通篇布局、语言风格等。作为其中的一员——广告写作，应该在掌握一般文体写作普遍规律的基础上，熟悉广告写作的特殊规律。只有这样，广告写作的水平才能有所提高，不断进步，成为优秀的广告写作者。

二、应具备的专业技能

1. 洞悉能力

广告是面向受众，为市场营销服务的，广告写作人必须深入理解产品和市场。不仅要了解和分析产品和市场实际操作层面的情况，还应掌握现实市场中产品的价格、流通渠道、销售环节等相关状况，更要进一步了解和分析产品与市场现象背后相关的复杂因素，探究其深层次动因。

2. 理解能力

受众是社会成员的个体，他们由于所处社会阶层不同、受教育程度的差异、家庭经济状况的差别以及个性因素，形成了不同的消费观念、消费习惯及消费行为。广告写作人员不能只停留在对某一个群体消费行为的简单描述层面，更应该丰富自身相关知识，增强实践经验，丰富自身阅历和提高感悟能力，从而提高对不同广告诉求对象做出更深层次探究的能力。

3. 创造性思维能力

美国知名教育心理学家 G. A. 戴维斯和 S. B. 里姆曾说："创造型的人，在自信心、独立性、冒险、有能量、热情、大胆、好奇心、好玩、幽默、富有理想和反应能力方面，高于一般人。他们具有艺术和美学兴趣，易于被复杂和神奇的事物所吸引。"教育家陶行知这样说过："人类社会处处是创造之地，天天是创造之时，人人是创造之人。"因此，广告写作人员需要有创造性思维，创作出的广告才能在铺天盖地的广告中脱颖而出，吸引受众的注意，引发受众的注意和兴趣，达到广告传播的目的。

4. 说服能力

广告行为是一种说服行为，广告写作者为说服受众服务。广告作为一种商业文体，受众基本在被动的情况下接触到广告信息。因此，他们对广告始终抱着怀疑的态度。在这种情况下，广告要采用什么方式打动受众，说服他们接受信息，文案的作用不可低估。广告人要在有限的篇幅或时间内征服受众，需要巧妙地调动各种要素，融入受众的心理，以事感人，以理服人，以情动人。

5. 表现能力

1) 善于准确把握创意的概念

广告写作人员要将广告创意具体表现出来，使之符合广告创意概念的要求，就要弄清楚广告文案的诉求点是什么，采用什么诉求方式和表现风格。此外，还应该掌握具体表现符号的运用，如平面广告的版面设计、色彩和构图的运用、广播电视中人物和故事的构成等，要抓住创意的核心概念，努力培养自己对广告创意理念的敏感度。

2) 熟悉广告的各种表现手段

在当今社会中，纯文本广告作品越来越少。数字时代的到来使受众更倾向于微阅读、微关注，受众对图片和视频的喜爱似乎超越了文字。广告文案与画面、图片、音响等结合的要求变得更高。广告写作人员应该了解不同媒体中广告完成的不同程序以及技术手段，如在平面广告中能自行设计画面，完成版面编排；在电视广告中学会如何将故事版本转换为广告片，掌握相应的视频编辑软件，等等。这样才会有更大的提升空间，与画面、影像和音响的配合才会更完美。

3) 善于运用语言文字

广告宣传的主体主要来源于不同的企业，诉求对象是不同的受众群体，渠道是不同的传播媒介。因此，广告写作者应该根据服务主体、诉求对象和媒介的不同，采用不同的文体、丰富多彩的词汇、独树一帜的表现风格、新颖独特的表现手法，这些都能为广告增强传播效果。当然，这些素质的养成不是一蹴而就的，需要长时间的积累和不懈的努力。

三、应具备的思维方式

广告写作是一种创造性思维活动，思维方式对广告创意的形成和发展产生直接的影响。广告创作过程中经常用到的思维方式主要有抽象思维与形象思维、发散思维与聚合思维、顺向思维与逆向思维、垂直思维与水平思维。

1. 抽象思维与形象思维

1) 抽象思维

抽象思维又称逻辑思维，是人们在认识活动中运用概念、判断、推理等思维形式，对客观现实进行间接、概括地反映的过程。这种思维方式不涉及具体事物的形象，而是按照一定的顺序由一点联系到另一点。

抽象思维方式贯彻广告写作的每一个过程：广告调查报告的写作需要运用抽象思维对资料进行分析、综合、归纳、比较，得出相应结论；广告文案在写作过程中需要对产品信息和市场环境进行分析、评估、推理、演绎等，为广告构思奠定基础。为了让目标消费者从心理上接受广告概念，也需要运用抽象思维，例如，乐百氏纯净水的广告"27层过滤"，强调了产品的纯净、健康，帮助目标消费者认同广告理念。

2) 形象思维

形象思维又称艺术思维，是借助具体形象进行思考的思维方式，由感性发展到理性，从而达到对事物本质的认识。形象思维与抽象思维并不排斥，而是相辅相成。

形象思维以直觉为基础，由某一事物引起相应的联想，从而产生创意，通过具体的感性材料和一定的联想、想象，结合强烈的情感和鲜明的态度，采用集中概括的方法，完成丰满的艺术形象。比如，牛顿看到苹果落地发现了万有引力定律，阿基米德看到洗澡水溢出联想到检验皇冠真伪的办法，都是形象思维的结果。例如，广告中要表现某一啤酒的原材料纯天然、品质优良，不是直接用啤酒瓶装满啤酒，而是采用金灿灿的麦子和蓝天白云相呼应的画面，也是同样的道理。

2. 发散思维与聚合思维

1) 发散思维

发散思维又称放射思维、扩散思维、辐射思维等，是大脑不受任何限制地围绕一个主题进行广泛遐想，甚至是天马行空地想象，具有流畅性、变通性和独创性。

在广告写作过程中，发散思维以广告主题为基础，在创造性思维后对大量的相关信息进行筛选，从中找出一个最适合的广告主题，最有创造性、诉求力的创意，并用艺术的语言表述出来。例如，广告创作人员将女人与月亮、女人与珍珠等联系在一起来宣传某女性化妆品，采用"有变化才会完善""有变化才会细润"的文字表现创意。

2) 聚合思维

聚合思维又称集中思维、收敛思维等。它是以某个问题为中心，运用各种知识、方法和手段，从不同方向、不同角度对已有信息进行筛选、比较、概括、归纳和总结，具有较强的方向性和条理性。它是一种异中求同的思维方式。

3. 顺向思维与逆向思维

1) 顺向思维

顺向思维是一种按照从上而下、从小到大、从前至后、从低到高的传统常规顺序进行的思维方式。顺向思维是一种习惯性思维，符合常规，有条理，对问题思考有既定的顺序。

2) 逆向思维

逆向思维是一种反传统、反常规、反序列的思维方式。逆向思维就是打破固定思维模式，反其道而行之，用探索精神思考问题、解决问题，走出一条全新的道路。例如，女性用品一般都是选择女性模特做广告代言，这样的广告不足为奇，但美国的美特牌丝袜广告用著名男棒球运动员来宣传女丝袜，达到了令人耳目一新的效果。广告画面中先出现的是一双穿着长筒丝袜的美腿，镜头上移后出现的却是穿着绿灰色短裤的男棒球运动员，该男星笑着对惊讶的观众说道："我当然不穿长筒女丝袜，但如果美特女丝袜能使我的腿变得如此美妙，我想它一定能使你的腿也变得更加漂亮。"这则广告用性别的逆向及名人的错位，对美特牌丝袜的魅力进行了极力表现，给人留下了深刻的印象。

4. 垂直思维与水平思维

1) 垂直思维

垂直思维又称竖向思维，是指传统逻辑上的思维方法，它按照一定的思考路线进行，即按照有顺序、可预测、程式化的方向进行的思维。这是一种符合人们思维习惯以及事物发展方向的思维方式，遵循由浅入深、由低到高的线索，思维的脉络非常清晰，合乎逻辑。垂直思维是沿着"接下来会怎样""下一步会发生什么"的思考方式进行的。

2) 水平思维

水平思维是在条件相近或相同的情况下，对相似事物发展情况进行比较，从中找出差距，发现问题，进而提出解决问题方法的一种思维方式。这种思维方式试图从其他的方面着手，有可能从其他领域得到解决问题的启示，大大增加了思维的高度。

【课堂演练】

1. 你认为广告写作人员还应具备哪些技能？为什么？
2. 搜集与"甜"相关的广告，形成自己对"甜"的构思装置。

项目实训——广告写作者知识储备

一、实训名称

我最喜爱的某品牌广告。

二、实训目的

(1) 能够按主题要求搜索某品牌广告。

(2) 能够对所搜集的广告作品进行分析整理。

(3) 掌握广告活动流程的内容。

(4) 能运用广告写作者知识结构和技能分析广告作品。

三、实训内容

(1) 以"我最喜爱的某品牌广告"为题创建自己的构思装置。至少搜集 10 个品牌的广告，如果是文字，将文字进行编辑整理；如果是平面作品、视频或音频，将语言或画面用文字描述。

(2) 创作"我最喜爱的某品牌广告"一文，要求归纳该品牌不同广告的主题，分析不同广告所处的市场环境、消费者变化、广告风格等。

(3) 用文字描述该品牌不同广告的创意点。

(4) 将文本转换为 PDF 格式进行发布(可发布在 360 云盘、大学城空间和 QQ 空间)。

四、实训步骤

(1) 选择自己喜爱的品牌，要有一定知名度，广告投放数量较多。

(2) 到官网查找其发展情况，搜集广告作品、广告活动内容。

(3) 下载视频广告和平面广告作品。

(4) 将各广告主题进行归纳总结,对广告画面、声音、文字特性进行分析。

(5) 对照广告特性、广告创意点寻找其消费群体,分析广告风格变化与消费者之间的联系。

五、实训要求

(1) 上交一篇某品牌的创意广告分析(不超过 2000 字);同时上交所采集的原始广告作品 10 个。

(2) 查找各阶段的市场环境信息,找出每个广告所针对的群体,分析广告风格的变化,准确归纳广告主题。

(3) 总结每个广告的创意点及给自己留下印象的独特之处。

六、考核标准

项目	考核标准		
	优秀(90~100 分)	良好(80~90 分)	合格(60~80 分)
考核标准 (100 分制)	广告主题归纳准确,市场环境分析恰当,广告中信息针对的消费群体分析准确,能找出广告风格;广告有代表性,特色鲜明,图文并茂;作业版式规范漂亮	广告主题归纳准确,市场分析正确,消费者分析一般;广告有一定的代表性,有一定特色,图文并茂;作业版式规范漂亮	广告主题归纳正确;作业上交及时、工整,广告无特色,分析到位
自评分			
教师评分			

注:未参与实训项目,在当次实训成绩中计 0 分。

课后练习

1. 简答题:广告有哪些特点?

2. 思考题:广告写作与一般写作有什么异同?

3. 案例分析题:请分析下面《遐迩贯珍·布告篇》中的广告运作技巧。

论遐迩贯珍表白事款编

《遐迩贯珍》一书,每月以印三千本为额,其书皆在本港省城、厦门、福州、宁波、上海等处遍售,间亦有深入内土,官民皆得披览。若行商租船者等,得籍此书,以表白事款,较之遍贴街衢,传闻更远,则获益良多。今于本月起,《遐迩贯珍》各号,将有数帙附之卷尾,以载招贴。诸君有意欲行此举者,请每月将帖带至阿里活街,英华书院之印字局,交黄亚胜手,便可照印。五十字以下取银一元,五十字以上每字取多一先士,一次之后,若帖再出,则取如上数之半。至索取之银,非以求利,实为助印《遐迩贯珍》三千本之费用而已。

咸丰四年十一月十三日谨白

注:本文引自《遐迩贯珍·布告篇》

项目二 广告调查报告写作

【情境描述】

随着社会环境的多样化发展,人们的选择越来越多,要求及品位也越来越高。做出正确的抉择对企业或项目而言举足轻重,有时甚至能够起到生死存亡的关键作用。作为策划与实施的必要前提,充分的调研可以帮助我们深入挖掘市场及消费者需求,捕捉营销条件与机会,制定并评估与之相适应的策略和计划。成功的广告应该容易引起大众的关注,易于引导大众对于产品的接受,易于被记忆、被联想或感受。因此,广告文案的创作或撰写也应在调研的基础上进行。广告调查及广告调查报告的写作对于广告文案及广告作品的产生有着至关重要的意义。

本项目将通过广告调查情境训练任务的完成带领大家掌握确定广告调查内容的方法与原则,理解广告调查的基本方法和具体实施,掌握调查报告的写作方法和注意事项,不仅可以形成广告调查的相应文本,如调查方案、调查问卷、调查报告,还可以真实体验广告调查的主要过程,帮助大家培养独立开展广告调查的素质与能力,为将来从事出版、广告调查、广告策划与实施及相关工作打下基础。

【学习目标】

- 掌握广告调查内容的确定方法,能够根据需要明确广告调查内容。
- 熟悉广告调查的基本方法及流程,能够根据需要开展实际调查。
- 掌握广告调查报告的写作方法及注意事项,能够根据调查所得撰写调查报告。

【学习任务】

任务1 广告调查的内容(建议:4课时)

任务2 广告调查的方法(建议:4课时)

任务3 广告调查报告(建议:2课时)

项目实训——广告调查报告写作(建议:2课时)

任务1　广告调查的内容

【教学准备】

1. 具有互联网环境的实训教室。
2. 指定可链接的网页。
(1) 中国大学生广告艺术节学院奖(http://www.xueyuanjiang.cn/)。
(2) 第七届全国大学生广告艺术大赛(http://www.sun-ada.net/)。
(3) 雀巢咖啡官网(http://www.nescafe.com.cn/)。
(4) 湖南大众传媒职业技术学院网页(http://www.hnmmc.cn/)。

【案例导入】

速溶咖啡的新形象

咖啡是西方人的日常生活饮品，产销可观。雀巢公司为适应人们快节奏的生活，率先研制出速溶咖啡并迅速推向市场。这种咖啡较传统的现磨咖啡更简便，开水一冲即可食用，还保留了传统普通咖啡的口味。尽管速溶咖啡优点众多，但一开始并没有受到市场的青睐。花费了巨额广告费后，消费者还是很少，人们仍然习惯磨咖啡豆煮咖啡，而不饮用速溶咖啡。雀巢公司为弄清楚消费者不购买速溶咖啡的原因，专门派大量调查人员对不同年龄的消费者进行了访问和调查，终于找出原委。原来，咖啡购买者多为一般的家庭妇女，而很多人认为购买速溶咖啡的家庭主妇是懒惰的。速溶咖啡广告往往以"快捷、方便且经济实惠"为诉求，相比传统咖啡广告的"味道、芳香、享受煮咖啡的快乐"，明显缺乏温暖感。

得出结论后，雀巢公司立即着手广告调整，将诉求点放在速溶咖啡"包含感情，并代表更高的社会地位"上，挑选了温柔、贤惠的女模特为广告主角，用"百分之百纯正咖啡""满足您的咖啡瘾"等醒目的广告词，树立了速溶咖啡的新形象，同时，选择在杂志上进行广告投放，很快获得了消费者的认可，销量大增。

【知识嵌入】

广告构思的形成、广告活动的成功，并不是广告创意制作者灵光一现的结果。广告创意制作者在广告活动过程中不可能仅凭直觉和灵感进行主观臆断，对他们最有帮助的只有来自市场的确切信息。

一、广告调查的含义与作用

1. 广告调查的含义

市场状况不断更新变幻,而促使市场发生变化的因素主要来自市场和市场环境。市场因素包括资金、产品、价格、分销、推销等;市场环境因素包括有关的政治、经济、文化、地理条件等。两种因素相互影响、相互联系,不断发生变化。因此,企业为适应这些变化,通常要进行广泛的市场调查,以便及时了解各因素的变化情况,通过对市场因素如价格、产品结构、广告等的调查,有针对性地应对市场竞争。企业是否及时了解市场情况变化,并适时采取恰当的应变措施,是企业在市场竞争中能够取胜的关键。

广告调查是指与广告有关的部门或单位,为了编制广告计划、掌握广告设计资料、检验广告效果、测评广告目标进行的收集有关广告信息的行为。广义来说,广告调查是指广告活动中所有搜集和运用材料的行为。狭义上讲,广告调查是指采用科学的方法,按照一定的程序和步骤,有目的、有计划、系统地收集、分析有关消费者、产品与服务、企业形象以及广告效果等方面信息的行为。

2. 广告调查的作用

任何企业只有在了解市场实际情况后,才能有针对性地制定市场营销策略和企业经营发展策略。企业管理部门和有关人员对企业问题(如产品、价格、分销渠道、广告和促销)进行决策时,要先了解情况,如本企业的产品中哪些销售得较好,产品预期销售数量,怎样扩大企业产品销量,怎样的产品价格才能使销售和利润上升,如何组织产品促销,将花费多少费用等。这些问题必须通过具体的市场调查,才能得到具体的答案,也只有调查所得的信息才能作为企业决策的依据;否则,盲目或脱离实际的决策终将导致企业决策失败或有所损失。

广告调查与市场调查的作用基本一致,主要包括以下几个方面。

1) 为广告活动提供科学依据

广告调查是广告活动的科学依据和参考,是整个广告活动的开端。如今,产品同质化越来越高,每一种产品都存在多种品牌竞争,产品要想在竞争中脱颖而出,更多的是依靠广告赋予其新的特点和风格,否则很容易淹没在市场的汪洋大海中。这就需要广告活动策划者对市场进行详细的调查,了解市场、产品、消费者和媒体情况。如果对消费者的特点、消费习惯和购买行为不了解,就无法找到准确的目标市场,广告目标将成为空中楼阁;如果对媒体情况不了解,就难以找适合发布广告信息的渠道,造成广告投入的浪费;不进行充分有效的广告调查,广告活动将成为无源之水、无本之木,不可能实现广告目标。

2) 为广告创意设计和写作提供实际素材

有位广告大师说过:"好的创意是用脚想出来的。"只有进行广泛的市场调查,深入社会进行实践,才能有好的广告创意。广告调查为广告创意确定方向,为广告创意、设计和写作提供丰富的实际素材。广告创意设计和写作的本质是广告策略,策略的产生绝不是闭门造车的过程,需要依靠大量生活素材的搜集与提炼。

3) 有利于企业进行新产品研制与开发

市场调查过程中可能会发现市场中某一商品生产的空白点,为企业决策者提供研制开发新产品的依据。市场规律告诉我们:第一个进入市场的产品很容易成为市场领导者,而领导者的利润是随后进入该市场的同类产品的数倍。所以,市场调查有利于企业进行新产品的研制与开发。

4) 有利于评估广告活动,测定广告效果

广告活动中广告主最关心的问题是广告效果,在广告活动实施前进行调查,可以及时发现问题、纠正失误;广告投放后进行调查,可以对整个广告活动进行评估。

二、广告市场调查的内容

1. 广告产品调查

产品调查是广告市场调查的重要内容。无论是已经上市的产品还是准备与消费者见面的新产品,都必须通过调查,了解产品的各方面情况,比如产品的生产、性能、类别、生命周期和服务状况。除此之外,还应调查了解同一类型产品的市场结构,同类产品中不同品牌的特点和自有产品所处的市场位置等。这里着重介绍几个关键的产品调查内容。

1) 产品自身若干方面的调查

(1) 广告产品新概念调查。这是针对全新意义的产品或服务进行的调查,这种产品或服务可能会给消费者带来全新的生活感觉和方式。比如,我们生活中大部分人都是通过传统的银行进行存款或理财,现在出现了网络银行的概念,让大家将手上的钱存储在网络支付宝或手机银行中。这种概念源于人们的越来越多地使用网络媒体和手机媒体,使得人们的生活越来越便捷。但是它究竟能为人们生活带来哪些利益?消费者能否接受这种概念?是否具有开发价值?有多少人会去尝试?有多少人会接受这种理财方式?这些都需要调查分析才能得出结论。

(2) 广告新产品的原型测试。这是对已修正后的产品样品进行检测的活动,是一种回访行为。例如,产品的新概念中涉及的利益点在消费者使用过程中得到展现的程度如何,在消费者中的受欢迎程度如何，使用后存在哪些问题等。

① 产品系统。广告产品在相关产品中的地位是主打，还是从属，抑或是配合，其产品替代功能如何，这些都可以为制定广告决策、实现市场预测提供依据。

② 产品类别。广告产品属于消费资料还是生产资料。消费资料主要包括日用品、选购品和特购品。生产资料主要包括原料、辅料、设备、动力等。分清楚类别，有利于广告创作和广告决策有针对性地进行，有利于准确选择媒体投放。

③ 产品利益。是指产品功能与同类产品相比具有的优势。使用该产品具体带给消费者什么好处，这是广告宣传的重点，也是产品定位的关键依据。

④ 产品包装。包装除了起到保护产品的基本作用外，还有其自身附加价值，所以产品包装也是广告调查的一个环节。比如，产品包装图案是否有特色，能否影响消费者做出购买决策，与同质产品相比本产品包装的关注度如何等。依据调查结果，对产品的视觉传达效果做出相应的改进，有利于进一步完善广告活动。

(3) 产品销路调查。销售渠道建设是很多企业关注的问题，它与企业获益直接相关，尤其是终端选择。不同层次的渠道，对品牌位置、价格和最终消费者有直接影响。

2) 产品生命周期调查

产品的生命周期是指产品在市场中的销售轨迹，从产品进入市场到被市场淘汰退出整个市场的全过程的时间段。

产品生命周期有 5 个阶段：导入期、成长期、成熟期、饱和期和衰退期。处于不同阶段的产品，由于生产工艺、消费者需求和市场竞争状况的不同，所采取的广告策略也是有所不同的。只有科学地对产品生命周期进行分析，根据产品生命周期开展相应的广告活动，实施恰当的广告策略，才能确保广告活动的成功。

3) 产品分析的内容

进行产品分析的目的有两个：一个是为已经存在的产品或劳务确认潜在顾客、市场及竞争者；另一个是为新产品或新劳务确认潜在顾客、市场及竞争者。

消费者可能对新产品或新劳务了解不多，说不清楚，但是对已经存在的产品或劳务能发表一定的见解。丹·E. 舒尔茨认为，已经上市的产品分析需要搜集 4 种类型的信息，具体内容如下。

(1) 现有消费者和使用者的信息。获得有关现有消费者和使用者的基本信息，有利于在其他群体中选择并区分出有可能购买本品牌的潜在用户，发现更多新客户，并从竞争对手那里争取来一些新用户，扩大现有使用者群体。

(2) 基本的市场信息。搜集现有消费者、潜在消费者和群体能够影响市场行为的信息，有利于了解他们对产品的态度,为界定产品在市场中的正确位置、发现产品适合市场的整体构架有较大帮助。

(3) 广告产品的相关信息。这对企业而言十分重要,因为市场竞争越来越激烈,即便是全新产品稍有不慎也可能很快在市场竞争中败下阵来。只有真正了解产品在竞争中的优劣,善于站在消费者的角度思考,以消费者的眼光看待产品和品牌,才能有效地制定广告战略,实施广告活动。

(4) 竞争者信息。为了有效实施广告活动,必须明确产品的竞争对手。掌握竞争对手的诉求、配销、定价和消费者情况及其产品的优劣等信息,有利于企业实现自身广告的诉求点。

一般来说,利用 SWOT 分析法,分析企业自身的优势(Strength)、存在的劣势(Weakness)、发展的机会(Opportunity)和带来的威胁(Threat),将企业的战略与内部资源、外部环境有机结合起来,将自己的产品、品牌与竞争对手的产品、品牌进行比较,可以得出更为清晰的认识。

2. 广告受众与消费者调查

广告受众是广告活动研究的重要内容之一。广告主当然希望广告受众最好就是目标消费者,但二者是不可能完全重合的。广告受众和目标消费者,目标消费者和实际消费者之间总是存在一定差异的。

1) 广告受众、目标消费者及实际消费者

广告受众、目标消费者及实际消费者是三个既存在区别又有联系的概念。

(1) 广告受众。当部分消费者接触或进入特定广告传播活动中就成了广告受众。企业的目标消费者主要是针对广告受众而言的。但由于广告在不同时期、不同市场有不同的目标,所以广告目标受众也会不相同。广告目标受众的总量就是全体目标消费者,但是目标消费者与广告受众又不完全等同。因此,广告活动根据不同阶段的广告目标而展开,从目标消费者中选择自己传播的对象和诉求重点来进行。

(2) 目标消费者。消费者是指物质资料和劳动合同的使用者和服务对象。狭义上讲,消费者是消耗商品或劳务使用价值的个体。广义上看,消费者是产品或劳务的需求者、购买者和使用者。市场经济中的任何成员都可能成为产品消费者,但不会有企业将全体成员作为自己的服务对象,而是通过市场细分为特定的消费者进行产品生产和提供劳务,这些特定消费者就是企业的目标消费者。

(3) 目标消费者和实际消费者。在具体的广告调查中,企业不仅要关注实际消费者,还应该关注潜在消费者。一般来说,目标消费者总会大于实际消费者,而广告活动的重要任务也就在于实现潜在消费者到实际消费者的身份转换。

将目标消费者转换为实际消费者是广告活动的主要问题。通常，目标消费者与实际消费者的关系如表2-1所示。

表2-1 目标消费者与实际消费者的关系

关系状态		关系说明	备注
目标消费者(A)	实际消费者(B)		
A=B		A与B在数量和特征上几乎完全重合	企业营销中，这种情况几乎不存在
A<B		A与B在特征上重合度很高，但A的数量小于B	企业营销活动扩大了其目标市场，吸引了目标市场以外的消费者
A>B		A与B在特征上重合度较高，但A的数量大于B	企业还需要加强营销活动，有可开发的潜在消费者
A与B相互交叉		A与B出现交叉	目标消费者中有一部分不是实际消费者，而实际消费者中有一部分不是目标消费者
A与B相互缺乏		A与B没有联系及共同特征	这说明企业决策失误，细分市场不准确，或者是营销活动中对于消费者的引导不恰当

2）消费者调查

消费者调查的内容包括消费者的群体范围性质、消费需求、消费动机以及消费习惯等。日本很多企业都是消费者需要什么，企业就生产什么。要了解消费者需要什么，就需要对消费者进行调查，包括他们一般会购买什么产品、基本的生活状况怎样、为什么购买、什么时候什么情况下会去购买等。具体来说，消费者调查主要包括以下几个方面。

(1) 消费者对产品的印象调查。印象是客观事物在人脑中的迹象。消费者对产品的印象包括消费者对产品的了解程度、好感度、满意度以及对产品的具体看法等。除了与产品的质量相关，它还与主观认知有关。主观认知是指某一产品或服务对满足消费者心理需要所具有的价值，与消费者需求、嗜好、价值取向紧密相连。

(2) 消费者行为调查。消费者行为调查先要弄清楚谁是购买者，针对"谁"来开展广告活动，他们在什么地方实现购买；调查不同场合购买的人群以及选择该地的原因，分析其购买特征，有利于为企业寻找最佳的销售组合；调查消费者在什么时候进行购买，怎样完成购买，他们在购买时关注的利益点是产品的价格、品牌、包装还是服务、产地等，有利于把握市场策略的制定。广告活动的目的是将产品销售给目标消费者，调查消费者的购买动机,就是寻找广告诉求点,如表 2-2 所示。

表 2-2 消费动机与购买行为

消费者类型	社会生活中的类型	购买特点	选择产品的标准	购买表现
基本需求型	温饱型	不接受新产品,追求日常生活中的必要消费满足	物美价廉	随大流
选择需求型	时尚型	以个性、兴趣、爱好来选择产品或服务,需求较个性化	标准多层次	追求物质与精神满足的同时,追求心理满足
表现自我需求型	标榜自我,超前型	高收入阶层的消费倾向	突出个性	纯粹表现自我

(3) 消费者生活方式和文化价值观调查。广告策略的制定不仅要了解自然属性,还要考虑社会文化观念对消费者的影响。生活方式是特定人群的特定生活形态,是人们在世界上所表现的有关他们活动、兴趣和看法的生活模式。通过消费者生活方式和文化价值观的调查,分析消费者购买行为和消费习惯的深层心理动机,继而掌握具体消费者的资料,明确他们和推广产品产生关联的结合点是什么,有助于找到恰当的广告诉求点和广告表达方式,取得良好的广告效果。文化是人类发展过程中所创造的物质财富和精神财富的总和,包罗万象。文化因素对消费者行为的影响是深刻的,如表 2-3 所示。

表 2-3 文化因素对消费者行为的影响

文化的类型	在生活中的作用	在广告活动中的作用
文化	人们的生存发展无不受到文化熏陶,形成相应的价值观、信仰、道德和风俗习惯。这些都影响着人们的消费行为	文化认同将直接影响广告诉求的接受程度。经济全球化和文化的交融,在消费者行为中产生了极大的影响
亚文化	文化由更多细小的亚文化组成,如民族、宗教和地域群体,这些对消费者行为有较大影响	亚文化直接影响企业的市场细分,也影响人们对接触广告时产品诉求的接受程度
社会阶层	不同的社会阶层有不同的价值观、兴趣爱好以及消费行为	广告针对不同的阶层实现有差异的媒介投放和广告信息传播

(4) 消费者决策调查。消费者决策是个复杂的心理过程,广告生产者可以通过不同角色来获取相关信息。

① 参与购买的角色。在产品购买行为中,被调查者是属于购买行为的发起者、影响者、决策者、购买者还是使用者?消费者的需求是具体的,他们的行为可能受到不同因素

的干扰，产生各种心理活动(见表2-4)，找到问题的答案，从而有针对性地实施广告活动。

② 购买的行为。购买行为有简单行为、复杂行为、习惯性行为和随意行为。广告通过有针对性地为不同产品和购买行为进行信息传播，对消费者产生诱导效果。

③ 购买决策的各个阶段。购买决策包括认识问题阶段、收集信息阶段、评价信息阶段、购买决策阶段和购买后行为阶段。广告活动的前提就是全程调查消费者的购买决策。

表2-4 影响消费者需求的主要心理分析

心理类型	心理活动的表现	与之相适应的广告形式
从众心理	由一个人或团体的真实或臆想的压力而引起的人的行为或观念的变化，主要表现为盲目顺从别人的判断	采用的广告方式主要集中在反复宣传产品的优势
"四求"心理	求名心理：追求名牌的消费心理。消费者试图通过名牌炫耀自己的身份地位的一种心理	突出使用产品后将受到别人的尊重，有利于提高自身地位的感受，或有超值享受等
	求美心理：追求美感为主的消费心理。包括产品自身、新技术或新材料引起的美感	用艺术的表现手法，通过美感刺激消费者的购买欲望
	求新心理：追求流行时尚的消费心理。表现为消费者购买独一无二或新颖产品的消费心理	突出产品的独一无二、与众不同
	求廉心理：追求实惠的消费心理。表现为消费行为中最注重价格的消费心理	突出产品的价格优势
逆反心理	指客观环境与主体需要不相符合时产生的消费心理。表现为特殊的、不符合常规的消费需求	突出产品的使消费者好奇的部分，刺激消费者购买

(5) 目标消费者购买力情况调查和分析。购买力是在一定时期拥有购买商品或劳务的货币支付能力，是构成市场和营销规模的重要指标。购买力与消费者收入、储蓄、信贷等相关。因此，在进行购买力情况调查时，要了解和掌握这些情况的变化。

3. 竞争状况调查

竞争状况调查是广告调查的重点，包括企业自身与竞争对手的生产经营管理水平、市场份额、广告投放、产品结构、促销活动等。通过双方优劣的分析，可以更好地制定企业的广告策略和营销策略。广告产品市场竞争状况调查的内容主要包括以下两个方面。

1) 广告主企业经营状况

广告公司调查清楚广告主的情况是非常有必要的，原因有两个：一是避免因广告主企业在信誉、经营方面存在问题，而使自己受到损失；二是为制定广告决策提供依据。广告主企业经营状况调查主要包括：企业历史、设备和技术水平、员工素质、经营状况和管理水平、经营措施等，如表2-5所示。

表 2-5 广告主企业经营状况调查主要内容

企业历史	设备和技术水平	员工素质	经营状况和管理水平	经营措施
企业建立有多少年；发展过程中有无突出业绩；社会地位如何，声誉高低状况	企业的设备是否先进；操作技术是否先进；发展前景如何	知识结构；年龄结构；受教育程度	是否有健全的工作制度；经营业绩状况；流通渠道状况	有什么样的生产标准

2) 市场竞争性调查

将企业与主要竞争对手进行各个方面的比较。如果一个产品是全新的或处于垄断地位，没有竞争对手，可以不用做竞争性调查。但是，在同质产品如此高的当今社会，广告产品的竞争对手越来越多，做市场竞争性调查也显得越来越重要。市场竞争性调查可以从以下方面进行。

(1) 企业在竞争中的地位。包括市场占有率、消费者对产品的评价顺序等。

(2) 企业的竞争对手。明确企业的竞争对手，调查竞争对手的基本情况，包括其优势和劣势、营销策略等。

(3) 企业与竞争对手的比较。包括广告产品和竞争对手双方的市场潜力、销售渠道、销售政策及促销手段，即广告产品在市场竞争中是否有优势，如何做到扬长避短。

(4) 企业和竞争对手以往的广告活动。包括目标市场策略、产品定位策略、广告诉求策略、广告表现策略、广告媒介策略以及广告效果。

(5) 总结竞争分析。总结企业和竞争对手在广告方面的优势，得出企业以往广告中应该继续保持的内容，摈弃以往广告中存在的问题。

【课堂演练】

(1) 企业为什么要进行广告调查？

(2) 以"出版与发行专业"为广告主题，找出其广告调查内容。

任务 2 广告调查的方法

【教学准备】

1. 具有互联网环境的实训教室。

2. 指定可链接的网页。

(1) 中国大学生广告艺术节学院奖(http://www.xueyuanjiang.cn/)。

(2) 第七届全国大学生广告艺术大赛(http://www.sun-ada.net/)。

(3) 加多宝官方活动网站(http://www.jdb.cn/)。

(4) 王老吉凉茶品牌官方网站(http://brand.wljhealth.com/)。

【案例导入】

红色罐装加多宝重新定位的调查方法

2003年成美营销顾问有限公司(以下简称成美)对红色罐装王老吉的重新定位实施调查。

方法一： 专家访谈

2003年1月1日到1月5日，成美调查项目组到加多宝工厂进行企业内部专家深度访谈。访谈对象包括销售部负责人、市场部负责人、品牌经理、市场调研经理和市场经理。

方法二： 深入工厂参观

1月14日，调查组前往东莞加多宝工厂进行参观，详细了解产品的生产流程，并与加多宝的生产经理、研发经理进行深度访谈。随后，对深圳、东莞、浙南、广州等区域经理进行访谈，了解一线销售情况。

方法三： 与专业调研公司合作

为解决消费者调研问题，成美找到与加多宝公司长期合作的市场调研公司——广州蓝田智业市场研究有限公司，进行详细沟通，共同制订出消费者调研方案。

方法四： 电话调查

电话调查的内容如下。

(1) 了解外地人和本地人的消费是否存在差异。购买罐装王老吉的消费者以及重度消费者的各项社会特征，如年龄、性别、收入、职业以及籍贯，广东人或外地人，外地人来广东的时间等。

(2) 分析重度消费者第一次购买的情况，以及购买饮用频率等。

(3) 竞争对手对红罐王老吉的可能影响。提及王老吉，消费者会想起什么包装、剂型，第一提及的是什么。

(4) 消费者心中的凉茶是什么样的。提及凉茶，会想起的品牌、产品，第一提及的是什么。

(5) 饮用红罐王老吉的主要场合，简单了解购买动机。

(6) 红罐王老吉的替代产品有哪些。

方法五：小组座谈会

与蓝田智业市场研究有限公司合作，在广州、温州和深圳开展小组座谈，与主持人进行充分沟通，让主持人了解调研目的，以及重点要了解的问题，从而获得有价值的追问和深挖。座谈会中间，主持人采用直接问答、品类测试、卡片分类等方式完成调研。

【知识嵌入】

一、广告调查方法概述

俗话说："巧妇难为无米之炊"，没有大量翔实的资料，再高明的企业也无法做出准确科学的决策。因此，在市场调查中，获取资料非常重要。资料收集的方法很多，各种方法各有特色，市场调研人员根据适用条件以及相应的费用选择不同的调查方法，对症下药。

资料是市场调查的基础，有原始资料和二手资料之分。原始资料是指调查者为某一特定目的通过专门的调查方法直接获得的信息。而二手资料则是企业内部或外部已经按某种形式存在的既有资料，这种资料的搜集相对比较简单。比如，湖南交通频道想要明确目前听众定位的准确性而委托某市场调查机构进行了大规模的长沙地区听众调查。通过入户发问卷获得的资料属于原始资料，而市场调查中要使用到湖南人口统计年鉴资料，这部分资料是既存的，属于二手资料。

因此，原始资料和二手资料的区分，不在于收集资料的主体而是看收集资料的来源。简言之，划分的标准看该资料是否"既存"。至于实际操作中是使用原始资料还是二手资料，要依据调查的具体要求而定，需要考虑到调查目的、调查费用等多种因素。一般情况下，市场调查主要收集原始资料，因为二手资料的获得虽然省时省力，但是在时效性和准确性上不如原始资料。

原始资料的搜集有观察法、调查法和实验法。根据资料的量化特性可以将调查法分为定性调查和定量调查两类，如图2-1所示。

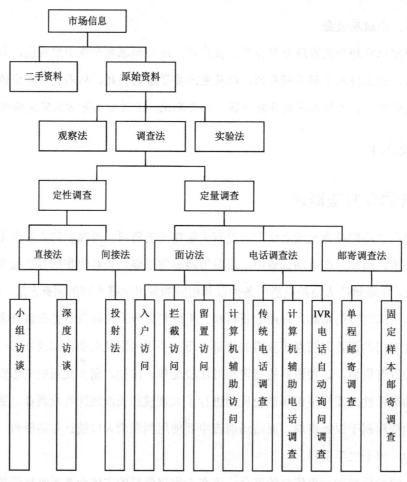

图 2-1　市场调查的基本方法

二、二手资料的收集方法

1. 二手资料的界定

二手资料是既存的、是因其他目的收集好的资料和数据。如今,企业和广告代理公司对二手资料的作用和意义有了较充分的认识,它能以最快的速度和最经济的方式获得,为解决某些问题提供有力的帮助。

2. 二手资料的获得

大卫·申克(David Shenk)认为,20 世纪中期以后,人类制造信息的速度已经大大超越了处理信息的速度。特别是电视、卫星、微波传送、互联网的出现,在极短的时间内,将我们从信息缺乏状态推向信息过剩年代。如何在信息的汪洋大海中寻找到有价值的信息,并对其进行有效的管理,以便为决策提供依据,怎样获得需要的、有价值的信息,具体可以从二手资料根据信息来源划分的两种类型(企业的内部数据库和资料库、企业的外部资料和数据)出发。

1) 企业内部资料

企业在运作过程中会积累很多资料和数据，这些资料和数据经过系统的整理分析，将成为企业的重要财富，如消费者资料、统计资料、财务资料和其他资料。消费者资料可能在以往的市场调查中获得，也可能是销售人员在订货单或访问报告中获得。例如，读者在订阅报刊时，都要填写个人信息表，这些信息表对报刊社而言是非常重要的消费者资料。统计资料主要包括企业生产、销售和存货的各种资料或报表。这些资料报表是研究企业经营活动的依据，也是企业广告活动决策的基础。财务资料是由企业财务部门提供的各种财务、会计核算以及分析资料，包括生产和销售的成本、各种商品的定价、企业利润等。这些资料是企业经济效益的直接反映，研究这些资料可以预测企业的发展计划、盈利状况。其他关于企业和产品的报道、广告、促销资料、各种调查报告、照片、录像等，也有助于企业了解市场环境和自身存在的问题。

2) 企业外部资料

企业经营的外部存在着庞大的数据库资料，包括公开信息和公共收费信息。公开信息是面向社会公开发布的，一般无须花费或支付少量费用即可获得。这些信息有：各类统计公报、统计年鉴、相关政策法规、国际市场信息等。公共收费信息来自以营利为目的的专业信息咨询公司、经济信息中心以及调查公司。这些公司为满足客户的不同需求，提供信息代购、咨询、检索和定向服务。如央视-索福瑞媒介研究有限公司(CSM)，研究中国近12亿受众的电视收视行为，对全国23个省124个城市的1000多个电视频道的收视情况进行全天候不间断地监测。很多企业、广告公司和媒体根据自己的需要向央视-索福瑞媒介研究有限公司购买某些数据。

3. 二手资料的优势和局限性

1) 二手资料的优势

二手资料获取信息方便，省时省力。除此之外，它还有其他优势。

(1) 有助于对探索性研究的主题进行明确或重新明确。二手资料在探索性研究中有较大作用。例如，某超市的会员发展停滞不前，公司决定进行调查，试图增加会员人数。通过二手资料收集发现，该超市附近居民中有大量单身年轻人，传统家庭保持稳定。于是，公司调查人员将调查主题重新明确为"如何吸引大量单身年轻人，并保持传统家庭的市场份额"。

(2) 为解决问题提供新方法。调查过程中调查者可能会遇到相同或相似的问题，如某地区的收入水平、人口结构、家庭结构，以及某行业的生产能力、分布范围等，这些资料可能有人曾经收集过，同类问题调查者可以从二手资料中直接获取。

(3) 提醒调查者注意潜在的困难或问题。二手资料可能暴露一些潜在的困难或问题，如收集信息的方法不当、样本选择困难或调查者不配合等。例如，调查人员进行"关于某种新式避孕产品满意度"调查，在查阅二手资料时发现，电话调查的拒绝率非常高，于是调查人员就更换了另外的调查方式进行调查。

2) 二手资料的局限性

二手资料的局限性主要有：缺乏可得性和相关性，准确性较差，资料不充分。不是所有的资料都存在二手资料，如对某新产品的评价，就没有二手资料可查，必须进行原始资料的收集。同时，之前的调查在资料的收集、整理、分析和传播过程中，可能出现一些失误，导致使用二手资料时以讹传讹。特别是互联网的发展，越来越多的人使用搜索引擎进行信息收集，互联网中的信息虽然更新快、查询时间短、信息丰富、获得方便，但也不能忽视信息真假难辨、不够全面等缺陷。

三、原始资料的收集方法

1. 观察法

观察法是不通过提问或交流而系统地记录人、物体或事件的行为模式的资料收集方法。与采用提问的调查方法不同，观察法主要是观察人们的行为。当事件发生时，市场调查人员对信息进行记录或对以前的记录进行编辑整理。观察法既适用于观察人的行为，也适用于观察现象，可以由观察员观察，也可以由机器进行观察。

不是所有的信息收集都可以使用观察法，使用该方法必须满足以下三个条件。

(1) 所需信息必须是能观察到的，或者是能从观察到的行为中推断出来的。比如，研究者想知道"人们有钱后会倾向于外出旅游还是购买汽车"，这个主题不适合用观察法，对于耐用品或高档消费品，观察法无法提供答案。

(2) 所观察的行为必须是重复性的、频繁的或在某些方面是可以预测的，否则观察法的成本会很高。

(3) 所观察的行为必须是相对短暂的。消费者买车可能要花较长时间进行反复比较，这种行为就不适合使用此方法。

在广告调查中经常会采用仪器辅助观察。常用的仪器有：视向测定仪、瞬间显露器、精神电流测定器、皮肤电流反射器、自动记录器等。

2. 实验法

实验法是指在特定的条件下，通过实验对比的方式，对市场现象中某些变量之间的因果联系及其发展变化过程加以观察分析的调查方法。实验法的应用范围非常广泛，如商品包装的改进、设计的变化、价格的调整都适用该方法。常用的实验法有以下几种。

1) 事前事后对比实验

在同一市场中，将实验前的数据进行收集，然后进行实验，收集实验过程后的数据，将实验前后的数据进行对比、观察，即可了解实验变数的效果。

2) 控制组同实验组对比实验

控制组，又名对照组，是指非实验单位或企业；实验组，即进行实验的单位或企业。控制组同实验组对比实验方式就是将实验单位的结果与控制单位的情况进行比较，从而获得市场信息的方法。这种方法可以在同一时间内对实验组与控制组进行对比，不受时间顺序的影响，排除了由于实验时间不同可能出现的其他变数。

3) 有控制组的事前事后对比实验

这是指控制组事前事后实验结果同实验组事前事后实验结果之间进行对比的一种实验调查方法。这种方法要求在同一时间周期内，在不同企业、单位之间选取控制组和实验组，对实验结果分别进行事前、事后测试，并进行对比。这一方法实验的变数多，有利于消除实验中的外界因素影响，从而提高实验变数的准确性。

4) 随机对比实验

这是指按随机抽样法选定实验单位所进行的实验调查。这种方法适用于调查对象熟悉情况、实验单位数目较少的条件下，用判断方法选定实验单位，简便易行，能获得良好的调查效果。

3. 定性调查

定性调查是以小样本为基础的无结构、探索性的调查研究方法。这就是说，定性调查的结果无须经过量化或数量分析。定性调查法可追溯到 18 世纪中期历史学家戈亚姆巴狄斯塔·韦高的文章，他认为：人类通过"直觉"这种天赋来实现理解别人。定性调查对产品定位或问题的启动有一定的帮助。定性调查主要有小组访谈、深度访谈和投射法三种。其中小组访谈的使用频率最高、适用范围最广。

1) 小组访谈

小组访谈是经过训练的主持人以无结构、自然的形式与一个小组的被调查者交谈(通常人数控制在 8~12 人)，主持人负责组织讨论，深入了解被访谈者对某一产品、观念或组织的看法。企业和客户可以利用单向镜或隐蔽的摄像设备，在隔壁观察室观察整个访谈过程。小组访谈通过群体劳动实现调查效果，一个人的反应可能刺激其他人思考，从而产生相互作用，比单独访问提供的信息更丰富。一般小组访谈的时间控制在1~2小时，用于深入了解受访者的想法、情感、有关问题的动机、认识，时间不宜过长。

小组访谈主要用于初步理解或深入了解情况，如了解消费者对某种产品的认知、偏好及行为，通过对广告创意、广告脚本的测试，了解消费者对某项市场营销计划的初步反应等。小组访谈的低成本性和易操作性使其成为定性调查中最常用的一种方式。如今，小组访谈的形式更多样：电话小组访谈、电视会议小组访谈、网络小组会议等都十分流行。

2) 深度访谈

深度访谈是一种无结构、直接的个人访问。在访问过程中，由掌握高级访谈技巧的访问员对调查对象进行面对面的、一对一的深入访谈，用以揭示受访者对某一问题的潜在动机、态度和感情。深度访谈主要用于获取对问题的理解和深层理解的探索性研究，在市场调查中用得越来越多。与小组访谈相比，深度访谈中受访者没有来自群体的压力，每个受访者都可以表达自己最真实的想法，不受群体影响，更注重自己观点的形成。同时，调查者可以从受访者的非语言信息(如行动、表情等)反馈上，观察他们的动机和态度，探究其答案的真假。

3) 投射法

投射法是一种采用无结构的、非直接的方式，使受访者将感情"投射"到无限制的情景中，从而探究受访者隐藏在表面反应之下的真实心理，以获知其真实的情感、意图和动机的调查方法。投射法的基本原理来自人们难以说明白自己内心深处感知的普遍现象。换言之，人们受一定心理防御机制影响而感受不到某些深层次的情感。调查研究中给被调查人员一种无限制、模糊的情景，让他们做出反应。由于情景模糊，没有真实意义，被调查者可根据自己的喜好做出回答，在理论上被调查者也将自己的情感"投射"到了无规定的刺激中。这种方式绕开了被调查者的防御机制，不直接谈论自己，却透露出自己的内在情感。在市场调查中常用的投射法有：语句联想法、完成技法、漫画测试法、照片归类法、叙述故事法、消费者绘图法等。

4. 定量调查

定量调查是对一定数量的有代表性的样本进行封闭式(结构性的)问卷访问，然后对调查的数据进行计算机的录入、整理和分析的调查方法。定量调查的结果可以量化，精确度高，受调查者的主观影响较小。

1) 面访法

面访法是调查者与被访者面对面进行直接交流的调查方式，主要有：入户访问、拦截式访问、留置访问和计算机辅助访问。入户访问即调查人员按照抽样方案到抽中的家庭或企业，按规定的流程，选取适当的样本，依照问卷或调查大纲进行面对面的直接访问。拦截式访问有两种形式：一种是访问员到事先选定的地点，按照一定的程序和要求(如等时间拦截或等距离拦截行人)选取受访对象，征得对方同意后，进行问卷调查；另一种是定点拦截，如在商场或其他人流量较大的区域，按一定的流程和要求，拦截访问对象，征得同意后，进行问卷调查。留置访问是指访问员到受访者家中访问，委托协助调查并留下问卷，日后再予以回收的方法。留置问卷可以让受访者根据自己的时间安排从容作答，可以回答需要耗费一定时间或有一定难度的问题。计算机辅助访问是指使用按计算机设计方式设计的问卷，用电话向调查者进行访问的调查方法。在发达国家，特别是美国，计算机辅助访问的使用已经超过了传统的电话访问。

2) 电话调查法

利用电话作为媒介，与被调查者进行信息交流，从而达到收集资料目的的调查方法。调查者集中在有专门电话的访问间，在固定时间内进行调查。一般访问时间不超过10分钟，成本相对较低。电话调查可分为传统的电话调查、计算机辅助电话调查和IVR电话自动询问调查。传统电话调查需要准备电话、印刷问卷、书写笔等工具，调查员经培训后按照调查流程随机拨号，对被调查者实施调查。计算机辅助电话调查是使用计算机设计的问卷，用电话向被调查者进行调查，整个过程是由计算机来设定的调查方式。IVR电话自动询问调查是利用内置声音回答技术(IVR)简化电话访问，用专业调查员的录音来代替访员逐字逐句念问题和答案的调查方法。

3) 邮寄调查法

邮寄调查法是将调查问卷和有关资料邮寄给被访者，由被访者填写问卷并回寄的调查方法。邮寄调查对时效性没有要求，样本框相对比较齐全，常常在调查内容较多的情况下使用。邮寄调查有两种方式：单程邮寄调查和固定样本邮寄调查。单程邮寄调查是指将问卷通过邮寄的方式交给被访者，并附上填写说明，由被访者填写后自己邮寄回调查单位；固定样本邮寄调查是指受访者在一段时间内接受多次邮寄问卷调查。

四、问卷设计

问卷是为了达到调查目的和收集必要数据而设计好的一系列问题，是收集来自受访者信息的正式一览表。问卷提供了标准化和统一的数据收集方式，使问题程序化、标准化，每一个受访者看到或听到的都是统一的文字或声音，每一个访员询问的都是统一的问题。问卷在数据收集中起到非常大的作用。

1. 调查问卷的结构

调查问卷首先要有一个醒目的标题，让受访者很快明白调查的意图。一般由前言、正文和结束语三个部分组成。

1) 前言

前言又称说明语、问候语，向被调查者说明调查的宗旨、目的和回答问题的要求等，用以消除被调查者的顾虑，请求他们给予协助完成调查。例如：您好！我们是××学院的学生。此次调查，旨在了解××研究。请您仔细阅读每一道题目及答案，再根据您对每一道题目的看法，逐题填答，并在您所选的选项号上打钩。本问卷为匿名形式，各项答案无所谓好坏对错，且问卷所得答案只做总体性分析，不做个别呈现，对外绝对保密。请您根据自己的真实情况放心填答。非常感谢您的合作！

2) 正文

问卷的主体部分，包括三个部分：被调查者信息、调查项目、调查者信息。被调查者信息，主要用于根据资料进行分类。一般涉及被调查者姓名、性别、年龄、职业、受教育程度等。调查项目是调查问卷的核心，用具体问题和备选答案形成调查的核心内容。调查者信息，用来证明调查的执行完成情况，方便日后进一步复查或修改之用。一般包括：调查者姓名、电话、调查时间、地点、被调查者当时的合作情况等。

3) 结束语

在调查问卷的最后，可用简短的语言向被调查者表达感谢。如：再次谢谢您的合作！

2. 问卷项目的设计

调查项目设计的好坏直接关系到调查活动的成败，对调查问卷的有效性和真实性起着至关重要的作用。

1) 确定调查目的和对象

进行具体问卷设计之前，必须明确调查目的和对象，也就是要弄清楚你想从什么人那里得到什么信息。准确设定调查目的和了解调查对象，能为调查奠定良好的基础。比如，某报社进行一次调查，调查对象不仅局限于该报纸的读者，还应该包括不看该报纸的人群。根据这一要求，在进行问卷设计时，应考虑设置不看该报纸的人的问题。明确调查目的和对象后，构建问卷的结构，根据问卷主题，设立若干围绕主题形成的副标题，也就是次主题。

2) 问卷项目设计

根据问题回答形式的不同，可将问卷项目划分为开放式问题和封闭式问题。

(1) 开放式问题。让受访者自由回答和解释有关想法的问题。也就是调查人员不对受访者提出任何限制。为了获得详细资料或继续讨论，开放式问题经常用追问的方式，对受访者不断地进行追问和激励。例如以下两个问题。

问题一：与电视、广播和互联网相比，报纸有什么优势和劣势？请发表您的看法。

问题二：请问您在什么情况下会看报纸？您对报纸新闻有什么建议？

(2) 封闭式问题。这是一种需要受访者从一系列已有的答项中做出选择的问题。封闭式问题可以减少访员的误差，无须受访者解释，能得到更实际的应答，大大简化了编码和录入的程序。封闭式问题包括：单项选择题、双项选择题、多项选择题、李克特量表等。封闭式问题中最简单的形式即双项选择题，要求受访者在两个固定的答案中选择一个作为回答。

如：您的性别是：

A. 男　　　　　B. 女

请问您看过××报纸吗？

A. 看过　　　　B. 没看过

双项选择题使一些关于态度和意见的量化更明确和简化，将人们的某种行为强行分类，其中穷尽式问题容易使中立的意见偏向一方，使不明确的态度也明确化。

单项选择题和多项选择题是针对一个问题让被调查者从多个选项中选取一个或多个答案。单项选择题是问卷设计中最常用的题型，问题答案的设计要注意穷尽性和相互排斥性。多项选择题有无限制多选题和限制多选题。多选题可以让受访者有更多回答的余地和选择的机会。

如：请问您一般什么时候看报纸？

A. 早上　　　　B. 中午　　　　C. 下午　　　　D. 晚上

量表是一套事先拟定的用语、记号和数目，是测定人们心理活动的度量单位。李克特量表属于平分加总式量表最常用的一种，由一组陈述组成，每一陈述有五个答案"非常同意""同意""不一定""不同意""非常不同意"，分别记为 5、4、3、2、1，每个被调查者的态度总分就是他对各道题回答所得分数的加总，总分可说明态度强弱或在量表上的不同状态。

如：请问您对××报纸信息真实的态度是：

非常同意	同意	无所谓	不同意	非常不同意
5	4	3	2	1

3. 问卷的措辞

措辞的好坏直接或间接地影响调查的效果。因此，对问题的用词必须谨慎。这里有几点需要引起注意。

1) 措辞要准确

调查人员如果认为问题非常有意义，那么问题的表达就必须清楚明确，避免含糊不清的词语。如问题"您是否经常收看电视？"每个人对"经常"的理解不一样，导致调查的结果也不一致，应在"经常"后面加注"每天 2 小时"，使受访者对"经常"有一致的认识。

2) 使用普通词汇

问卷应避免使用专业术语，要使用普通词汇。毕竟问卷不是词汇测试，要适合受访人员的语言习惯。

3) 避免诱导性问题

"您觉得××杂志的封面精美吗？"这样的问题带有明显的诱导性，让受访者从一开始就有偏见，人为地进行了特定回答。

4) 方便受访者回答

问卷设计要考虑受访者的理解能力和回答问题的能力。有时候受访者对回答问题所需信息缺乏，如进行收视率调查中将年龄限定在 4 岁以上，因为 4 岁以下的儿童对看过的电视难以描述清楚。另外，有的问题容易被遗忘。如："您最近购买的一本杂志是什么？""杂志里您印象比较深的文章标题是……？"受访者一般记不住这些问题的准确答案，为了避免类似问题的出现，我们应对题目的设定时间进行限制。

5) 避免敏感问题

有的问题受访者不愿意回答，如"请问您有痔疮吗？"

6) 简洁明了

问卷必须尽量简单、直接，避免使用长句式。调查一般在较短的时间内完成，长句式将花费受访者更多时间阅读和理解问题，容易造成理解上的困难。同时，受访者不会有耐心看长的句子，可能导致无法认真完成问卷。

4. 问卷设计中需要注意的问题

1) 招呼语要亲切

问卷开始的几个问题设置要简单并容易回答；否则，受访者会直接拒绝接受调查。例如，调查某一产品的市场情况，为了避免影响受访者的真实想法，先尽量不让受访者知道所要调查的主要品牌，以及委托的调查公司名称。

2) 一个问题只有一个问题点

一个问题如果有若干问题点，受访者不容易回答，也会影响统计结果。问题所列的限制条件要清楚，使作答有明确的方向。

3) 讲究技巧

问卷的排列要由浅入深，一开始就用难题作为问题，受访者容易拒绝。有关联的问题尽量集中在一起，避免受访者思维混乱。模棱两可的问题让受访者无从回答，或随意回答。语言要温和客气，所有问题尽量客观。不要询问难以回忆的问题，避免难为受访者，问卷中不应有故意为难受访者的问题出现。

【课堂演练】

1. 假设你是国内某杂志社的推广人员，为了开发一个新的栏目，请问你会通过哪种渠道收集相关资料？

2. 出版发行专业想在教育电视台做广告，请思考出版发行专业的专业调查方案，设计出广告调查问卷，并在课后完成调查。

任务3　广告调查报告

【教学准备】

1. 具有互联网环境的实训教室。
2. 指定可链接的网页。
(1) 中国大学生广告艺术节学院奖(http://www.xueyuanjiang.cn/)。
(2) 第七届全国大学生广告艺术大赛(http://www.sun-ada.net/)。
(3) 加多宝官方网站(http://www.jdb.cn/)。
(4) 王老吉凉茶品牌官方网站(http://brand.wljhealth.com/)。

【案例导入】

红罐王老吉更换广告主题

自清道光年间以来，广东、广西地区都流行喝凉茶。在众多老字号中，以王老吉最为著名，被称为"药茶王"。20世纪50年代初，王老吉凉茶铺分成两支：一支通过公有制改造组建为王老吉药业股份有限公司;另一支由王氏后人带到香港。加多宝是东莞的一家港资公司,1990年经王老吉药业特许使用"王老吉商标"(2012年收回"王老吉"商标使用权),由王氏后人提供配方,在中国大陆进行红色罐装王老吉的生产销售。

2002年以前,红色罐装王老吉在广东、浙南地区销售较好,每年维持1亿多元的销售业绩。2002年年底,加多宝找到成美营销顾问公司(以下简称"成美"),想用比稿的方式为红色罐装王老吉拍一条赞助2004年奥运会的广告,主题是"体育、健康"。接到招标书后,成美的负责人通过大量调查对产品进行了详细的分析。

第一,广东、浙南消费者对红罐王老吉认知混乱。

在广东,人们将传统凉茶作为药来喝。王老吉是一个具有百年历史的品牌,很多广东人说起凉茶就想到王老吉,说起王老吉就会联想到凉茶。因此,他们不习惯将王老吉作为饮料来饮用(不会有人经常服药),销售也就受到一定限制。加多宝生产的凉茶,在气味、色彩和包装方面与广东消费者观念中的传统凉茶有较大区别,口感偏甜。传统观念告诉我们"良药苦口",人们自然对王老吉的降火药力持怀疑态度。上火后,更多人会到凉茶铺购买或自己煎煮凉茶。从功效上讲,它也不是一个好的选择。在加多宝的另一个销售旺地浙南(主要是温州、台州、丽水三地),消费者没有长期饮用的禁忌,他们将"红罐王老吉"与康师傅茶、旺仔牛奶等饮料相提并论。

面对消费者认知出现的混乱现象,企业应通过广告明确红罐王老吉的核心价值,与竞争对手明显区分开来。

第二,红罐王老吉无法走出广东、浙南。

两广以外,人们并不知道有凉茶这个东西。在调查中频频出现"凉茶就是凉的白开水""我们不喝凉的茶水,我们经常泡热茶"的答案。而且,内地消费者降火的需求基本饱和,大多通过服用牛黄解毒片或喝绿豆汤的方式来解决。

做凉茶困难重重,做饮料危机四伏。放眼整个饮料市场,可口可乐、百事可乐占据碳酸饮料半壁江山,康师傅、统一盘踞茶饮料和果汁饮料市场的领先位置。而红罐王老吉以"金银花、甘草、菊花"等草本植物熬制,有淡淡的中药味,对口味至上的饮料而言,王老吉这种口味的确存在不小的障碍。这就导致红罐王老吉的尴尬境地:既不能固守两地,也无法在全国范围推广。

第三,推广的概念模糊。

以"凉茶"概念推广,销量必然受到限制,作为"饮料"又不是别人的对手。因此,广告宣传模棱两可。加多宝在此之前做过一条广告:一个可爱的小男孩打开冰箱拿出一罐王老吉,用屁股蹭冰箱门。广告语是"健康家庭,永远相伴"。显然,该广告中的王老吉并没有自己的特色。

成美进行初步研究后发现，红罐王老吉的销售问题不是简单几个广告就可以解决的——需要大动手术，解决品牌定位的问题：红罐王老吉当"凉茶"卖，还是当"饮料"卖？成美与企业进一步沟通后，王老吉接受暂停拍广告的意见，决定先解决品牌定位的问题。

【知识嵌入】

调查报告的撰写是整个调研活动的最后一个阶段。调查报告一旦提交，就意味着调研活动结束了。

市场调研活动开展是否成功，关键在于调查报告的内容和质量。拙劣的调查报告让整个调研活动显得黯淡无光；相反，精彩的调查报告让调研结果锦上添花。报告的好坏甚至将影响到决策的执行。

一、调查报告的基本要求

一份优秀的调查报告，应具备以下几个条件。

1. 词汇通俗易懂

阅读调查报告的人可能不完全懂得调研人员熟悉的技术资料，也不一定有耐心阅读烦琐晦涩的报告。因此，调查报告的语言一定要简洁明快，具有说服力，同时要尽量使用通俗易懂的文字，少用专业术语。

2. 报告严谨、简洁

报告必须以严谨的结构、简练的语言将调研过程中各个阶段收集的全部有关资料进行组合，注意不要遗漏重要的资料，但也不能罗列无关紧要的资料。

3. 结论或建议明确

调查报告应该对调研活动针对的问题提出明确的意见或建议，为解决问题提出对策方案。

4. 体现调研过程的全貌

调查报告应该让读者了解调研的全过程，也就是要回答或说明研究了什么、用什么方法研究的、得到什么结论。

二、调查报告的结构

从外部形式上看，调查报告由序言、摘要、引言、正文和附录5个部分组成。

1. 序言

主要介绍研究课题的基本情况。通常由扉页和目录或索引组成。

1) 扉页

扉页一般用一张纸完成。内容包括以下几个方面。

(1) 调查报告的题目或标题。调查报告的标题一般只有一句话，有时候加一个副标题，但都要将调研的主要内容概括出来。调查报告的标题有两种写法：一种是规范化的标题格式。基本格式为"××关于××××的调查报告""关于××××的调查报告""××××调查"等。另一种是自由式标题，包括陈述式、提问式和正副标题结合使用3种。陈述式如《××××地区群众影院消费情况调查》；提问式如《为什么××××消费者青睐影院消费》；正副标题结合式，正标题陈述调查报告的主要结论或提出中心问题，副标题表明调查的对象、范围、问题，如《高校发展重在学科建设——××××大学学科建设实践调查》等。

(2) 执行该项研究的机构名称。如果是单一执行机构，将该机构名称记下即可。如果是几个机构合作完成的调研，则应该将所有机构的名称都要写出来。

(3) 调研项目负责人及所属机构。将调研项目主要负责人的姓名写出来，并附上其所在单位。

(4) 注明报告完稿日期。

2) 目录或索引

目录或索引是将报告中的各项内容完整列出的一览表，不用非常详细，一般只列出一级标题、二级标题的名称及对应的页码。目录一般不要超过一页纸，如果报告中的图、表较多，也可以增加一张图表目录。

2. 摘要

阅读调查报告的人不会细致地看调研中的繁杂细节，他们一般着重看调研所得的主要结果和结论，以及提供的建议和意见。因此，摘要可以说是调查报告中非常重要的部分。它可能成为调查报告中读者唯一阅读的部分。因此，该部分应该用清楚、简洁而概括的语言将报告中最重要的信息提炼出来。

3. 引言

调查报告的引言一般包括两个部分：研究背景和研究目的。研究背景一般是对调研的由来或受委托进行该项调研的原因做出说明。说明时，可能引用相关背景资料，分析企业的经营状况、产品销售情况、广告活动等方面存在的问题。研究目的通常是针对研究背景分析中出现的问题提出的，一般为了获得某方面的资料或对某些假设做出检验。不管研究目的是什么，调查报告都应该列出该项目预期获得的结果。调查报告的引言写作有以下 3 种类型。

1) 提要式

在开头将调查对象最主要的情况进行概括，让读者对报告的基本情况有大致的了解。例如，《靠名牌赢得市场——关于深圳市飞亚达(集团)股份有限公司的调查》的引言。

飞亚达(集团)股份有限公司(以下简称飞亚达)是一家以生产钟表为主的大型企业，1987年成立于深圳。在经济特区这块改革开放的沃土上，飞亚达坚持不懈地实施名牌战略，终于在竞争激烈的钟表行业中后来者居上。历经12年的艰苦创业，飞亚达由一个钟表小厂发展为总资产逾8亿元、年创利润8000万元的上市公司，成为国内同行的翘楚。

这段引言先对飞亚达公司的发展情况和主要成绩做了概括，提纲挈领，统率全文。

2) 交代式

在引言中简单交代调查的目的、方法、时间、范围、背景等，使读者在入篇时就对调查的过程和基本情况有所了解。例如，《关于北京市家用缝纫机销售情况的调查》一文的引言。

为了增强计划性，加强对家用缝纫机的经营，更好地掌握市场销售动态，我们采取了走访经营单位与分析历史资料的办法，对北京市家用缝纫机历年销售情况以及当前社会保有量和市场需求变化进行了调查。经过分析，认为北京市场除上海缝纫机供不应求以外，其他牌号缝纫机销售在北京市已趋于饱和。

这段引言采用交代目的、方法、范围和结论的方式，让人们对调查项目的背景和目的一目了然。

3) 问题式

在引言中提出问题，引起读者对调查课题的关注，从而促进读者进一步思考。这种引言方式，可以直接采用提问引出问题点，也可以将问题直接摆出来，例如《农村发展社会主义市场经济的成功之路——贸工农一体化、产加销一条龙经营的调查》的引言。

近些年，随着农村改革的深化和商品经济的发展，贸工农一体化、产加销一条龙的经营方式，正在我国农村迅速突起。它一出现，就显示出旺盛的生命力和巨大的优越性，为农村经济的发展注入新的活力。这种经营方式对我国农业向商品化、现代化转化有哪些作用？应采取什么方针政策扶持其发展？我们就这些问题进行了调查，并同10个县(市)的有关同志进行了座谈，达成了一些共识。

4. 正文

调查报告的正文必须包括研究的全部事实,从研究方法的确定到结论的形成,以及论证的步骤。当然,无关紧要的或不真实的资料不能写进去,正文一定要精练,不拖泥带水。调查报告要让阅读的人了解到所得结果是客观的、科学的、准确的、可信的,而且还要让阅读的人从调研结果中得出他们自己的结论。

调查报告的正文具体构成可能因项目不同各有千秋,但基本上包含3个部分:研究方法、调研结果、结论和建议。

5. 附录

附录是将有关资料列入进去,这些资料主要用于论证、说明或进一步阐明报告正文。附录资料一般有:调查问卷、抽样的有关细节补充、原始资料的来源、调研活动的原始资料图表等。

三、撰写调查报告的注意事项

调查报告是研究成果的具体表现,调研的成败与调研结果密切相关。因此,撰写调查报告时,要特别认真细致。

(1) 要考虑读者的观点、阅历,尽量做适合读者阅读的报告。

(2) 尽量使报告简明扼要,不拖泥带水。

(3) 使用通俗易懂的词汇,避免专业术语、行业用语。

(4) 报告中的项目一定要与主题密切相关,删除一切无关的资料。

(5) 仔细核实所有数据和统计资料,做到所有信息准确无误。

(6) 充分运用图表说明问题。

(7) 按照项目的重要性来确定不同内容的篇幅长短。

【课堂演练】

1. 在网上搜集一份广告调查报告,分析该报告是否符合优秀标准。
2. 熟悉广告调研报告的标题有哪几种形式。

项目实训——广告调查报告写作

一、实训名称

修改广告调查报告。

二、实训目的

1. 掌握广告市场调查的内容。
2. 掌握问卷设计的方法。
3. 掌握调查报告的写作格式。
4. 掌握调查报告的内容写作技巧。

三、实训内容

下面是一位学生撰写的调查报告,请根据所学调查报告写作的知识对该报告进行修改。

关于广告对洗衣用品销售影响的调查报告

调查人:×××

调查时间:2013年11月18日至2013年12月1日

调查地点:湖南×××学院及当地(星沙镇)

调查对象:20岁以下及40岁以上为主的所有人群

前言:

在科学技术高度发展的今天,广告备受社会各界的广泛关注。在促进生产、扩大流通、指导消费和传递信息等方面,广告起着举足轻重的作用。广告能够帮助消费者对个人消费品进行选购,指导消费者合理地采购物品以改善个人或家庭的生活条件和工作条件,这是广告最基本的功能。广告还有一项重要的功能,就是刺激消费者的个人消费。广告的连续出现就是对消费者的消费兴趣与物质欲求进行不断地刺激,从而激发消费者的购买欲望,进而促成其购买行为。就此问题,我小组面向20~40岁的人群做了一项关于广告对洗衣用品销售影响的调查,现就调查结果做以下分析。

根据数据统计,得出以下结论。

1. 本次调查主要以女性为主。
2. 我们这次调查年龄分布很均匀,调查人群较为全面。
3. 调查人群中收入在2000~3000元的人群最多。
4. 除了学生(34.4%)外,自由职业者、个体户以及其他职业人最多。这表明洗衣用品的受众大多在学生和家庭妇女中占较高比率。
5. 用洗衣液(45.6%)的人最多,洗衣粉32%,次之,肥皂22.4%,最少。可见商家可以多多打洗衣液的广告。
6. 在本次调查中洗衣用品用得最多的品牌分别是:汰渍(18.7%)、立白(22.9%)、超能(18.1%)。

7. 在本次调查中洗衣用品广告看得最多的分别是：汰渍(23.1%)、立白(25.2%)、超能(23.1%)。

8. 说明大多数人都是通过电视来了解洗衣用品广告的。

9. 调查人群中晚上7点～晚上10点(36.4%)看洗衣用品广告的人数最多，调查人群显示许多家庭主妇只在这段时间内有空闲时间看电视，广告商要好好利用这段时间(新闻联播后5分钟、电视剧中间插播的广告、电视剧播完后的插入)。然而"没注意，但是又看到很多洗衣用品的广告"这一选项占的比率也很大，说明这一段时间洗衣用品的广告在增加。

10. 孙俪代言的超能品牌的洗衣广告最深入人心，说明超能选择的代言人好，人物符合产品特性。人们往往会因为代言人而选择该产品。

11. 通过调查显示植入广告不如电视插入广告效果来得好。

12. 如果商家在网络上投放的话，以视频广告的形式投放(39.9%)的效果是最好的。

13. 调查显示广告投放量和广告词的设计对产品有很大影响。

14. 消费者在购买洗衣用品时最注重质量、品牌(说明广告打得多，深入人心)。

15. 调查显示大多数人不会因为产品包装好看而去购买它。

16. 最近洗衣用品电视广告很多，调查者认为这只是商家的广告战术而已。

17. 直接降价最能促进消费者的购买欲。

总结建议：

1. 电视插播广告比电视植入广告效果好，更能刺激消费者的购买欲望。

2. 电视广告和促销是相辅相成的。正是因为有了电视广告的大力宣传，商场在做促销的时候才能够顺利地进行。我们去超市做过调查，一般做促销的洗衣用品都是电视上大力做广告的产品，像立白、汰渍、超能、蓝月亮等。

3. 洗衣用品促销的话，"直接降价"的效果是最好的(38%)，其次就是"多买赠送"(26.6%)。

附录：

问卷序列号_____

广告对洗衣用品销售影响的调查

您好！我是湖南××××学院××××学生，为了进一步了解广告对洗衣用品的情况，特此进行调查。希望您能在百忙中抽出一点时间完成我们的问卷，您的资料我们会严格保密，仅作数据分析，谢谢您的配合。

1. 您的性别？(　　)

   A. 男　　　　　　B. 女

2. 您的年龄？(　　)

   A. 20 岁以下　　B. 20～30 岁　　C. 31～40 岁　　D. 40 以上

3. 您的月收入？(　　)

   A. 2000 元以下　　B. 2001～3000 元　　C. 3001～5000 元　　D. 5001 元以上

4. 您的职业？(　　)

   A. 机关事业类单位　　B. 职员、文员、秘书　　C. 合营或个体

   D. 学生　　　　　　　E. 自由职业者　　　　　F. 其他_____

5. 您平时用什么洗衣服？(　　)

   A. 洗衣粉　　　　B. 洗衣液　　　　C. 肥皂

6. 您一般用什么品牌的洗衣用品？(可多选)(　　)

   A. 汰渍　　　B. 立白　　　C. 雕牌　　　D. 碧浪

   E. 奥妙　　　F. 超能　　　G. 其他____

7. 您最近看过较多的洗衣用品的广告是什么品牌的？(可多选)(　　)

   A. 汰渍　　　B. 立白　　　C. 雕牌　　　D. 碧浪

   E. 奥妙　　　F. 超能　　　G. 其他____

8. 您看到的洗衣用品广告是在什么媒体上？(　　)

   A. 电视　　　　B. 网络　　　　C. 手机

   D. 户外　　　　E. 其他 ____

9. 您最近看的洗衣用品电视广告大概是在什么时间？(可多选)(　　)

   A. 早上 7 点～中午 12 点　　　B. 中午 12 点～下午 5 点

   C. 下午 5 点～晚上 7 点　　　　D. 晚上 7 点～晚上 10 点

   E. 晚上 10 点～晚上 12 点

   F. 没注意，但是看到过很多洗衣用品广告

   G. 没注意，没看到洗衣用品广告

10. 在以下立白的产品广告中，您印象从深到浅排序依次是(　　)(　　)(　　)(　　)。

    A. 陈佩斯光头形象——告诉大家"不伤手的立白"

    B. 李冰冰代言的立白洗衣液"超强洁力，立刻洁白"

    C. 无明星出现的"防止衣服变黄、变旧、变硬，洗护合一"

    D. 《咱们结婚吧》里立白的植入广告

11. 以下您所知道的超能洗衣用品的代言人有？(可多选)(　　)

    A. 孙俪　　　　B. 蒋方舟　　　　C. 邱思婷　　　　D. 许安琪

    E. 于娜　　　　F. 一个都不知道　　G. 其他_____

12. 上网时，您看到的洗衣用品的广告是以何种形式出现的？(可多选)(　　)

    A. 弹出式　　　B. 链接式　　　　C. 漂浮式　　　　D. 视频广告

    E. 没注意_____

13. 请根据您的印象，对以下广告词进行排序(由深到浅)_____

    A. 用汰渍，没污渍(汰渍)

    B. 超能女人用超能(超能)

    C. 我有我奥妙(奥妙)

    D. 有情有爱有雕牌(雕牌)

    E. 不伤手的立白(立白)

14. 您选购洗衣用品时侧重于？(可多选)(　　)

    A. 价格　　　　B. 质量　　　　C. 品牌　　　　D. 口碑

    E. 气味　　　　F. 其他_____

15. 您是否会因产品的包装精美而去购买它？(　　)。

    A. 会　　　　　B. 不会　　　　C. 视情况而定

16. 最近洗衣用品电视广告非常多，您认为(　　)。

    A. 大品牌，广告非常重要

    B. 做广告可以，没必要请太多明星

    C. 商家的广告战而已，无所谓

    D. 没必要做广告，直接降价更好

17. 以下哪种促销方式会促使您购买该产品？(可多选)(　　)

    A. 直接降价　　B. 明显专柜　　C. 多买赠送　　D. 组合装

    E. 满数额换购

四、实训步骤

1. 认真审读调查报告。研究该广告调查报告的格式，解读正文和附件，将附件中的问题与广告调查报告正文中的内容对照。

2. 丰富调查报告正文部分。丰富广告调查报告正文的内容，有数据、比例的部分要增加不同图表，使正文内容更直观。

3. 修改建议与意见部分。建议与意见要针对数据分析内容提出。

4. 修改问卷设计。问卷按照由浅入深原则设计，问卷设计中每一个问题只强调一个问题点。

五、实训要求

1. 上交修改后的广告调查报告。
2. 对广告调查报告的标题、正文、附件进行修改。

六、考核标准

项目	考核标准		
	优秀(90~100分)	良好(80~90分)	合格(60~80分)
考核标准(100分制)	词汇通俗易懂、报告严谨简洁、结论或建议明确、体现调研过程的全貌	词汇通俗易懂、报告要素齐全、结论或建议准确、体现调研过程的全貌	词汇通俗易懂、要素齐全、有结论或建议、不能体现调研过程的全貌
自评分			
教师评分			

注：未参与实训项目，在当次实训成绩中计0分。

课后练习

1. 简答题：广告调查的内容主要有哪些？

2. 思考题：假设你是国内一家牛奶公司的营销人员，为了开发一种新型口味的牛奶，你会通过哪种渠道收集相关资料？

3. 从以下题目中任意选择一个，在班上组织一次小组访谈。

(1) 同学们对本专业现有课程设置的评价。

(2) 同学们对网络交友的看法。

项目三　广告文案写作

【情境描述】

随着大众传媒的发展与壮大，不同类型的媒体分别展现出自身不同的特点与优势。广告对于媒体的利用也是越来越全面而普遍。除了报纸、杂志、电台、电视等之外，现代信息技术带来的新媒体，如网络、手机，更因其快捷、便利、相对廉价的优势日益受到广告人的青睐。出版商在出版物营销过程中可以根据自身条件和需求选择不同的媒体进行广告宣传，了解并掌握不同媒体广告文案写作的特点、差异与优劣变得十分必要。广告标题和标语的表现形式，广告正文和随文的写作方法，报纸、杂志、电台、电视、新媒体等不同媒体广告文案的具体写作要求，已经成为出版人知识体系中必备的一环。

本项目将带领大家掌握广告写作的特点、创作原则、写作要求等基础知识，完成广告标题、标语、正文、随文的写作任务，更对报纸、杂志、电台、电视、新媒体等不同媒体广告文案的写作及其特殊性和具体要求进行区分和强化，为今后从事市场营销、广告设计、企业文案写作、项目推广策划及相关工作打下良好的基础。

【学习目标】

- 掌握广告写作的特点、创作原则、写作要求。
- 熟悉广告标题、标语、正文、随文的写作方法和具体要求。
- 能根据要求，撰写具有媒体针对性的广告文案。

【学习任务】

任务1　认知广告文案写作(建议：4课时)

任务2　广告标题和标语的写作(建议：4课时)

任务3　广告正文和随文的写作(建议：4课时)

任务4　报纸广告文案写作(建议：2课时)

任务5　杂志广告文案写作(建议：2课时)

任务6　广播广告文案写作(建议：2课时)

任务7　电视广告文案写作(建议：2课时)

任务8　新媒体广告文案写作(建议：2课时)

项目实训——广告文案写作(建议：2课时)

任务1　认知广告文案写作

【教学准备】

1. 具有互联网环境的实训教室。
2. 指定可链接的网页。
(1) 中国大学生广告艺术节学院奖(http://www.xueyuanjiang.cn/)。
(2) 第七届全国大学生广告艺术大赛(http://www.sun-ada.net/)。
(3) 食品论坛(http://bbs.foodmate.net/thread-485265-1-1.html)。

【案例导入】

"东方之子牌双歧胶囊"等6种产品的广告违法曝光

2011年11月,国家食品药品监督管理局曝光"东方之子牌双歧胶囊"等6种产品的广告严重违法。在监督检查中发现,"东方之子牌双歧胶囊"等6种产品的广告宣传内容超出了食品药品监督管理部门批准的范围,含有不科学表示产品功效的断言和保证等内容,严重欺骗和误导消费者。

6种产品广告具体违法事实如下。

(1) 东方之子牌双歧胶囊。

该产品由武汉东方之子生物工程有限责任公司生产,被批准的保健食品保健功能为"增强免疫力"。其广告中宣称"浅表性胃炎只需30天、萎缩性胃炎可以逆转、老胃病不再年年治、年年犯;结肠炎能根除了;慢性腹泻可以快治"等。

(2) 寿世宝元牌冬虫夏草(菌丝体)胶囊。

该产品由永恒生物工程有限责任公司生产,其被批准的保健食品保健功能为"免疫调节"。广告中称"才吃了5天就感觉精神好了;吃完10盒后,耳鸣、头疼也好了,听力也比以前好;6个月后,他的那些心脏病、脑血管病、肠胃病什么都没了"等。

(3) 聚能离子穴位贴。

该产品由三门峡博科医疗器械有限责任公司生产,其被批准的医疗器械适用范围"适用于肝肾阴虚引起的耳鸣耳聋、耳胀耳背、耳内胀闷或疼痛、耳听力减退等症状的辅助治疗"。广告中称"睡前一贴,醒后一揭,耳鸣停了,耳聋灵了;用上两三个月,听东西一点不费劲了;一个能祛根的偏方"等。

(4) 参茸大补膏。

由湖南爱生制药有限公司生产，其被批准的药品功能主治为"滋阴补肾，益气养血，强壮筋骨。用于成人体虚，腰膝酸软，食减肌瘦，气短心悸"。广告称"治心脏：四两拨千斤，心脏病祛根，熬了一副参茸膏病好了；治骨病：我叫他喝参茸膏，一定有效果。他喝3个月，全身调气血，补五脏，后来颈椎病好了，腰有劲，腿有力，喝出一身好筋骨"等。

(5) 肝郁调经膏。

由广西华天宝药业有限公司生产，其被批准的药品功能主治为"疏肝解郁，清肝泻火，养血调经。用于肝郁所致的月经失调，痛经，乳房胀痛"。广告称"滋阴养血，内调外养，可破淤行气，使气血充盈，月经完全恢复正常，皮肤恢复红润光泽，色斑皱纹减少，心烦气躁现象消失，恢复卵巢功能，就连闭经1年左右的人调理20天后月经也能回来"等。

(6) 调经至宝丸。

由山东临清华威药业有限公司生产，其批准的药品功能主治为"破淤，调经。用于妇女血淤积聚，月经闭止，经期紊乱，行经腹痛"。广告称"即使严重者十日内亦可见效，半月气血顺畅、失眠便秘消失，一周期气血充沛、面色红润，两周期闭经3年以内可见效"等。

(资料来源：食品论坛 http://bbs.foodmate.net/thread-485265-1-1.html，2011-11-08)

【知识嵌入】

"50%～70%的广告效果来自广告文案"，这是美国权威调查机构经过科学测试得出的结论。人们对广告文案的定义各不相同，有的将广告文案定义为"已定稿的广告作品的全部语言文字部分"，有的定义为"以广告宣传为目的的文字作品"。这样的定义非常简洁明了，但是很值得推敲。我们认为，广告文案是广告作品的文字部分。这一定义，不会将广告文案与广告调查报告、广告策划书、广告合同等广告活动中的文字部分混淆。因为后者所包含的内容比前者多得多，广告文案只是其中很小的一部分。

作为一种商业文体，广告文案更多地追求市场利润，要求创作者通过文字表达活动的商业目标，还要求创作者能懂得不同文字对达到商业目标的不同作用，以便在广告文案写作中采用最佳的文字方案。衡量一则广告文案是否成功，主要看该文案能否有效地传播产品信息和建立企业形象。如果不能，再美的文字都是无效的。

一、广告文案写作的立足点

初学广告文案写作的人会认为文案写作不过是语言技巧的运用,把文案写作着眼点放在追求辞藻的华丽上。例如,著名诗人闻捷为上海某灯泡厂写的广告诗:

向太阳里取来的熔岩,
从碧空中摘来的星星,
耐得住千度高温,
负得起延长白昼的使用,
把五彩缤纷的晚霞,
接上金光灿烂的晓云。

从文学角度看,该作品想象丰富、文辞华丽,表达了高远的意境。但是作为一则广告,缺乏明显的产品促销力和品牌塑造力。再看另一则飞利浦台灯的广告文案:

留一盏灯,给不眠的自己
所有的灯都暗了,
所有的人都睡了,
而我,仍独坐案头,
对着满纸空格苦思。
且点上一盏灯,
点上无尽的信心与感觉,
为不眠的自己,
等待灵感过境。

飞利浦 PL 台灯,
为不眠人点一盏灵感的灯。

相较而言,后一则广告更具亲和力和感染力,深刻表现了作者挑灯夜读的需求,更能唤起人们情感上的共鸣,很好地将产品特性与消费者心理需求结合了起来,对产品促销和品牌塑造都有促进作用。

由此可以看出,广告文案的立足点在于:为沟通物性(产品特性)和人性(消费者生理需求或心理渴望)寻找巧妙的语言表述。

一些失败的广告文案,往往存在两种错误倾向。一种是只注重物性的传递,忽略了人性的沟通。这种广告写得像产品说明书,不能引起消费者的兴趣。另一种是单纯表现人性,忽略了物性的传达。这种文案写得像文学作品，让受众接触后不知道卖的是什么东西。

二、广告文案写作的原则

初学广告文案写作的人员，了解广告文案写作的原则是非常必要的。

1. 真实性原则

真实性是广告文案的生命力所在。《中华人民共和国广告法》第四条明确规定：广告应当真实。文案写作必须恪守这一原则。违反广告真实性原则，不仅损害消费者利益，还危害广告主利益：由于受到消费者组织的控告和广告监督机构的处罚而导致直接经济损失；由于商品或企业在消费者中丧失信誉而遭到间接经济损失。虚假广告可能在短时间内使企业获得较好销售，但绝不利于企业长远销售。

广告文案应该真实客观地传播有关产品或服务的信息，不能吹嘘夸大其功能、价值、特点和效果，更不能弄虚作假。国家工商行政管理总局关于虚假广告的认定有两个依据：一是广告所宣传的产品或服务本身是否客观真实；二是广告所宣传的产品或服务的主要内容是否真实。

欺骗误导是广告传递不真实信息的典型形式。关于产品质量、成分或功能的虚假宣传是欺骗的典型手段。例如，某医疗保健品公司销售消毒剂产品"××前列舒"，将有关部门在《广告审批表》中核定的广告内容擅自变更加工，将消毒剂产品宣传为治疗急慢性前列腺疾病和其他泌尿性疾病的药品。该公司更改广告审查证明文件，在广告中对非药品宣传为对疾病有治疗作用，编造虚假事实，欺骗消费者，最终受到工商行政部门的行政处罚。

为了确保广告文案的真实性，文案撰写者应该坚持：不直接提供产品或服务的虚假信息，不使用未经证实的权威证言，不使用虚假的消费者证言，不使用不符合产品或服务实际情况的语言文字，不做出无法兑现的物质或精神承诺。

2. 实效性

实效性原则是指广告文案写作要为一定的目的服务，要做到实用、有效，能促进产品销售或树立企业形象。

广告主花钱做广告总是有目的的。就商业广告而言，不管是为了促销商品、树立企业形象，或是建立观念，其最终目标都是为了销售更多商品，获得利润。文案写作者就应该明确实效性原则，紧紧围绕着提高商品在消费者中的知名度、喜好度或指定购买率来写，不能华而不实。当然，广告文案写作应该有艺术性，但艺术性不是商业广告的目的，而是传递产品信息的手段，任何脱离促销目的的艺术性对商业广告而言都是无益的。

广告作为一种营销手段，本质上是推销。美国著名广告人拉斯克尔认为1908年立克舒的广告是第一次在广告中运用了高级的销售术。

裁决——我们声明，钱由我们出

我们担保，如果你把这张优惠券拿到离你最近的药店里，药店就会把它当作50美分收下，那是一瓶立克舒的价格，药店会送你一瓶立克舒，而我们将把那50美分还给药店(尽管在事实上，他们用商品偿还)。因此，我们是为你买了一瓶，以此向您证明，我们对自己的承诺充满信心。

3. 原创性

广告文案贵在创新。原创性原则要求广告文案写作者富有创造性，既不能重复模仿别人，也不能重复模仿自己。原创性原则是广告创意大师伯恩巴特在DDBO广告国际有限公司制定的一条重要的广告创意原则。例如，台湾一则矿泉水广告词是"口服，心服"，广告词巧妙化用成语，一语双关，效果很好，于是各种产品都跟风模仿，于是出现了八宝粥的"口服，心服"，啤酒的"口服，心服"，甚至感冒药也用到"口服，心服"。

原创的意义不仅在于形式上的"想人所未想，发人所未发"，还包括表现手法上的独创和信息内容的独创。

1) 表现手法上的独创

表现手法上的独创可以使广告文案产生新奇感，更多地吸引受众关注，在众多广告文案中脱颖而出。广告文案写作在表现手法上的原创可以是借鉴前人经验创造出来的有意味形式，然后运用现代形式、现代理解的认知去进行重新组合以获得新的含义。例如，2014年《变形金刚4》的广告出现在怡宝矿泉水瓶身上，这种表现手法上的创新能让人耳目一新。

2) 信息内容的独创

广告文案寻找到独特的信息内容进行表现，寻找到产品与同类产品相区分开来的新信息，这就是独创。信息的独创，不仅表现在其他同类产品无法替代的产品利益点、产品生产背景以及产品的附加价值，同时也表现在能诉求别人没有说过的产品特色。信息的独创，更表现在能发现同一产品和服务中的不同特点或借助心理作用形成或创造出来的不同价值体系。例如，凯迪拉克"出人头地的代价"节选内容，就体现了凯迪拉克的不同价值体系。

出人头地的代价

在人类活动的每一个领域,得到第一的人必须长期生活在世人公正无私的裁判之中。无论是一个人还是一种产品,当它被授予"先进"称号之后,赶超和妒忌便会接踵而至。在艺术界、文学界、音乐界和工业界,酬劳和惩罚总是相同的。酬劳就是得到公认,而惩罚则是遭到反对和疯狂的诋毁。当一个人的工作得到世人的一致公认时,他同时也成了个别嫉妒者攻击的目标。……这一切都没有什么新鲜,如同世界和人类的感情——嫉妒、恐惧、贪婪、野心以及赶超的欲望一样,历来就是如此,一切都徒劳无益。如果杰出人物确实有其先进之处,他终究是一个杰出者。杰出的诗人、著名的画家、优秀工作者,每个人都会遭到攻击,但每个人最终也会拥有荣誉。不论反对的叫喊如何喧嚣,美好的或伟大的,总会流传于世,该存在的总是存在。

原创性原则要求形式上原创的同时,还要求所传达的信息内容原创,不仅要求是首创,更要求在传递广告信息基础上进行首创。形式和内容共同原创,才能真正发挥广告文案的作用,实现广告效果。

4. 和谐性原则

广告文案不是孤立的文字表达,必须置身于一定的社会文化背景之下,是广告策略的一种表现,是广告作品的有机组成部分。因此,广告文案写作必须做到与整个广告环境和谐,与广告作品其他要素相协调,还要与广告媒体特性统一。总之,广告文案要让受众感到整体和谐,也就是要遵循和谐性原则。

1) 适合文化语境

不同的国家、不同的民族存在不同的文化积淀,拥有不同的价值观念和风俗习惯,文案撰写者必须注意这些文化差异,适应这些差异,适应具体的文化语境。这就是"到什么山上唱什么歌""对什么人说什么话",否则就会与目标受众格格不入。

即使在同一国家的不同地区,由于风俗习惯和方言体系的差异,广告文案也应该有所不同。例如,一直为人们所称颂的蓝天六必治牙膏广告——"牙好,胃口就好,吃嘛嘛香,身体倍儿棒"。该广告在很多地方都受到受众的喜爱,很有亲和力,语言通俗易懂,但是该广告在广州的电视台播放,由于粤语与北方方言差别太大,效果很不明显,很难在广州本地人心中产生共鸣。

2) 符合整体构思

广告文案写作应服从广告整体战略和广告主题、创意策略的要求,并考虑与其他要素(如画面、声音等)相配合,一起完成广告作品的创作。广告文案不能脱离这些,只顾文字的华美和精彩。

有的时候，单纯看文案觉得非常出色，但是与画面结合在一起，却出现图文两张皮，缺乏整体和谐的感觉，这样的文案不能认为是出色的文案。而有的时候，文案单纯看起来似乎比较平常，但是由于能够与画面很好地结合，与画面共同完成好的广告创意，对画面起到画龙点睛的作用，整体效果好，那么，这样的文案就不能认为是平淡的文案。例如，图3-1中的汽车广告，文案很简单："别赶路，去感受路"，将"赶路"进行拆解形成"感受路"，句子有反复之美。结合图片，女生在江边远眺大好山河，惬意自由，一辆汽车停在她周边，明显是汽车载着她到了这个自然美好的地方，在生活忙碌的城市，汽车让你放慢脚步感受生活。

图 3-1 汽车广告：别赶路，去感受路

3) 迎合媒体特性

由于选择投放的媒介特性各不相同，因此，它们对广告文案撰写者的要求也不一样。成功优秀的广告文案，应该能充分迎合各种不同媒介特性，最大限度地实现广告作品的传播效果。

传统的印刷媒介(如报纸和杂志)，以静态的视觉符号进行信息传播，主要通过对人的视觉冲击对产品或品牌产生印象，其持久性决定了印刷媒介可以传播较复杂的信息，便于进行详细解释，与其他媒介相比，受众在接受信息时会更专注，但是缺乏强制性。因此，在印刷媒介上进行广告写作时，要重视标题的写作，采用精心打造的高度浓缩的标题来吸引受众的注意力。广告正文可以采用长文案的方式，充分传递产品信息。此外，还要注意文字与图案的相互补充和强化。

广播纯粹通过声音进行信息传播，线性传播、内容稍纵即逝、受众接受信息不够专注等特点，决定了广播广告文案必须简洁明了、采用单句和口语化的语言，运用情境、语调、音响等手段增强内容的趣味性和吸引力，在有限的时间内一次性将信息传递到位，实现广告信息的有效传播。

电视广告和广播一样，传播速度快、范围广、难以保存，但是由于综合使用了动态和静态视觉符号以及多种听觉符号，信息传播更加丰富，更具现场感，形象真实，可信度高，说服力和感染力非常强。电视广告文案要注意语言与画面的相互配合。

新媒体已经兴起，特别是网络有着传统媒介不具备的特征，高交互性、覆盖范围更广、信息容量更大、内容修改极其便利、投放更具精确性等，对网络广告文案的写作技巧和写作风格都提出了新的要求。

三、广告文案写作的要求

1. 简明扼要

曾有人这样概括广告文案写作的模式——KISS 模式(Keep It Sweet and Simple)，令其甜美并简洁。

我们先看简洁(Simple)。广告文案写作的第一要点就是必须做到言简意赅，抓住要点将最重要的信息进行表现即可。

古人在诗词中，非常讲究遣词造句。唐代大诗人李白的《客中作》脍炙人口：

南岭美酒郁金香，玉碗盛来琥珀光。
但使主人能醉客，不知何处是他乡。

诗中只字未提酒的质量如何，但仅"郁金香"和"能醉客"几个字，就把兰陵美酒的色香味描绘得淋漓尽致，令人不饮自醉。

简洁明了要求用最少的文字将意思说明白。广告大师 R. 瑞夫斯认为："消费者从一个广告里面只会记住一件事情——强烈的一项诉求或强烈的一个概念。"例如，劳斯莱斯的广告："在时速 60 英里时，劳斯莱斯车上唯一的噪声来自电子表的滴答声。"或许劳斯莱斯汽车有很多其他优点，但是这个广告仅仅抓住车内非常安静这一特点进行表述。

广告文案的诉求要尽量单一、明晰，因为现代人生活节奏加快，消费者所能接触到的每个广告的时间、注意力和耐心都十分有限。优秀的广告往往都是非常简单，可以最大限度地利用受众的接受计划，传递最能让消费者留下印象、为其所接受的信息。

2. 打动人心

KISS 模式的核心是甜美，甜美的要领就是煽情、打动人心。好的广告文案都会让人看后心动，如果受众看后无动于衷，那广告文案就是失败的。

当然，打动人心的方法和途径很多。有的通过利益打动消费者的心，切中消费者的需求和欲望。如太太口服液的广告"青春的风采，谁说不可以拥有？要拥有看你怎么选了，太太口服液"，针对中年妇女梦想青春永驻的立意来打动人心。

还可以通过情感打动消费者的心。例如，中华汽车的电视广告文案：

中华汽车电视广告一

如果你问我，这世界上最重要的一部车是什么？那绝不是你在路上能看到的。

30 年前，我 5 岁，那一夜，我发高烧，村里没有医院。爸爸背着我，走过山，越过水，从村里到医院。爸爸的汗水，湿遍了整个肩膀。我觉得，这世界上最重要的一部车是——爸爸的肩膀。

今天，我买了一部车，我第一个想说的是："阿爸，我载你来走走，好吗？"

广告语：中华汽车，永远向爸爸的肩膀看齐。

中华汽车电视广告二

印象中，爸爸的车子很多，大概七八十部吧。我爸爸没什么钱，他常说："买不起真车，只好买假的。我这辈子只能玩这种车喽！"

经过多年努力，我告诉爸爸，从今天起，我们玩真的。爸爸看到车后，还是一样东摸摸、西摸摸，他居然对我说："我这辈子只能玩假的，你却买真的！"

爸，你养我这么多年不是假的，我一直想给你最真的。

广告语：中华汽车，真情上路。

文案通过父子之情的宣扬，表现出父亲对儿子的付出、儿子对父亲的牵挂，情感细腻，感人至深，利用儿子对父亲的关心和体贴打动人心，构建中华的品牌形象。

如果广告文案使消费者产生距离感，甚至敌对情绪，那么这样的文案就属于失败的广告文案。例如，巨人脑黄金的广告语："让一亿人先聪明起来。"文案隐含着两层意思：一是消费者原本不是很聪明；二是吃了脑黄金的人聪明了，不吃脑黄金的人将继续笨下去。很显然，文案出现了伤害消费者情感的潜在信息，让消费者产生了距离，该做法不可取。

3. 通俗易懂

广告文案要通俗易懂,这是许多广告文案大师反复强调的,问题是怎样理解和把握通俗易懂。这里的通俗易懂应该是针对目标消费者而言的。对于一般消费者,一定要采用大众化的词汇、口语化的句子;但是针对文化层次较高的目标消费者,则应该适当文雅一些,但不要太让人难懂。

【课堂演练】

1. 举例说明广告文案写作要通俗易懂。

2. 请根据教室的粉笔盒上的说明书,为粉笔写一则报纸广告文案,并运用本章的理论进行自我检测。

任务 2 广告标题和标语的写作

【教学准备】

1. 具有互联网环境的实训教室。

2. 指定可链接的网页。

(1) 中国大学生广告艺术节学院奖(http://www.xueyuanjiang.cn/)。

(2) 第七届全国大学生广告艺术大赛(http://www.sun-ada.net/)。

(3) 百事可乐网(http://www.pepsico.com.cn/)。

【案例导入】

一个标语让百事崛起——新生代的选择

1886 年,美国南方药剂师潘伯顿调配出可口可乐,4 年后,北方药剂师卜拉汉调配出百事可乐。此后,可口和百事在商业史上的争夺可谓壮观。这场战争,将产品与广告,消费者与明星,乃至白宫政界均牵扯了进来。尼克松入主白宫将可口换成百事后,百事与可口就随着政界主子南北更迭不断,出入白宫。人们戏称这是南北战争的延续。

不过,在 20 世纪 60 年代以前,可口可乐并不认为百事是竞争对手,但在百事亮出"新生代的选择"这一标语后,可口可乐才慌了手脚。

百事抓住新生代崇拜影视偶像的心理特征,斥巨资聘请音乐巨星做广告代言。1994 年,是百事可乐广告史上关键性的一年。公司总裁罗吉·恩瑞柯以 500 万美元聘请迈克尔·杰克逊做广告代言,被誉为有史以来最大手笔的广告运动。百事为打贴近新生代的牌,出面组织迈克尔·杰克逊巡回演唱会,杰克逊所到之处,掀起阵阵狂潮,新生代为百事可乐俘获。

百事以充满火药味的比较广告,紧紧咬住对手不放。比较的主题,无非是百事是"年轻、活泼、时代的象征",而可口则是"老迈、落伍和过时的典型"。"新生代的选择"这个创意,使百事可乐比可口可乐历史短的劣势化为优势,激发出极强的影响力和销售力。1985年百事可乐与可口可乐的市场份额由20世纪60年代的1∶2.5,紧逼到1∶1.25,使可口可乐独领风骚的历史一去不复返。

【知识嵌入】

一、标题和标语的含义及作用

标题和标语是广告文案写作的重要内容。标题与标语很容易混淆。因此,必须认清它们的含义和作用。

1. 标题的含义及作用

广告标题是广告文案乃至整个广告作品的总题目,是放在广告文案最前面、起引导作用的简短语句。我国自古就有"题为半边文"的说法。标题旨在将广告中最重要的、最吸引人的信息进行富有创意性的表现,以吸引受众对广告的注意力。同时广告标题昭示产品信息的类型和最佳利益点,使消费者继续关注正文。

例如,美国的一个眼镜广告标题为"眼睛是灵魂的窗户,为了保护您的灵魂,请给窗户安上玻璃吧!"这一标题突出了近视消费者非常关心的信息:该眼镜能保护眼睛。

大卫·奥格威认为:"标题是大多数平面广告最重要的部分。读标题的人平均是读正文的人的5倍。换言之,标题代表着一则广告所花费的80%。"

标题的作用表现在以下几个方面。

1) 提纲挈领的作用

广告标题为整个广告提纲挈领,将广告最重要、最吸引人的信息创意地表现出来,以醒目的方式对应受众的内在需求,从而引起他们的关注。

2) 提示作用

广告标题的提示作用主要是指在无目的阅读和收看的受众中,提示目标受众注意广告利益点与其有关。例如,"如何使35岁以上的妇女显得更年轻",广告标题直接给目标消费者提示——35岁以上的妇女应该看看该广告。当然,将到35岁的妇女也应该了解如何让自己保持年轻。

3) 诱导作用

标题已经抓住受众的注意力时,更应激发受众的兴趣,吊起他们的胃口阅读广告正文。广告标题在形式和内容上都引导着目标消费者继续关注广告正文。在内容上,提示正文中将表现的信息内容;在形式上,对应受众的好奇、审美和阅读冲动,特别是采用复合式标题的形式,利用副标题进行过渡,为正标题和正文架起一座桥梁,诱导受众从标题走向正文,阅读正文的细部诉求。例如,广告大师乔治·葛里宾为箭牌衬衫做的广告文案标题为:

我的朋友乔(正标题)

他现在是一匹马了(副标题)

看到这个标题很多受众可能会被吸引,为什么乔变成一匹马了?于是有了阅读正文的冲动。葛里宾在谈论广告文案写作时提到:"这个标题是否使你想去阅读正文的第一句话?而正文的第一句是否能使你想去读第二句话?一定要做到让读者看完广告的最后一个字再去睡觉。"由此可见,广告标题对正文的诱导作用是非常大的。

4) 促进购买的作用

广告标题要能激发受众的购买欲望,促成受众成为消费者。广告的劝导作用大多时候是从标题开始的。在标题中,可以直接表现产品或品牌给消费者带来的利益。例如,波多黎各工业区的广告标题"现在波多黎各对新工业提供百分之百免税"。也可以采用煽动性的口吻号召受众采取购买行动,如可口可乐的广告标题"看足球,喝可口可乐"。

2. 广告标语的含义和作用

广告标语又称广告口号或广告语,是表达企业理念或产品特征的、长期使用的宣传短句。广告标语一般使用时间较长并反复使用。其作用在于以最简短的文字将企业或产品的特性优势表达出来,给受众最浓缩的广告信息。例如,百事可乐在 20 世纪 60 年代以后一直采用"新生代的选择"作为广告语,其后几十年百事可乐的广告都围绕该口号进行创意。

广告标语的作用主要表现在以下几个方面。

1) 表述理念

广告标语要表述该品牌的价值和品牌性格,这个陈述可以不用太高深,但一定要适合企业形象、品牌价值和品牌性格。例如,耐克的经典广告语 Just do it(行动起来,想做就做),作为企业沟通的一种态度、信念核心的支持点和品牌价值的体现,不仅在广告上,更渗透到消费者的其他领域,对塑造品牌个性极其有效。飞利浦的广告语是"让我们做得更好",表达的是企业的一种姿态。广告标语时刻提醒消费者为什么喜欢这个品牌。戴比尔斯钻石在中国的经典广告语"钻石恒久远,一颗永留传",极富感染性,使一颗小钻石的价值升华到爱情永恒。虽然钻石珍贵，但戴比尔斯通过广告宣传使其含义超越了自身的价值。

2) 加深印象

企业通过对广告标语的反复宣传，加深受众对企业、品牌、产品或服务的印象。例如，康师傅方便面的广告语"香喷喷，好吃看得见"，经过反复宣传，深入人心。只要在吃饭或吃方便面时，人们都会想起康师傅方便面的香味。

3) 促进长远销售

好的广告标语能更好地揭示产品个性和消费者需求之间的内在关系，促进产品的长远销售。例如，德芙巧克力的广告语"牛奶香浓，丝般感受(或纵享丝滑)"，用丝绸来形容巧克力细腻的感觉，意境高远，想象丰富，使得德芙成为长久以来消费者喜爱的品牌之一。

4) 树立企业形象

广告标语主要用来传递企业的精神、观念和宗旨，为树立企业良好形象发挥着重要作用。例如，非常可乐的广告语"中国人自己的可乐"，表达了企业振兴民族品牌的爱国心、爱国情。好丽友派的广告语"好丽友好朋友"，揭示了企业始终将消费者当作自己的伴侣，甚至是家人的决心。广告语虽然简单，却将企业文化和企业形象深深地融入每一位消费者的心中。

3. 标题和标语的区别

广告标题和标语都是简短的语句，在广告文案中都有非常重要的作用，有的情况下广告的标题就是标语。但是两者有着本质的区别，从广告写作的专业角度来看，广告文案撰写者应该分清楚标题怎么写，标语怎么写，所以区分这两个概念非常必要。

1) 信息内容的侧重点不同

广告标题是一个广告作品的点睛之笔，侧重诱导和吸引受众阅读广告正文，或是怎样将广告的最主要信息先传递给受众，强调信息的冲击力；广告标语则侧重对企业个性或产品特征的人性化概括，侧重怎样用最精练的语言沟通物性与人性，怎样用最简单的语言打动人心，并产生持久的效应，强调信息的穿透力。

2) 形式要求上各不相同

广告标语比标题更讲究顺口、流畅、言简意赅和易读易记，更讲究句子的锤炼、词语的推敲和音韵的和谐。例如，丰田汽车的广告标语"车到山前必有路，有路必有丰田车"，以老百姓熟悉的谚语作引导，后半句嵌入品牌名称，对谚语进行改编，简洁明了，合辙押韵，读起来朗朗上口，听起来简洁入耳，很容易被记忆并流传。

标题对韵律的要求不如标语那么严格，有的时候为了信息传递的准确性，可能会出现语句较长的情况。例如，科宝油烟机的广告标题。

用了油烟机，拆卸清洗困难怎么办(引题)

科宝油烟机带集油盒，确保三年免清洗(正标题)

全方位优质服务：免费送货安装(南三环至北四环)，三年保修，终身维修(副标题)

这则科宝油烟机的广告采用复合式标题的形式，不管是主标题还是副标题都很长，为了全面传递信息，对其服务或活动进行了全面解释。

3) 表达效果上各有千秋

广告标语是企业长期使用的宣传短语，因此要求"富有持久的鼓动性和号召力"，使用的时限较长，在同一产品不同的广告作品中都会反复出现，甚至同一企业不同产品的广告也会统一使用企业形象的广告语，让消费者反复接触，加深印象，记住品牌个性或企业精神。但是，广告标题的效用比较短暂，因为它只要提醒受众注意一个广告作品即可，一般只用于一个广告作品中，该广告不投放就不再使用了。

二、广告标题的拟定

1. 标题写作的原则

1) 体现广告主题

"看报看题"，看广告也是一样。大多数受众看报纸的时候，总是先看标题再决定是否阅读正文。在受众的阅读习惯面前，广告标题的写作要做好两手准备，在尽量运用标题的吸引力将受众的阅读兴趣和视线转向广告正文的同时，考虑到由于各种因素造成受众不阅读正文的现象。因此，标题写作时，要尽量体现广告主题，使受众能在标题中对广告的主题有所了解，在匆匆一览之中，就能体会到广告中最主要的内容、最主要的利益承诺和整个广告的主题因素。例如，松下电器变频式空调的报纸广告标题。

销售进入第二年(引题)

松下电器变频式空调的受用者越来越多(正题)

这么多的笑脸是舒适性和令人信赖的质量之证明(副题)

松下电器变频式空调在广告标题中将广告的主要内容进行了表现，受众看了标题就能明确知道广告的主要内容是什么，广告正文具体解释和介绍的是哪些有关内容，在无意识中分离出了受众中的潜在消费者，诱导他们继续关注广告正文的细部诉求，同时，让一些匆匆浏览者在最短的时间内对广告主题有了大致了解，为更深层次的诉求打下基础，又起到扩大受众知晓率的作用。

2) 表现消费者利益

广告标题既要表现消费者心目中的产品消费利益，又要表现商品能给予消费者的利益承诺。在标题中表现消费者利益，能够帮助广告抓住受众的消费渴望和消费理想，促使目标受众对广告信息产生了解的欲望，引发他们对广告内容的浓厚兴趣，诱使其继续自觉地阅读广告正文。例如，荷兰电信广告标题"我们已突破了世界语言的障碍"，该标题既表现了消费者对产品的消费期待和消费利益点，同时也对应了消费者的消费心理，体现了产品满足消费的有效性。

3) 诱发受众好奇

广告标题应该通过诱发受众的好奇心理，促使他们在好奇心的驱使下，对广告产生追根究底看下去的欲望。

诱发好奇的途径有两种：一是在利益点上诱发好奇；二是在表现形式上进行创新。例如，采用反向诉求，引发好奇。台湾南洋实业公司的一则广告标题为"长大了，我要当客户"。用设问的形式，表现好奇，总督牌香烟的广告标题"总督牌能给你，而别的没有过滤嘴的香烟不能给你的是什么？"均采用设问的形式，表现好奇。

4) 简洁明快的表现形式

广告标题的表现形式一定要简洁明快，让受众一看就知道说什么。一般不用长句，因为长句要表现的内涵太多，且出现关联性，有过分书面化的倾向，容易使受众因怕累而放弃阅读正文。

2. 标题的类型

根据不同的标准，广告标题有不同的类型划分，总体说来，可以从形式和内容两个方面进行分类。

1) 从形式上分类

(1) 单一标题。仅仅排列成一行的标题。单一标题可以是单句排列成一行，也可以是复句排列成一行。例如，中意电器集团公司广告标题"中意冰箱，人人中意"。这就是单一标题。

(2) 复合式标题。排列成两行或两行以上的标题，通常用不同的字号区分。例如：

有"王祥"全家吉祥(引题)

上海沪祥童车厂北京市京雷百货贸易公司联合举办"王祥"童车展销(正题)

复合式标题的结构有引题+正题+副题、引题+正题、正题+副题几种形式。

引题又称肩题、眉题，其作用在于交代背景，烘托气氛，为正题的广告信息表现做铺垫。正题又称母题、主标，是广告标题的主体部分，一般用以交代广告的主要信息。副题又称子题、辅题，是对广告正题的补充说明。

① 引题+正题+副题。例如：

大印象为参评喝彩！(引题)

大印象广州减肥市场调查暨"参评有奖"大行动(正题)

重奖30名评议者，每人1000元(副题)

这里的引题"大印象为参评喝彩！"主要用于渲染气氛，正题"大印象广州减肥市场调查暨'参评有奖'大行动"将广告的主要信息进行了表现，副题"重奖30名评议者，每人1000元"是对主题的补充说明。

② 引题+正题。例如：

降压用"黄豆降压疗法"1片黄豆苷相当于10瓶纳豆(引题)

降压吃"黄豆"？(正题)

这里的引题交代整个广告信息的背景，正题书写吸引消费者事件，诱发消费者的好奇心从而阅读正文。

③ 正题+副题。例如：

名人齐聚，共话名图(正题)

北京现代名图新生发布会(副题)

正题强调广告主要信息，副题补充说明本次活动的具体事项。

2) 从内容上分

(1) 直接标题。以简洁的语言直接表现广告内容，直接表现产品的具体特点、功能或企业的实力和理念等，让受众一看就知道销售什么产品，能给他们带来什么好处。例如：

迅达以旧换新，省心更省钱

中意冰箱，人人中意

这些标题都是直接传递广告信息，交代产品的主要情况，将产品效用直截了当地告知受众。直接标题虽然简洁明了，但是不能引起受众足够的注意力。

(2) 间接标题。间接标题不直接宣传产品的特点、功能或企业的理念，有时连产品名称都可能不出现，只是利用艺术手法暗示或诱导受众，引起受众的兴趣与好奇心理，诱发他们进一步关注广告正文。例如：

发光的不完全是金子

这是美国一家银器制造商的广告，广告改编大家熟悉的谚语"是金子总会发光"，引人注意，正文说明他们制造的银器也是发光锃亮的，以此达到宣传目的。

3. 标题的表现形式

标题的表现形式众多，这里介绍几种广告中经常用到的表现形式。

1) 新闻式标题

这是指采用新闻标题和导语写法、形式的广告标题。为了增强广告的新奇性和可信性，可以将广告信息做新闻处理。采用新闻式标题的前提是，广告信息本身具有一定的新闻价值，必须是真实的，新发生或正在发生的新事件或新事物。常用的词汇有："新""最新""发现""首次""推出""现在""目前"等。例如：

奔驰迈巴赫首次进入广州(正题)

售价仅需600万(副题)

大年初一到初五国内长途电话半价收费(广东邮电)

这类广告标题类似报纸的新闻标题，信息性较强，有一定的时效性和重要性。

2) 问答式标题

问答式标题使用非常广泛，是通过提问和回答的方式来吸引受众注意力的标题表现形式。常用的词汇有："难道……它是？""谁能？""谁不愿？""怎么样？""为什么？""怎能？"等等。问答式标题有设问式和反问式两类。设问式可以是在标题中提出问题，正文中予以回答，也可以是在标题中自问自答。例如：

您要外形美吗？

那就请喝沱茶，它可以溶解血液中的油脂

谁为万家燃灯火？

恒星牌灯泡为你带来光明与欢乐

3) 许诺式标题

许诺式标题也称承诺式、利益式标题。在标题中向受众承诺某种利益和好处。常用的词汇有"定能""免费""优惠""减价""附赠"等。但是有的承诺不是只用常用词汇来表现，而是通过间接表达或暗示实现的。例如：

以最简单的操作，完成最复杂的工作

这则电子计算机办公系统广告，对办公室部门的秘书工作人员，特别是对计算机语言知识缺乏者而言，有极大的吸引力。

4) 悬念式标题

悬念式标题是指在标题中设置一个悬念，迎合受众追根究底的心理特征以吸引受众特别注意该广告的标题形式。悬念式标题经常和问答式标题配合运用，用问题来制造悬念。当然，悬念式和问答式标题不同，问答的结果是受众可以预料的，但悬念的结果是受众不可预料的，甚至是与受众一般认知倾向或心理期待相反的。例如：

这个女人曾经拆散了无数个家庭

这个广告标题配上其貌不扬的女士图像，让很多受众产生追根究底的心理，想看看这个女人怎么会如此能耐，当受众看了广告产品——灭蚊器后，恍然大悟，她拆散的不是一般家庭，而是蚊子家庭。

5) 故事式标题

故事式标题又称叙事式或情节式标题，类似一则故事的题目，在标题中提示或暗示故事的发生和情节的展开。如图3-2所示，芬必得广告："肌肉关节痛，让小事情变大麻烦。"

6) 对话式标题

用对话的形式表现广告信息，具有非常强的场景感、现实感和生活感。在人们不经意、互相寒暄过程中传达广告信息。

7) 解题式标题

解题式标题是围绕企业或品牌名称形成的标题形式。它主要有以下3种表现形式。

第一，把企业或产品名称拆开来进行解释。例如，"金品质，立天下——金立手机"。如品牌名称为AB，该广告标题为"A××，B××"或"××A，××B"或"××A，B××"等。

图3-2 芬必得广告：肌肉关节痛，让小事情变大麻烦

第二，让企业或产品名称在上下句中反复出现，使品牌名称因位置变化而产生新的含义和新的内涵。例如，"渴了"饮料的广告标题为"渴了就喝渴了，补充好心情"。

第三，用注释的方式来表现广告主题。

8) 假设式标题

假设式标题就是在标题中提出某种假设，并据此提出结果。假设式标题是运用假设引起受众注意，并督促他们产生相关的思考和行为。如图3-3所示，获得1994年第21届日本海外广告奖报纸广告金奖的中国台湾松下电器国际牌"省思篇"，运用的就是假设式的标题写作形式。

图 3-3　松下电器广告标题"如果有一天，地球只剩下这样的植物"

9) 祈使式标题

祈使式标题又称进言式或建议式标题，用建议的或劝导的语言和口吻，向受众提出某种消费建议。祈使式标题运用情感因素，缩短广告和消费者的距离，由于在广告中告知了原因和理由，使得标题更有说服力和吸引力。常用的词汇有："请""让""应该""千万不要""无论如何""试一试"等。如图 3-4 所示，中央电视台的品牌广告标题为"让世界倾听我们的声音"。

图 3-4　中央电视台广告标题"让世界倾听我们的声音"

10) 夸耀式标题

夸耀式标题又称赞美式、炫耀式标题，就是在标题中直接赞美、夸耀甚至炫耀企业、商品和服务的特征、功能、有效性等。夸耀式标题能在直接的赞美中让受众直接明白广告信息的好处。这种标题在运用时要把握分寸，如果出现自我陶醉、夸耀无度的情况，就有可能出现不真实的情况，造成受众的逆反心理。例如，台湾统一特级鲜乳广告标题"从台湾第一到世界金牌，统一鲜乳是最好的鲜乳！"

11) 修辞式标题

运用各种修辞方式形成的广告标题，常用的修辞方式都可以运用。如图 3-5 所示，康柏台式机、服务器系列广告的标题采用引用名言的修辞方式创作广告标题。

图 3-5　康柏台式机、服务器的广告标题"路漫漫其修远兮，吾将上下而求索"

4. 标题写作的要点

大卫·奥格威在《一个广告人的自白》中提出了标题写作的 10 个要点。

(1) 标题好比商品的价码标签，用它来向你的潜在买主打招呼。若你卖的是彩色电视机，那么在标题里就要用上彩色电视机的字样。这就可以抓住希望买彩色电视机的人的目光。若是你想要做母亲的人读你的广告，那在你的标题里要用母亲这个字眼。不要在你的标题里说那种会排斥你的潜在顾客的话。

(2) 每个标题都应带出产品给潜在买主自身利益的承诺。它应该像我为海伦娜·鲁宾斯坦的荷尔蒙霜写的标题"35岁以上的妇女如何能显得更年轻"那样,承诺某种好处。

(3) 始终注意在标题中加进新的信息。因为消费者总是在寻找新产品或者老产品的新用法,或者老产品的新改进。

(4) 其他会产生良好效果的字眼是:如何、突然、当今、就在此地、最新到货、重大发展、改进、惊人、轰动一时、了不起、划时代、令人叹为观止、奇迹、魔力、奉献、快捷、简易、需求、挑战、奉劝、实情、比较、廉价、从速、最后机会等。在标题中加进一些充满感情的字就可以起到加强的作用。

(5) 读广告标题的人是读广告正文的人的 5 倍。因此,至少应该告诉这些浏览者,广告宣传的是什么品牌。标题中总是应该写进品牌名称的原因就在这里。

(6) 在标题中写进你的销售承诺。

(7) 在标题结尾前你应该写点诱人继续往下读的东西进去。

(8) 你的标题必须以电报式文体讲清你要讲的东西,文字要简洁、直截了当。不要和读者捉迷藏。

(9) 调查表明在标题中写否定词是很危险的。

(10) 避免使用有字无实的空标题。就是那种读者不读后面的正文就不明其意的标题。而大多数人在遇到这种标题时是不会去读后面的正文的。

三、广告标语的撰写

1. 广告标语写作要求

1) 语言表达精练准确

广告标语向受众传达产品或品牌的核心概念。高尔基说:"语言的真正美产生于言辞的准确、明晰和悦耳。"这句话在广告语言中表现得尤为突出,广告世界中语言文字仍然是最重要的表现符号。广告标语是广告作品的一部分,是广告作品的点睛之笔,向受众传递产品或品牌的核心概念,是浓缩的观念性信息,其语言表达更要精练准确。

20 世纪 40 年代广告人 R. 瑞夫斯接到 M&M 巧克力豆产品时,发现这种巧克力用糖衣包裹着,于是找到了产品的独特卖点"只溶在口,不溶在手",产品特色非常具体实用,既与同类产品区分开来,又与消费者利益结合——不粘手的巧克力。

2) 语言表述特色鲜明

广告标语要在信息汪洋大海中脱颖而出,一定要有个性,语言表述要特色鲜明。接受心理学告诉我们，人们对常见的相似的事物习以为常，但是对罕见的、奇特的、突出的、反常的……总之，对于一切创新的事物感受深刻，反应强烈。受众总是在不经意的情形下接触广告信息。如果广告标语不能做到与众不同，受众将对其熟视无睹，容易淹没在信息的汪洋大海中。

著名广告人克劳福特在谈到广告文案创作时提到："永无休止地寻找新的思想，永无休止地寻找与众不同的表达这种思想的方法。"广告标语要充分发挥向受众传达产品或品牌核心概念的作用，它所强调的必须是竞争对手没有的，是非常独特的，在品牌和说辞方面必须独一无二。例如，现在市场中关于水的广告，矿泉水侧重富含多种矿物质，纯净水则强调其纯净性。娃哈哈纯净水采用一种情感诉求方式，喊出口号"我的眼里只有你"，广告标语新颖独特；而农夫山泉则抓住人们回归自然的消费时尚，无论从命名还是广告创意都围绕这种消费心理，其广告标语"农夫山泉有点甜"，从另一个角度挖掘出新意，体现出品牌的与众不同。

3) 语言表述生动优美

广告标语的语言表述要生动优美，彰显文化底蕴，能带给受众美的享受。广告标语除传播产品的独特利益和品牌精髓外，还要带给受众美好的享受，打动受众的心。美国营销大师爱玛·赫伊拉说得好："不要卖牛排，要卖嗞嗞声。"事实上，不管是平面广告还是视频广告，语言的生动形象都会给受众留下深刻的印象，有利于树立品牌形象、传播产品信息、促进产品销售。经典的广告标语总是内涵丰富和语句优美的结合体。20 世纪 50 年代，智威汤逊芝加哥广告公司为世界最大的钻石商戴比尔斯创作的广告标语"钻石恒久远，一颗永流传"一直震撼着我们的心灵。这句标语不仅道出了钻石的真正价值，还将爱情价值提升到足够高度，让人们很容易将钻石与爱情联系起来，给天下有情人长相厮守的美妙感受。

4) 语言表述简洁明了

广告标语要让消费者便于记忆，语言要简洁明了。在纷繁的信息中，受众唯一能记住的或许就是你的广告标语，而记住了广告标语，就记住了你的产品和品牌。简洁的语言容易让人记住，容易传播。古人认为简洁是文章的至高境界："文贵简。凡文笔老到则简，辞切则简，理当则简，味淡则简，气蕴则简，品贵则简，神远而含藏不尽则简，故简为文章尽境。"心理学家在关于基因的研究中发现：记忆材料越多，越容易忘记。长的广告标语包含的诉求点多，记忆因素也多，也就削弱了产品或品牌的独特利益诉求。因此，广告标语绝对不能拗口烦琐，要用读起来朗朗上口、记起来容易的短句子。例如，海尔集团的广告标语"海尔，真诚到永远"，好迪化妆品的广告标语"大家好，才是真的好"，格力空调的广告标语"好空调，格力造"等。这些语言内涵深厚，具有极强的穿透力，表述简洁明了，在有限的文字符号里包含了丰富的信息，堪称言简意赅的语言典范。

2. 广告标语写作技巧

1) 力求"真实"，找准定位

真，就是讲真话。实，是指实实在在，不图虚名。有的广告自吹自擂，过分夸大自己的优点，让受众产生反感心理，所以实实在在的广告标语反而能出奇制胜。因为广告标语在广告中起到非常关键的作用，所以必须在符合品牌和企业定位的基础上进行创作和提炼，进而形成有效的传播短句。

2) 力求"巧妙"，雅俗共赏

好的广告标语应该是有促销力的，在市场竞争中能迅速从同类产品中脱颖而出。例如，创维电视的广告标语"不闪的，才是健康的"，使其在长虹、康佳、TCL 等电视品牌林立的市场中占据一席之地。

3) 力求"简练"，易读易记

广告标语在反复宣传中，让受众对企业品牌、产品留下印象。因此，广告标语尽可能简短才容易记忆。广告标语要做到容易记，最好的方法就是注意节奏和韵律，合辙押韵，通俗易懂。例如，"大家好，才是真的好"好迪品牌，"香喷喷，好吃看得见"康师傅方便面，语言精练、短小、不啰唆。太长的广告标语，难以阅读，不利于记忆，也就不容易传播。因此，广告标语一定要信息单一，在 12 个字以内最好。

4) 力求"独特"，突出个性

广告标语能否深入人心，关键在于受众的熟悉程度。此外，还有广告标语本身的因素——是否有独特性。成功的广告标语，除了在媒体上曝光频率较高外，还应该是非常独特的。这种独特使本品牌与其他品牌的广告标语区分开来，符合商品个性。例如，丰田汽车的广告标语"车到山前必有路，有路必有丰田车"。

3. 优秀广告语举例

享受清新一刻——可口可乐

新生代的选择——百事可乐

车到山前必有路，有路必有丰田车——丰田汽车

不在乎天长地久，只在乎曾经拥有——铁达时表

好东西要与好朋友分享——麦氏咖啡

只管去做(Just do it)——耐克

学琴的孩子不变坏——台湾某琴行

大家好，才是真的好——广州好迪

今年二十，明年十八——白丽美容香皂

钻石恒久远，一颗永留传——戴比尔斯

给你一个五星级的家——顺德碧桂园

天生的，强生的——强生

让我们做得更好——飞利浦

好空调，格力造——格力

快腿勤务员——美国联邦快递公司

长城永不倒，国货当自强——奥尼皂角洗发浸膏

晶晶亮，透心凉！——雪碧

万家乐，乐万家——万家乐电器

买裤子到百斯盾——百斯盾

香喷喷，好吃看得见——康师傅

孔府家酒，叫人想家——孔府家酒

健康成就未来——海王

大宝，天天见——大宝护肤品

只溶于口，不溶于手——M&M's朱古力

一股浓香，一缕温情——南方黑芝麻糊

何以解忧，唯有杜康——杜康酒

农夫山泉有点甜——农夫山泉

真诚到永远——海尔电器

她工作，您休息——凯歌全自动洗衣机

【课堂演练】

1. 大卫·奥格威在《一个广告人的自白》中提出了标题写作的10个要点，你是怎么看待这些要点的？

2. 以下材料为油漆产品的特性，请为该油漆产品拟定一个容易记忆的名称，分别拟定新闻式、假设式和解题式标题(用于报纸广告)。

(1) 可覆盖细小的裂纹，渗透力强。

(2) 能防止水分渗透墙壁损坏水泥。

(3) 有良好的防霉功能。

(4) 刷上后如果沾上污迹,可用温水和清洁剂洗去,而且漆膜不会褪色。

(5) 色彩丰富。

任务3　广告正文和随文的写作

【教学准备】

1. 具有互联网环境的实训教室。

2. 指定可链接的网页。

(1) 中国大学生广告艺术节学院奖(http://www.xueyuanjiang.cn/)。

(2) 第七届全国大学生广告艺术大赛(http://www.sun-ada.net/)。

(3) 劳斯莱斯官网(http://www.rolls-roycemotorcars.com.cn/index.html)。

(4) 上海黄金搭档生物科技有限公司(http://www.goldpartner.com.cn:8080/)。

【案例导入】

劳斯莱斯广告文案

广告标题:"这辆新型劳斯莱斯在时速60英里时,最大闹声是来自电钟。"

副标题:"什么原因使得劳斯莱斯成为世界上最好的车子?"一知名的劳斯莱斯工程师说:"说穿了,根本没有什么真正的戏法——这只不过是耐心地注意到细节。"

广告正文:

1. 行车技术主编报告:在时速60英里时,最大闹声是来自电钟。引擎是出奇的寂静,三个消音装置把声音的频率在听觉上拨掉。

2. 每个劳斯莱斯的引擎在安装前都先以最大气门开足7小时,而每辆车子都在各种不同的路面试车数百英里。

3. 劳斯莱斯是为车主自己驾驶而设计的,它比国内制造的最大型车小18英寸。

4. 本车有机动方向盘,机动刹车及自动排挡,极易驾驶与停车,不需要司机。

5. 除驾驶速度计之外,在车身与车盘之间,互用无金属之衔接。整个车身都加以封闭绝缘。

6. 完成的车子要在最后的测验室经过一个星期的精密调整。在这里分别受到98种严酷的考验。例如:工程师们使用听诊器来注意听轮轴所发的低弱声音。

7. 劳斯莱斯保用 3 年。已有了从东岸到西岸的经销岗及零件站，在服务上不再有任何麻烦了。

8. 著名的劳斯莱斯引擎冷却器，除了"亨利·莱斯"在 1933 年死时，把红色的姓名第一个写母 RR 改为黑色外，从来没更改过。

9. 汽车车身之设计制造，在全部 14 层油漆完成之前，先涂 5 层底漆，然后每次都用人工磨光。

10. 移动方向盘上的开关，你就能够调整减震器以适应道路状况，驾驶不觉疲劳是本车显著的特点。

……

价格：本广告画面的车子——在主要港口岸边交货——13550 美元。假如你想得到驾驶"劳斯莱斯"或"班特利"的愉快经验。请与我们的经销商接洽。他的名号写于本页的底端。(劳斯莱斯公司 纽约 洛克菲勒广场十号)

附记：像这种以事实所做的广告比过度虚张声势的广告更能助长销售，你告诉消费者的愈多，你就销售得愈多。请注意，这个广告中非常长的标题以及 719 个英文字的文案，全部都是事实。

大卫·奥格威

【知识嵌入】

一、广告正文写作

1. 广告正文的写作结构

1) 一体结构

广告正文的一体结构是按照信息的内在联系，将所有信息组合成一个完整整体，由相对完整的独立段落或多个段落形成的写作结构。一体结构的广告正文由开头、中间和结尾三个部分构成。

开头的作用在于将人们的阅读和接收由标题向正文转换。广告正文的开头必须引人入胜，须花费大力气选择信息传达。开头有承接标题和总括全文两种形式。承接标题可以直接承接，也可以是为标题释疑。直接承接就是承接标题中提出的消费者利益点、购买理由或观念，进行开门见山的阐述。为标题释疑是指针对疑问式标题，在正文的开头给予回答。

2) 分体结构

分体结构是指把广告信息在正文中进行并列表达的结构形式，表现为一些并列的句子或格式形式的分列表现，或由并列的小标题统领的多个部分组成的正文形式。主要表现形式为分列体、格式体以及运用小标题的长文案。

2. 常见的广告正文的表现形式

1) 简介体

简明扼要地介绍企业的情况，商品的特点特色，服务的风格等。这种表现形式的特点在于客观、冷静、有条不紊，主要运用于文字较多的媒介上。例如，天厨矿泉水的平面广告文案。

饮 水 思 泉

上海市人民政府投资 4.57 亿美元，重点解决黄浦江水源污染问题，同时改进上海市及附近地区的废物收集和处理，以减少工业污染。

1994 年 3 月 9 日，世界银行批准对上海贷款 1.6 亿美元，以帮助上海市人民政府解决饮用水净化问题。

1994 年 4 月 1 日，上海天厨味精厂与亚洲矿泉水饮料有限公司，利用本地最好的矿泉水资源，引进世界一流加工工艺和设备，共同生产"天厨"牌矿泉水，形成年产 2 万吨的生产规模。

2) 新闻体

所谓新闻体广告文案，大体可分为以下 3 种。

第一种，把文案排列得像新闻稿。新闻和广告有严格的界限。因此，无论你把广告在形式上弄得怎么"像"新闻，但你仍然要标明它是广告。

第二种，把广告与相关新闻事件、话题排在一起。把广告与新闻事件、话题排在一起，让人们产生有趣的联想，这是一种很高明而又合法的手段。做这种安排，必须有敏锐的嗅觉，能很好地将广告产品与新闻事件的特性联系起来。例如，新飞冰箱的广告(见图 3-6)巧妙地将新飞冰箱的绿色通道服务活动与关注民生的政治理念结合在一起，将广告与相关新闻事件进行巧妙结合。

第三种，软文。软文就是用新闻稿的形式写广告正文。这是典型的挂新闻"羊头"，卖广告"狗肉"的形式。一般而言，这是广告法、新闻法所不允许的。但在实际中，软文广告比比皆是。脑白金的软文炒作是其营销的一大亮点，也是产品导入阶段非常重要的手段，为史玉柱以 50 万元的投资在短短 3 年内销售达到十几个亿立下汗马功劳。脑白金经过千锤百炼生产出来的新闻性软文共5篇:《人类可以"长生不老"吗?(一、二、三)》《两颗生物原子弹》《98世界最关注的人》;科普性软文有:《美国人睡得香,中国人咋办!》《人体内有只"钟"》《夏天贪睡的张学良》《宇航员如何睡觉》《人不睡觉只能活五天》《女子四十,是花还是豆腐渣?》《一天不大便=吸三包烟》等。例如:

图3-6 新飞广告

两颗生物"原子弹"

20世纪末生命科学的两大突破,如同两颗原子弹引起世界性轩然大波和忧虑:如果复制几百个小希特勒岂不是人类的灾难?如果人人都能活到150岁,且从外表分不出老中青的话,人类的生活岂不乱套?

一、"克隆"在苏格兰引爆

苏格兰的一个村庄,住着一位53岁的生物科学家,他就是维尔穆博士。这位绅士温文尔雅，慢声细语。年薪仅 6 万美元，他培育一只名叫"多利"的绵羊，为此他本人获得的专利费也不会超过 2.5 万美元。但这头绵羊和脑白金体的研究成果一样，形成世界性的冲击波。

从总统至百姓无不关注培育出"多利"的克隆技术。克林顿总统下令成立委员会研究其后果，规定 90 天内提交报告，并迫不及待地在他的白宫椭圆形办公室发布总统令。德国规定，谁研究克隆人，坐牢 5 年，罚款 2 万马克。法国农业部长发表讲话：遗传科学如果生产出 6 条腿的鸡，农业部长可就无法干了。

"多利"刚公布于世，《华盛顿邮报》即发表《苏格兰科学家克隆出羊》，美国最权威的《新闻周刊》连续发表《小羊羔，谁将你造出来？》《今日的羊，明日的牧羊人》……

美国广播公司晚间新闻发布民意测验：87%的美国人说应当禁止克隆人，93%的人不愿被克隆，50%的人不赞成这项成果。

二、"脑白金体"在美利坚引爆

脑白金体是人脑中央的一个器官，中国古代称之为"天目"，印度 2000 年前就称之为"第三只眼"。近年美国科学家们发现，它是人体衰老的根源，是人生的生命时钟。这项发现如同强大的冲击波，震撼着西方国家。《华尔街日报》发表《一场革命》，《新闻周刊》居然以《脑白金热潮》为标题，于 8 月 7 日、11 月 6 日封面报道，阐述补充脑白金的奇迹：阻止老化、改善睡眠……

美国政府 FDA 认定脑白金无任何副作用后，脑白金在美国加州迅速被炒到白金的 1026 倍。不过在规模生产的今天，每天的消费仅 1 美元，在中国不过 7 元人民币。

美国西北大学教授格利塔在电视新闻中感叹："美国人为它疯狂了！"

脑白金体的冲击波迅速波及全球。日本《朝日新闻》、NHK 电视台大肆报道，中国台湾地区的人从美国疯狂采购脑白金产品。香港地区有关部门不得不出面公告，奉劝市民服用脑白金要有节制。

中国大陆也不例外，1998 年 4 月 5 日中央电视台"新闻联播"播放《人类有望活到 150 岁》，详细介绍脑白金体的科技成就，《参考消息》等各大媒体也都相继报道。中国部分城市已经出现脑白金热潮的苗头。

在美国，不少人撰文表示了对脑白金体成果的担忧：如果人人都活到 150 岁，从外表分不出成年人的年龄，会出现许多社会问题。世界老化研究会议主席华特博士在其科学专著中指出，补充脑白金明显提高了中老年人的性欲。于是评论家们担心，性犯罪必将上升。

三、什么是克隆

克隆是 clone 的音译，含义是无性繁殖。在传统的两性繁衍中，父体和母体的遗传物质在后代体内各占一半，因此后代绝对不是父母的复制品。克隆即无性繁殖，后代是完全相同的复制品。

复制 200 个爱因斯坦和 500 个卓别林，是件大快人心的事。但如果复制 100 个希特勒，实在令人担忧。50 多年前纳粹医生约瑟夫曾研制克隆技术以复制希特勒，幸亏没有成功。"克隆"对伦理道德的冲击更大：如果复制一个你，让你领回家，你太太和女儿应该如何称呼"他"。

世界级大药厂发现了克隆的巨大商机。美国商业部预测："2000 年克隆生物技术产品的市场规模将超过 500 亿美元。"克隆技术主要用来制造保健品，国外许多媒体认为美国商业部的预测太保守，如同 20 世纪 50 年代美国商业部预测："2000 年，全球的计算机数量将高达 80 台。"

四、什么是脑白金体

人脑占人体重量不足 3%，却消耗人体 40% 的养分，其消耗的能量可使 60 瓦电灯泡连续不断地发光。大脑是人体的司令部，大脑最中央的脑白金体是司令部里的总司令，它分泌的物质为脑白金。通过分泌脑白金的多少主宰着人体的衰老程度。随年龄的增长，分泌量日益下降，于是衰老加深。30 岁时脑白金的分泌量快速下降，人体开始老化；45 岁时分泌量以更快的速度下降，于是更年期来临；60~70 岁时脑白金体已被钙化成了脑沙，于是就老态龙钟了。

如果想尝尝年轻时的感觉，脑白金的确能让人过把瘾。

美国三大畅销书之一的科学专著《脑白金的奇迹》根据实验证明：成年人每天补充脑白金，可使妇女拥有年轻时的外表，皮肤细嫩而且有光泽，消除皱纹和色斑；可使老人充满活力，反映免疫力的 T 细胞数量达 18 岁时的水平；使肠道的微生态达到年轻时的平衡状态，从而增加每天摄入的营养，减少毒素侵入人体。

美国《新闻周刊》断言"补充脑白金，可享受婴儿的睡眠"。于是让许多人产生了误解，以为脑白金主要用于帮助睡眠。其实脑白金不能直接帮助睡眠。夜晚补充脑白金，约半小时后，人体各系统就进入维修状态，修复白天损坏的细胞，将白天加深一步的衰老"拉"回来。这个过程必须在睡眠状态下进行，于是中枢神经接到人体各系统要求睡眠的"呼吁"，从而进入深睡眠。

脑白金可能是人类保健史上最神奇的东西，它见效快，补充 1~2 天，就会感到睡得沉、精神好、肠胃舒畅。但又必须长期使用，补充几十年还要每天补充。

五、热点问题

据中国《参考消息》、中国香港《明报》及美国几大报刊综合出以下人们最关心的问题及答案。

- 可以克隆人吗？答：可以。
- 可以克隆希特勒吗？答：理论上可以。
- 死人可以克隆吗？答：不可以。
- 女人可以怀有"自己"吗？答：可以。
- 克隆人合法吗？答：法国合法，英国、德国、丹麦不合法。
- 西方国家总统每天补充脑白金吗？答：许多媒体曾如此报道。
- 补充脑白金，人可以长生不老吗？答：不可以，只能老而不衰。
- 成年人可以不补充脑白金吗？答：可以，如果对自己不负责的话。
- 美国5000万人为什么因脑白金体而疯狂？答：他们想年轻。

3) 分列体

分列体是指将主要的广告细细分为若干项进行一一列举的表现形式。其特点是让广告受众一目了然地阅读信息。

4) 公文体

采用公文的表现结构和特有形式进行正文的表现。特点是能给人客观、严谨和公众的感觉，能提高广告信息的权威性和严肃性。也有用幽默的方式来处理的。例如，贝克啤酒的广告(见图3-7)，采用古代公文"令"的形式进行产品信息传递。

图3-7 贝克啤酒广告

5) 格式体

把广告商品的种类、单位、价格等各项用整齐的表格形式进行表现。格式体广告正文要求每一个表格中的表达都要简短实在、整洁清楚。大多用于企业的商品介绍和商品型录以及书店的新书预告等方面。

6) 证言体

从消费者的角度进行广告信息表现方式。特点在于：用消费者自身形象进行现身说法，站在消费者的位置记载对广告产品的使用感受或评价，容易让受众产生可亲、可信的感觉。

7) 诗歌体

用诗歌形式进行广告信息的传递，具有音韵美、形式美、意境美等特征，适合表现产品的文化韵味和附加价值。例如，多乐士的《儿歌篇》，将产品的颜色和香味都进行了表现，容易引起消费者的兴趣。

> 蓝蓝的天空，太阳红红，
> 小狗追着小蜜蜂，
> 夏天的风催着我走入梦中，
> 我看到七彩的天空，
> 绿绿的草，白白莲蓬，
> 空气中有香香的梦，
> 夏天的风催我入梦中，
> 我看到爸爸妈妈在梦中，
> 我做着甜甜蜜蜜的美梦。
> 美丽的家，美丽的多乐士。

8) 故事体

通过讲述一个与广告产品相关的故事来表现广告信息的正文表现形式。一般采用第三人称的写法，也有讲述自己的故事的写作形式。以故事的发生、发展过程引人入胜，吸引受众阅读和收听兴趣，以故事的事件处理和产品介入获得的结果来说服受众。例如，1976年，美国加州兰丽公司的产品宣传广告：

> 很久以前，一双手展开了
> 一个美丽的传奇故事！

在很久很久以前，一个很遥远的地方，有一位很讲究美食的国王。在皇家的御厨房中，有一位烹饪技术高超的厨师。他所做的大餐小点极受国王的喜爱。有一天，国王忽然发现餐点差了，将厨师叫来一问，原来厨师的手忽然变得又红又肿，当然做不出好的餐点来。

国王立即让御医治疗，可惜无效，逼得厨师不得不离去。

厨师流浪到森林里的一个村落，帮一位老人牧羊。他常常用手摸羊身上的毛，渐渐发觉手不痛了。后来，他帮老人剪羊毛，手上的红肿也渐渐消失了。他欣喜地发现自己的手痊愈了。

他离开老人再返回王宫，正遇上皇家贴出告示征求厨师，于是他蓄须前往应征，所做的大小餐点极受国王的喜爱。他知道自己的手已经恢复了过去的灵巧。当他被录用后，剃了胡须，大家才发现他就是过去的大厨师。

国王召见他，问他的手是如何治好的。他想了想说，大概是用手不断整理羊毛，获得无意中的治疗。

根据这点线索，国王让科学家们详细研究。结果发现，羊毛中含有一种自然的油脂，提炼出来，有治疗皮肤病的功能。国王将该油脂命名为"兰丽"。

9) 戏曲体

以戏曲的形式进行广告信息传递，常用的有小品和相声。小品是一种比较新颖的广告形式，通常由特定情节和对话形式传递广告信息。例如，香港某保险公司的广告，以小品形式，讲述一个美妙的寓言故事，劝导人们接受保险，深深吸引和打动了消费者的心，促使人们积极接受保险的理念。

彼得梦见与上帝在一起散步，天际缓缓展示一幅幅图景，再现了彼得一生的经历。他走过的每一段路，都有两双脚印，一双是他的，一双是上帝的。但是最后一幅图景展示在他面前时，路面的脚印只剩下一双，那正是一生中最消沉、悲哀的岁月。

彼得问上帝："主啊！你答应过我，只要我跟随着你，你永远扶持我。可是在我最艰苦的时候，你却弃我而去。"

上帝答道："孩子，当时我把你抱在怀中，所以，只有一双脚印。"

当你走上坎坷的人生之路时，本公司陪伴着你；当你遇到不测时，本公司助你渡过难关。

3. 广告正文的写作注意

1) 注意如何由广告标题向正文顺利转化

运用副标题形式，将副标题作为广告正题和广告正文之间的桥梁。

开头时直接承接标题或解释标题的形式，使广告正文自然地承接标题内容或为标题释疑，两者之间有因有果，浑然一体。

2) 采用小标题或特殊的段落承接等形式

标题的制作可以帮助受众由一个问题向另一个问题实现转化。

分列体的正文表现形式使广告正文化繁为简，重点突出，使长文案化为短文案。

用特殊的段落承接：内容上的顺应转折、字体的变化、鲜明而有特色的行标，都可以提醒或刺激受众阅读和接受信息。

(1) 演绎归纳的顺序使用。演绎顺序，先写产品对受众的利益点，然后提出相关特性作证明；归纳顺序，先提起兴趣后介绍相关产品的功能特性，以问题的解决作为文案的总结，让受众感兴趣。

(2) 故事性顺序使用。以故事发生、发展的情节作为写作的线索和顺序。受众将被该顺序吸引，产生兴趣。故事的开展和结局都运用正叙或倒叙的方式。在叙述过程中，有条不紊合理地展现故事情节发展，以满足受众的好奇心。

(3) 描述性顺序使用。将广告信息进行由表及里、由浅入深、由近及远的描述，使正文符合消费者的阅读顺序和接受心理。

3) 有效运用写作顺序

接受心理的顺序。按照 AIDCA 原则，按照 Attention(注意)——Interest(兴趣)——Desire(欲望)——Conviction(确信)——Action (行动)这个心理顺序一步步抓住受众。

(1) 需求心理顺序。特定受众在不同环境中所具有的不同需求心理的顺序。遵循该顺序就是让文案的发展脉络与受众的需求顺序产生一致，使文案的方向与受众的兴奋点和渴望方向一致，让受众自然而然地阅读下去。

(2) 解惑的顺序。是人们解决问题的一般顺序，能较好地对应人们在遇到问题时自然地解决问题的本能发展的顺序，而不会有突兀的心理接受障碍。解惑的顺序具体表现为：你有什么烦恼——本产品能解决你的烦恼——为什么能解决——解决的过程和相关证据——号召大家购买。解惑顺序让受众认为，广告中的信息利益点正是他们解决问题的一个有效方法，并为此产生感激之情。

4) 广告正文长文案和短文案的选择

(1) 长文案的运用。工业品、消费品中的耐用品；价位较高，关心度较高的产品；产品处于导入期时，企业面对新的竞争环境时；刊登于报纸、杂志、直邮和商品介绍小册子等媒介时；针对理性受众、文化层次较高的受众和被动型受众。

(2) 短文案的运用。消费品中的日用品；产品在各方面没有明显差异性和特殊性；产品只为消费者提供了小的便利性；表现产品的附加价值；以产品的价格作为主要诉求利益点；产品处于成熟期后期时；在广播、电视、户外、现场销售等媒介中表现时；针对感性受众、文化层次较低、冲动型受众、儿童和老年受众。

5) 注意相关细节的运用

相关细节的有效运用,让广告正文具有较强的说服力。例如,用消费者使用产品的细节说明问题,将用户经验进行推广和表现等。

4. 中外广告名家论正文写作

许多中外广告名家对广告正文的写作有各自独特的简洁而精彩的论述,了解和借鉴他们的理论主张和经验之谈,对于写好广告文案有非常重要的指导意义。

1) 大卫·奥格威的9条经验

(1) 不要旁敲侧击,要直截了当。避免"差不多""也可以"等含糊不清的语言。

(2) 不要用最高级形容词、一般化字眼和陈词滥调。要有所指,要实事求是,要热忱、友情、友善并且使人难以忘怀。别惹人厌烦。讲事实,但是要把事实讲得引人入胜。

(3) 你应该经常在文案中用用户经验谈。例如,不知名的撰稿人的讲话,读者更倾向于相信消费者的现身说法。知名人士现身佐证吸引的读者特别多。如果证词写得很诚实,也不会引起怀疑。名人的知名度越高,越能引起读者关注。

(4) 另外一种很有力的窍门是向读者提供有用的咨询或者服务。用这种办法写出的文案比单纯讲产品本身的文案读者要多出75%。

(5) 我从未欣赏过文学派的广告……我一直觉得这类广告很无聊,连一点实事也没有提供给读者。我很同意劳德·霍普金斯的说法:"高雅的文字对广告是明显的不利因素。精雕细刻的笔法也如此。它们喧宾夺主把广告主题的注意力戳掉了。"

(6) 避免唱高调……自吹自擂、自夸都应避免,但是完美的操行却应发扬光大。

(7) 除非有特别的原因要在广告里使用严肃、庄重的字,通常应该使用顾客在日常交谈中用的通俗语言写文案。

(8) 不要贪图写那种获奖文案。

(9) 优秀的撰稿人从不会从文字娱乐读者的角度去写广告文案,衡量他们成就的标准是看他们使多少产品在市场上腾飞。

2) 斯通的七步曲法则

美国广告文案撰写大师斯通提出文案写作七部曲。

(1) 在标题或第一段中允诺一种好处。

(2) 紧接着详细叙述这种好处。

(3) 确切地告诉读者将得到什么。

(4) 用事实等来证实你的叙述。

(5) 告诉读者如果他不行动将失去什么。

(6) 在最后再次叙述购买的好处。

(7) 建议即刻行动。

3) 瑞士学者的 4F 法则

瑞士学者提出写好广告文案要用 4F 法则。他们认为，优秀的广告文案必须具备以下四个要素，并要达到四者的完美融合。

(1) Fresh——新鲜。

(2) Fun——有趣。

(3) Faith——忠诚。

(4) Free——自由。

4) 台湾广告人樊志育的主张

(1) 一目了然。

(2) 强调销售重点。

(3) 简明。

(4) 用对象常用的话。

(5) 有趣。

(6) 易懂。

(7) 说得娓娓动听。

(8) 行动之提文。

(9) 文案要取信于读者。

(10) 用文案来接近消费者。

二、广告随文的写作

1. 广告随文的含义

随文，又叫附文，是广告文案中的附属部分，是对广告正文必要的交代和进一步补充说明的内容，包括企业的地址、联系方式、促销活动的地点等实实在在的信息。具体包括：品牌全称、生产地址、邮政编码、电话号码、传真号码、网址及联系人，经销商及其地址、电话号码，负责安装或维修的服务电话、联系人、服务承诺等。

2. 广告随文的作用

虽然有人认为广告随文是广告正文的附属语言或文字，但是随文并不是广告文案中可有可无的部分，而是一则完整的，传递信息准确、到位的广告文案不可分割的有机组成部分。它在广告文案中起到不可忽视的作用。

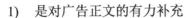

1) 是对广告正文的有力补充

标题和正文虽然包括了一则广告要传达的最主要信息,但是无法使已经被说服的受众变为消费者,广告随文则能突出联系方式等具体细节内容,对广告正文起补充说明的作用。

2) 能突出有关企业、产品或服务的信息

如果取消一则广告文案的随文,而将随文信息融入正文中,不但使其他部分信息显得复杂、缺乏重点,而且会使有关企业、产品或服务的基本信息被其他更吸引受众的信息所淹没,最终会影响到广告信息的传播效果和广告诉求效果。

3. 广告随文的类型

1) 排列法

按照一定顺序,将企业名称、地址、邮编、电话等信息一一罗列在文案的最下端,不添加任何多余说明、描述性文字,语言冷静、客观,但是缺乏一定的热情。可采用的格式为:

品牌名称:

地址:

邮编:

本地服务热线:

总部监督电话:

2) 附言法

用委婉、礼貌的言语说服消费者注意一些附加的信息。这类随文一般用到礼貌语言,如"附送""垂询""请"等,让受众产生一种交流感,使读者感觉文案是在对自己说话一般。具体格式为:

现凡购买某某产品一部,附送某某赠品一份,数量有限,送完为止。

如有垂询,请致电品牌顾客服务热线:……

3) 表格法

将广告随文用表格的形式来表现,更清晰明了。有的广告文案为了进一步了解受众情况,在末尾附上一张表格,供读者填写,这类似一张小的市场调查表。有的广告文案为达到促销目的,在结尾列一个表格,供受众填写并寄回。

【课堂演练】

1. 请整理和概括大卫·奥格威的 9 条经验。

2. 请根据任务 2 中的课堂演练 2 的资料,写一篇报纸广告文案,要求:

(1) 有完整的标题、标语、正文和随文。
(2) 能鼓动受众购买该产品。

任务4　报纸广告文案写作

【教学准备】

1. 具有互联网环境的实训教室。
2. 指定可链接的网页。
(1) 中国大学生广告艺术节学院奖(http://www.xueyuanjiang.cn/)。
(2) 第七届全国大学生广告艺术大赛(http://www.sun-ada.net/)。
(3) 广州日报(http://gzdaily.dayoo.com/html/)。
(4) 羊城晚报(http://www.ycwb.com/)。
(5) 信息时报(http://epaper.xxsb.com/showMainDZB.html)。

【案例导入】

梅赛德斯—奔驰汽车报纸广告文案

雄心　破浪

梅赛德斯—奔驰全新超级越野汽车，气宇轩昂，为路而生，全新前沿设计，动感狂放，雄姿英发，配合领先科技与排气系统，纵情逾越千山万水，澎湃恢宏气概。

版面规格：半版广告 170mm×235mm。

广告核心主张：技术先进，质量好，大气。

品牌格调：大气尊贵，气势恢宏，舒适享受。

整体版式：大图片，大文字，突出商标、品牌信息，少正文。

【知识嵌入】

一、报纸广告的特点

1. 报纸广告的优势

1) 报纸广告在版面方面的优势

报纸广告在版面方面的优势如下。

(1) 报纸版面大，篇幅多，广告主有充分的选择余地。报纸广告能向消费者详细介绍产品特性、功能等方面的信息，因为报纸能提供大版面的广告刊位，能详细刊登广告内容，对产品做出非常有声势的宣传。由于报纸具有非常强的解释能力，所以很多新产品上市或企业形象的树立都借助报纸广告版面，采用整版刊登广告的行为越来越多。

(2) 报纸的新闻性强，增强了广告可信度。新闻与广告混排的现象越来越多，这样也增加了广告的阅读率。同时，报纸的新闻性强，附带的广告效果直接受到影响，可信度相对其他媒介更高。

(3) 广告编排灵活。一般在报社开机印刷前或制版前赶至报社，都可以对有错的广告进行更改或撤销。同时，报纸截稿期较晚，一般广告稿在开印前几个小时送达，都可以保证准时印出。广告编排的灵活性给广告主和广告公司提供了极大的便利。

2) 报纸广告在内容上的优势

报纸广告在内容上的优势如下。

(1) 报纸新闻性强，其广告可信度较高。报纸的新闻性和准确性高，是其他媒体无法比拟的。由于读者对报纸的信任，无形中增加了广告的准确性和可信度，提高了读者的信心。因此，报纸的信誉，对报纸广告而言至关重要。

(2) 报纸的权威性有利于广告刊播。报纸的权威性让读者产生信赖感。很多报纸经常为政府或社会团体发布公告，这无形中提高了报纸的社会地位，提高了权威性，从而对公众产生更大的影响力，也增加了广告主在报纸上广告刊播的信任情绪。

(3) 报纸具有保存价值，报纸广告具有可查存性。其内容不受阅读时间和空间的限制。

读者可以快速阅读，也可以一翻而过，既可以细细品味，也可以剪存。

3) 报纸广告在印刷方面的优势

报纸广告在印刷方面的优势如下。

(1) 报纸广告图文并茂。印刷精美的广告可以将商品和服务的特点逼真地反映出来，特别是彩印报纸，更能增强广告效果。清晰、整洁的印刷画面对读者的情感影响较大，能对受众产生强烈的诱导力，刺激其产生购买欲。

(2) 广告印刷成本低。报纸纸张价格低廉，广告制作较灵活简单。报纸广告无须特别复杂的工序，不用过多的人力和物力，只要排版适当，配以相应的画面即可，对其内容和图文搭配进行及时修改更换，费用也不大。

4) 报纸广告在发行上的优势

报纸广告在发行上的优势如下。

(1) 报纸发行面广，广告覆盖率高。报纸历来是主要的媒介形式，发行量大，传播面广，读者众多，遍及社会各个阶层。因为报纸价格非常便宜，一般家庭都能承受。报纸适合于为所有产品或服务做广告宣传。

(2) 报纸广告对象明确，选择性强。报纸发行区域和接受对象明确，使其广告对象明确，具有较强的选择性。

(3) 报纸广告传播速度快，时效性强。我国的报纸主要有日报、旬报、周报等形式，纸的出版率高，广告传播速度快，信息传递准确而及时。

2. 报纸广告的不足

1) 读者注意力不高

报纸编辑内容繁多，读者对广告的注意力不高。报纸由于主要承载新闻信息，容易导致读者对广告的注意力分散，加上版面限制，经常造成同一版面的广告拥挤，也影响读者对广告的阅读。

2) 针对性弱

报纸内容上众口难调，广告针对性减弱。报纸不是根据人的职业或受教育程度来发行和销售的。因此，在不同年龄、性别、职业和文化程度里，报纸广告的针对性体现不出来。

3) 色彩感差

报纸广告相对于杂志广告更粗糙，色彩感差。即便如今报纸普及了彩印技术，但与杂志铜版纸相比较，印刷效果仍然难以企及。

4) 广告阅读率低

报纸影响时间短,广告阅读率低。由于报纸出版频繁,广告版面位置往往不是很显眼,而读者常常只关注自己感兴趣的事物或话题,使得报纸发挥的时效更短。即便报纸能保存,过时的报纸也基本不会有读者愿意翻阅。

二、报纸广告文案的特点

报纸广告文案是印刷类广告文案的重要类型,有其自身的显著特点。

1. 内容全面

报纸广告主要由文案和画面构成,一般采用文案主导、画面衬托的方式。文案起到传播商品信息的主要作用,画面起到强化视觉效果、增强吸引力的作用。报纸广告文案在传递信息时,包含的内容非常丰富,少则几个字,多则几百上千字,只要能突出产品,便可以在一定范围内自由发挥。这样,目标受众能从文案中更全面立体地了解到产品的有关情况。

2. 结构完整

广告文案的结构一般由标题、标语、正文和随文构成。报纸广告文案基本上都能包括这四个方面的内容,结构完整、规范、严谨。

3. 通俗易懂

报纸发行面广,受众来自不同阶层、属于不同文化层次,因此,报纸广告应该通俗易懂。只有这样,才能充分利用报纸受众面广这一优势。依据这一特征,报纸广告文案一般是非常浅显易懂的。

4. 地域性强

报纸发行受一定范围限制,一般选定报纸媒介后,撰写广告文案时可以增加一些地方俗语,这样既使整个文案生动活泼,也拉近了与目标受众及目标市场的距离,更有亲和力。

5. 表现手段多样

报纸广告能运用多种表现手段,综合文字、图片、色彩和布局等多种因素,方寸间见精华。

三、报纸广告文案的写作技巧

按一般常规,报纸广告的版面大致可分为以下几类:报花、报眼、半通栏、单通栏、双通栏、半版、整版、跨版等。一般来说，首次登广告，新闻式、告知式宜选用较大版面，以引起读者注意；后续广告，提醒式、日常式，可逐渐缩小版面，以强化消费者记忆。节日广告宜用大版面，平时广告可用较小版面。

1. 报花

报花广告又称栏花广告，是在任意版面刊登的小广告，规格一般有两种：3cm×2cm、6cm×2cm，可以是彩色或是黑白的(见图3-8)。广告版块很小，收费较便宜，所以现在很多品牌常年刊登栏花广告，使得品牌形象深入人心。这类广告版面很小，形式特殊，不具备广阔的创意空间，文案只能做重点式表现，突出品牌或企业名称、电话、地址及企业赞助之类的内容，不体现文案结构的全部，一般采用一种陈述性的表述。

图3-8 《广州日报》2014年9月22日头版

2. 报眼广告文案

报眼的版面十分抢眼和重要。一般报眼位置是做新闻版面内容，将重要信息放在此发布。因此，将其作为广告版面时，它的权威性和新闻效果、时效性仍然存在。怎样借助文案写作，在报眼位置恰当地实现广告效果，是广告文案写作者需要着重思考的问题。

在报眼位置的广告文案，由于所占版面不大，所表现的广告文案在字数上较报花广告要更多，但比单通栏的版面相对要小。但报眼所处的位置，除了表现广告主题的标准形象或象征形象外，不能有其他图片干扰受众心目中对媒介本身特征、版面位置的特定印象。如图 3-8 中的报眼广告，图片采用的就是品牌的标准形象。此外，报眼广告文案写作要成为广告核心，由于其位置的重要性，应做到以下几个方面。

(1) 侧重新闻体。广告选择和表现具有新闻价值的信息内容。广告标题和正文更倾向于采用新闻形式和新闻笔法。

(2) 语言风格严肃。广告文案写作的语言风格相对体现理性、科学和严谨。

(3) 标题醒目。选择新闻式、承诺式、实证式等醒目的标题表现形式。

(4) 短文案。如果以文字为主的报眼广告，一般采用短文案，不用长文案，少用感性诉求方式，特别不能用诗歌体、散文体、故事体等形式，以免削弱报眼位置带来的说服力和可信度。

3. 半通栏

目前我国的报纸类型中，半通栏一般分为 65mm×120mm 或 100mm×170mm。在广告版面运用中，这是一种相对较小的广告版面(见图 3-9)，《广州日报》2014 年 9 月 21 日 A5 国际版右下角的广告《紧急通知：广州市 55 岁以上老人凭借身份证免费领取水质处理器》。由于版面小，又处于众多广告作品中，广告能否脱颖而出，采用醒目的标题和图片、特殊的文案编排吸引受众是关键。半通栏的标题制作非常重要，文案的特殊性表现非常明显。因此，半通栏广告文案写作应特别注意以下几个方面。

(1) 标题要醒目。标题字数尽可能短少，采用复合式标题，将文字分层级完成，以弥补版面小的问题，扩展版面效果。

(2) 正文用短文案。广告正文采用短文案的方式，甚至可以做重点诉求将信息分列表现，对重点信息进行提纲挈领式的文字表现。避免使用长文案，将半通栏版面塞得满满的。充分认识到小版面大内容，但不能多文字的表现特点，可以运用书面语言，用典雅凝练、简洁严密的语言表达小版面多内涵的表现意图。

(3) 注意文案与版面编排的有机结合。文字过多会给半通栏的版面编排带来困难。半通栏由于版面小，编排非常重要，利用报纸版面般配风格体现其独特性，充分扩展版面内在容量，注意文字与画面编排的有机结合。

图3-9 《广州日报》2014年9月21日 A5 国际版最右下角为半通栏广告

4．单通栏

单通栏广告一般有两种类型，100mm×350mm 或者 65mm×235mm。与半通栏相比，其版面面积大了1倍，是广告中最常见的一种版面，符合人们的正常视觉，因此版面自身有一定的说服力。与半通栏广告比较，单通栏在长和宽的比例上有较大变化，广告文案写作要求也有了相应的变化，具体如下。

（1）文案写作成为核心。单通栏广告以文案写作为核心，文案对应诉求起到主要作用。

（2）广告标题形式灵活。标题制作可以运用短标题形式，将文案与画面编排灵活结合，也可以采用理性诉求的长标题形式。

(3) 正文进行多方位立体信息表现。一般的报纸广告中能运用的表现形式，如消费者证言体、名人推荐体、散文体、故事体、简介体、新闻体、诗歌体都能使用。正文中可以展开比较细致的广告信息介绍和多方位的信息表现，但是正文字数不宜超过 500 字，否则整个版面会显得拥挤，影响编排效果。

5. 双通栏

双通栏广告一般有 200mm×350mm 和 130mm×235mm 两种类型。从面积上看，它是单通栏的 2 倍。版面面积增加使版面的自身分量也有所增加，如果在版面用色和编排上能体现其视觉扩张、内涵渗透的话，其内在分量的增加将更为明显。双通栏的版面运用，给广告文案写作提供了较大的驰骋空间。因此，广告文案写作要注意以下几个方面。

(1) 诉求广告主体的立体信息、综合信息。

(2) 标题采用复合式。广告标题大多采用多句形式，用复合式标题，立体而创意地体现标题的吸引力和与正文之间的对应性。

(3) 运用小标题。双通栏版面相对较大，正文多用论辩性文案表现形式，体现报纸广告的说服力。由于文案相对较长，尽量运用小标题，以方便受众阅读。

6. 半版

半版广告一般有 250mm×350mm 和 170mm×235mm 两种类型。半版、整版和跨版广告，均被称为大版面广告。版面面积增大使得它的版面运用分类发生了显著变化，利用版面运用技巧，通过编排营造气势，是半版广告表现的重要立足点。

半版广告要求以创意取胜。虽然是大版面，但是广告不要用太多文字，可以运用创意充分激发受众想象力。

半版广告可采用多种诉求方式。感性诉求，用大标题、少正文，标题可以用新闻式、悬念式、承诺式、问答式等形式，正文是标题的辅助表现。理性诉求，主要是对大企业的介绍，对某产品或服务的全方位展现，着重于对广告主体逻辑的、有序的文案表现。

7. 整版

整个版是目前我国单版广告中面积最大的版面，版面给人视野开阔、气势恢宏的感觉，给人以震撼。整版广告给予广告表现以最大的创意空间和表现空间。整版广告主要有以下 3 种用法。

(1) 整版文字运用。这是基本的用法，整版运用介绍性文字对产品系列或企业各方面进行介绍。该用法，以广告文案为诉求的基本角色，只有少量画面陪衬，甚至没有画面表现。正文用介绍性方式对广告产品进行详细的全方位介绍。这种表现形式和笔法，对刚刚进入市场，需要受众详细了解产品信息和企业内容的产品而言，是恰当的。但是，如果品牌形象已经有一定基础，产品已经进入成长或成熟期时，就不适合使用了。因为，此时广告的主要诉求是期望品牌的记忆和品牌忠诚度的唤起，广告文案表现应以感性和简洁为主。

(2) 大标题、大画面和大文字进行感性诉求。这种方法是以创意性的、大气的画面、标题和少文字实现品牌宣传(见图 3-10)。该方法的关键在于，广告文案起点睛作用，要与画面风格协调一致。

图 3-10　《信息时报》2014 年 9 月 10 日 A5 整版广告

(3) 软文。以广告文案为主，运用报纸的新闻性和权威性，采用报告文学的形式提升企业形象。

8. 跨版

跨版广告就是一个广告作品刊登在两个或两个以上的报纸版面(见图 3-11)。一般有整版跨版、半版跨版、1/4 版跨版等几种形式。跨版广告很能体现企业的大气魄、厚基础和经济实力，是大企业所乐于采用的。

图 3-11　标志 206 的跨版广告

【课堂演练】

请根据任务 2 中的课堂演练 2 的资料，用 Photoshop 软件(或其他图片处理软件)设计一个整版报纸广告。要求：

(1) 用大标题、大文字和大图片进行感性诉求。

(2) 图文结合，注意版面编排。

任务 5　杂志广告文案写作

【教学准备】

1. 具有互联网环境的实训教室。

2. 指定可链接的网页。

(1) 中国大学生广告艺术节学院奖(http://www.xueyuanjiang.cn/)。

(2) 第七届全国大学生广告艺术大赛(http://www.sun-ada.net/)。

(3) 三联生活网(http://www.lifeweek.com.cn/)。

(4) 妈咪宝贝网(http://www.mamypoko.cn/? utm_source=brandlink1_&utm_medium=cpm)。

(5) 广东新周刊杂志网(http://www.neweekly.com.cn/)。

【案例导入】

哈撒威衬衫杂志广告文案

作者：大卫·奥格威。

标题：穿哈撒威衬衫的男人。

正文：美国人最后终于开始体会到买一套好的西装而被穿一件大量生产的廉价衬衫毁坏了整个效果实在是一件愚蠢的事。因此，在这个阶层的人群中哈撒威衬衫就开始流行了。

首先，哈撒威衬衫耐穿性极强，这是多年的事了。其次，因为"哈撒威"剪裁，低斜度及"为顾客定制的"衣领，使得您看起来更年轻、更高贵。整件衬衣不惜工本的剪裁，因而使您更为舒适。

下摆很长，可深入您的裤腰。纽扣是用珍珠母做成，非常大也非常有男子气，甚至缝纫上也存在着一种南北战争前的高雅。

最重要的是"哈撒威"使用从世界各角落进口的最有名的布匹来缝制他们的衬衫——从英国来的棉毛混纺的斜纹布，从苏格兰奥斯特拉德地方来的毛织波纹绸，从英属西印度群岛来的海岛棉，从印度来的手织绸，从英格兰曼彻斯特来的宽幅细毛布，从巴黎来的亚麻细布，穿了这么完美风格的衬衫，会使您得到众多的内心满足。

哈撒威衬衫是缅因州的小城渥特威的一个小公司的虔诚的手艺人缝制的。他们在那里工作了已整整114年。

您如果想在离您最近的店家买到哈撒威衬衫，请写张明信片到"G. F. 哈撒威"缅因州·渥特威城，即复。

【知识嵌入】

杂志针对性强、阅读率高、传阅率高、保存时间长，被称为"印刷媒体之王"。随着杂志，特别是DM杂志(Direct Mail Advertising，直接邮寄广告杂志)的兴起，印刷精美、色彩鲜艳、图文并茂，具有小文字、大图案、形象化等特点的杂志广告越来越受到广告主的青睐。杂志广告文案比报纸广告文案更具独到之处。

一、杂志广告文案写作

1) 广告风格要符合读者品位及其文化素养

目前，我国杂志可分为专业杂志、综合性杂志和休闲杂志3种类型。专业杂志读者的知识水平和文化素养较高，杂志里的广告，语言要庄重典雅，具有一定的专业性，一般不用花哨庸俗的语言。综合性杂志涉及的面较广，读者构成广泛。在这类杂志上做广告要考虑不同读者层次的需求，要善于把握不同读者的共同利益点。休闲杂志的阅读面较广，这类杂志或通过热门话题吸引读者，或以独特风格吸引受众。在这类杂志上做广告，语言要尽可能通俗易懂、平易近人。例如，《三联生活周刊》2010年第48期中的一则房地产广告：

品味花园洋房　典藏花样生活

金隅·花石匠样板间臻美呈现，花园生活不再想象！

无论是洋溢浪漫气质的田园两居，还是散发优雅风韵的都市新古典三居，均以时尚、雅贵、愉悦空间成就花园生活真实意象……

明辨虚实，远见者瞰未来！

低密洋房：英伦风情的建筑风格，以花园居住理念，成就高品质低密花园洋房居住需要的新创想。

通透格局：90～140平方米花样户型，格局方正，以空间的创新让您尽情挥洒对家的灵感与想象。

城铁首发：毗邻城铁首发站土桥站，让您轻松"坐"享便捷交通带来的畅快生活。

完善配套：拥有社区商业、幼儿园、小学，享受完备社区配套带来的便利，美好生活每一天。

《三联生活周刊》的办刊宗旨是"以敏锐姿态反馈新世代、新观念、新潮流，以鲜明个性评论新热点、新人类、新生活"，其读者对象主要是受过高等教育、关心时代发展进程和不断从中寻找自己的新型知识分子。这些人是推动社会发展进步的主流人群，有较宽的视野，具有与时代发展同步的新观念，在消费上与国际同步，花园洋房的概念正符合他们的品位。此外，该广告语言典雅庄重，诉求符合读者需求格调较美，效果自然好。

又如，《新周刊》2009年第16期中的路虎广告：

心悦·智行·无所不至

全新2010年款神行者2代柴油版领航启程

6.7L/100KM

全新2010年款神行者2代创先引入具备尖端科技的2.2L TD4柴油发动机，高效清洁，技术卓群，能在低转速就达到峰值扭矩，并实现令人惊叹的燃油经济性和二氧化碳低排放。

即将面市的 2.2L TD4_e 柴油手排款神行者 2 代更配备代表未来科技的 STOP/START 智能停启节能技术，突破性实现 6.7 升/百公里综合油耗，拥有先驱续航表现，一箱油即可酣畅纵越千余公里，令您更心享驰骋之悦，行至任何奢尚之地。

在欧洲，柴油汽车已融入高尚生活，而拥有 50 余年柴油版豪华 SUV 生产经验的路虎，柴油汽车在英国的销量高达 90%，选择技术先进而发展成熟的路虎柴油汽车，同时降低对环境的影响，已经成为代表最前沿欧洲智慧生活理念的缩影。

久负盛名的全地形反馈适应系统和新一代陡坡缓降系统，高端丰富的科技娱乐配备，全天候全路况性能，激扬乐途，无所不至。

神行者 2 代 2010 年款柴油版/汽车版共 5 款豪华车型恭迎赏驭
关注路虎"我与地球"可持续发展承诺

《新周刊》属于时事生活类杂志，始终保持对社会潮流动态的高度敏感，彰扬无情解构的犀利风格，"中国最新锐的时事生活周刊"之定位深入人心，是中国期刊市场上最具代表性和舆论影响力的杂志之一。其读者一般收入较高，大多为愿意尝试新鲜事物的白领阶层，具有较高的文化素养，所以广告采用典雅高贵的语言风格，塑造出路虎的高品位、高档次、追求新锐的形象。

2. 广告内容详尽，讲求实效

杂志与报纸相比有更高的精读率和传阅率，所以杂志广告在内容上比报纸广告更加详尽具体。但是，详尽不等于废话、套话，杂志广告讲究实效，不说废话、空话。例如《妈咪宝贝》2007 年第 11 月中的伊利幼儿配方奶粉广告：

宝宝的智慧城镇 来自您的聪明选择
伊利 A+B，给您全新益智选择，为宝宝智力更添新动力

益智营养好吸收 成长动力 A+B

伊利一直专注于母乳营养科学的研究，针对宝宝不同时期的生长发育特点以及营养需求，科学地把帮助大脑发育的 A 系统和帮助营养吸收的 B 系统完美结合，特别为中国宝宝的成长精心研制出 A+B 幼儿系列配方奶粉。

A 益智系统：高品质的 DHA、ARA 和胆碱，帮助宝宝大脑及视网膜更好的发育，有效提高记忆力。

B 吸收系统：独特的活性双歧益生菌+复合益生元组合，B 系统的活动双歧益生菌能够增强宝宝自身抵抗力，帮助宝宝健康成长！

伊利A+B，全新配方，给宝宝增添营养新动力，宝宝的成长自然让妈妈惊喜不已！

广告文案首先介绍伊利针对宝宝不同时期发育的不同需求，然后详细介绍产品含有的A和B系统——益智系统和吸收系统，最后鼓动消费者购买，因为"给宝宝增添营养新动力，宝宝的成长自然让妈妈惊喜不已！"文案详尽具体，给读者一个详细全面的印象。

3. 将理性诉求和感性诉求并用

杂志广告版面空间大，可以承载内容丰富的广告，这就有可能进行理性或感性诉求。广告文案可以采用单一的理性诉求方式，进行详细叙述和论证，将理性诉求推向极致，也可以采用感性诉求方式，通过优美精致的画面抓住读者眼球，配以情绪化、个性化的文案，将感性诉求推向极致。当然，也可以是二者结合，将理性诉求与感性诉求融于一体。

例如，《准妈妈》2006年1月的小圣童婴儿哭声解读语言学习机的广告：

解决年轻妈妈五个疑难问题

你为宝宝日夜啼哭，你却不解其意、束手无策而焦虑吗？

你为找不到适合0~3岁宝宝的教育方法，孩子在人生的起跑线上落后而担心吗？

你为时刻不能离开宝宝半步，耽搁了过多的工作和家事而苦恼吗？

你为宝宝的营养均衡得不到保证而忧虑吗？

"小圣童"婴儿哭声解读语言学习机，是我司科研人员运用当今世界先进电子、CHMM技术和科学的育儿理论，历时多年，潜心研制而成。该机是集婴幼儿科学喂养、教育、监护、学习为一体的综合性高科技电子产品，是世界独创性产品。小圣童主要功能由婴儿的哭声解读、睡眠监控、语言学习、音乐教育、科学喂养指南等方面构成。本机能解决婴儿与父母沟通交流的困难，提供科学的育婴方法，开发婴儿智力，促进大脑发育，使宝宝赢在起跑线上。

该广告配以可爱宝宝的图片，在情感上吸引世人的注意，同时，文案上介绍了产品的功能，让消费者了解广告并接受产品。

二、杂志广告的类型

受不同开本杂志的影响，杂志广告的类型也不一样，广告作品受所占版面和版位的影响较大，大致有封面、封二、封三、封底、扉页以及内页等不同类型。与报纸广告一样，杂志广告的类型直接影响到广告的效果。因为类型不同，广告的关注度和阅读率是不一样的。在同一版面中，不同地方的广告读者关注度也不一样。上面的广告比下面的广告关注度高，大版面广告比小版面广告关注度高，竖排的广告中右边比左边关注度高。其中，封面、封二、封三、目录对页和封底等版面，属于指定的广告版面。

1. 封面和封底广告

封面和封底由于位置显著，关注度非常高，广告效果也最好。因此，对广告版面设计和文案写作有特殊要求。

封面广告主要以精美的画面吸引读者，画面信息一定要与杂志有较大内在联系，并具有较高的审美价值，让人们愉悦地接受广告信息。文案只能以品牌或广告名称，用简洁凝练的方式表现出来。

封底和封面一样重要，广告以图片为主，文案为辅。文案的语言不仅要考虑杂志的特定读者，而且要考虑杂志读者以外的其他受众，因此，不要太专业，要多采用近于大众化的语言和图片。

2. 封二、目录对页和封三广告

杂志读者对封二、目录对页和封三的关注仅次于封面和封底，但又高于内页。因此，它们也是非常重要的版面形式。其中的广告多以图文并茂的形式呈现，广告文案的作用更为重要，为适合各种广告文体、表现形式和表现手段，可针对特定目标受众运用文案写作的方式进行。

3. 内页

内页广告有折页、跨页、多页、插页、专辑等多种类型。

1) 折页广告

采取一折、双折、三折等形式，扩大杂志一页的面积，适应某些广告需要占用较大面积的要求。

2) 跨页广告

这种广告的面积是单页广告所占面积的双倍。其画面是一幅完美的图画，充分展示广告产品的名称、品牌、功能以及价格特性。

3) 多页广告

在一本杂志中，连续刊登多页广告以扩大产品知名度。

4) 插页广告

在杂志内插入可以分开列出的单页广告，让广告更加醒目，以增强广告产品的宣传效果。

杂志广告形式多样，还有联券广告、香味广告、有声广告、立体广告等。联券广告是在杂志广告底部附有联券，如优惠券、礼品券或参赛券等。读者将联券裁剪下来，凭该券到指定地点兑现或领取赠品。香味广告则是指杂志用有香味的墨水印制或在杂志上喷洒香水进行产品信息宣传。有的杂志广告采用立体形式，以增强广告的真实性和感染力。

三、杂志广告画面布局的原则

1. 平衡对称原则

平衡对称是将一定篇幅内的要素巧妙地编排整理，使左边视觉中心与右边视觉中心对称，上面视觉中心与下面视觉中心对称。在杂志广告中，一般人的视觉中心大约在整个杂志版面中心上方的 1/8 处，或在底线上方的 5/8 处。一般而言，有两种平衡对称形式：规则对称与非规则对称。

(1) 规则对称。纯粹的左右对称是规则对称的关键。成对的要素在中央轴的两边，让人感觉广告有相等的视觉分量。这种形式给受众留下威严、稳固和保守的印象。

(2) 非规则对称。是指从视觉中心不等距离地放置不同尺寸、不同形状或不同颜色等要素，但整体还是呈现视觉平衡感。大部分杂志广告画面布局偏爱非规则对称，因为这样可以使广告看起来生动有趣，富有想象力，更刺激。

2. 视觉移动原则

杂志广告布局要使受众跟随广告内容，乐于阅读下去，这就是视觉移动原则。在杂志广告布局中，常用的视觉移动方式主要有以下几种。

1) 借助模特视线

借助广告人物或动物的视线(见图 3-12)，使受众的视觉移动跟随到广告产品要素中去。

图 3-12　借助人物姿势——手与脚的线条，引导受众关注产品：鞋子广告

2) 机械设计

利用机械设计,如一些方向标、直线或箭头等,引导视线从一个要素向另一个要素转移。如果有暗示的方向,或者有指向其他广告的表现(如模特的姿势、眼睛的方向等),一定要慎重对待。否则,容易将视觉焦点转移到其他广告中去。

3) 简介说明

采用漫画连载或图片简介说明,诱导受众阅读漫画的故事情节或图片的情节发展,受众必须遵从一定顺序阅读下去。

4) 留白法

留白及色彩效果强调象征主题或插图。视觉移动要充分利用留白及色彩效果,由一个较暗的要素向明亮发展,从有色到无色。

5) 尺寸变化

利用画面本身尺寸大小变化吸引受众注意力(见图 3-13)。因为读者常被最醒目的要素引入,然后至较小要素。

图 3-13　通过字号大小变化引导受众关注伊利牛奶

3. 要素对比原则

让受众对杂志广告画面的要素产生兴趣的有效方法，就是利用色彩、尺寸或其他形式的对比(见图 3-14)。例如，颠倒的方式，或者褐色、白色广告镶红边，或者是一个异乎寻常的风格形式的广告，这些都是用对比方式提高受众对广告画面的注意力。

图 3-14　戒烟公益广告，采用黑白色彩对比吸引受众注意

4. 一致性原则

杂志广告由许多不同要素构成，这些要素之间应该环环相扣，给人协调相称的整体印象，平衡、移动、对比以及色彩都有助于保持广告画面整体的一致性。

【课堂演练】

1. 请思考杂志广告画面布局的原则还有哪些？
2. 利用所学报纸广告文案写作和杂志广告文案写作知识，分析大卫·奥格威为舒味思(Schweppes)奎宁柠檬水创作的广告(见图 3-15)，分析该广告的写作特点和风格。

图3-15 大卫·奥格威的舒味思(Schweppes)奎宁柠檬水广告

"舒味思"的人来了

特别引见从英国伦敦舒味思厂派来的特使,制造师爱德华·惠特海先生。舒味思厂自1874年起即为伦敦的一家大企业。惠特海先生这次来到美国各州,是要确查在这里生产的每一滴舒味思奎宁柠檬水是否都具有与原产地厂家同样的口味。舒味思是一种与杜松子酒及其滋补品掺和饮用的柠檬水。长久以来,舒味思的独特口味,只有舒味思才有,可谓世界唯一。

他引进了舒味思所独创的度修醇剂,而舒味思碳化的秘方就锁在他的小手提箱里。

这位制造师说:"彻头彻尾、地地道道、丝毫不差的舒味思制法。"

把这种奎宁柠檬水制成现在的半苦半甜的完美口味,舒味思历经了百余年之经验。然而,把舒味思和杜松子酒及冰块掺和在高脚杯中,你只需要30秒钟便可进入到这个完美的境界。随后,亲爱的读者,你一定会倍加赞赏你读过这则广告的这一天。

随文:如果你喜欢这一则广告但没有品尝过舒味思的话,请寄明信片来,我们会做适当的安排。

函寄:纽约市·东6街30号·舒味思收

任务6　广播广告文案写作

【教学准备】

1. 具有互联网环境的实训教室。

2. 指定可链接的网页。

(1) 中国大学生广告艺术节学院奖(http://www.xueyuanjiang.cn/)。

(2) 第七届全国大学生广告艺术大赛(http://www.sun-ada.net/)。

(3) 广播广告文案大全(http://www.docin.com/p-128380123.html)。

【案例导入】

天津助听器广播广告文案

售货员：大爷，您买啥？

大爷：啥，减肥茶？我这么瘦再减就没了。

售货员：……大爷，买什么您自己挑。

大爷：咋的，还得上秤约？

售货员：大爷，您老耳背，我给您介绍一个新伙伴儿。

大爷：啊？要给我介绍个老伴儿。不行喽，家里有一个啦。

售货员：大爷，我给您介绍这个，保证您满意。

大爷：啥，助听器？嘿，我就是来买助听器的。

男白：天津牌助听器，让聋人不再打岔。

分析：广播广告的受众群主要是有车族与老年人。针对老年人的广告有助听器广告和保健品广告。该广告针对老年人特性，采用对话式增强情境感，活跃气氛，有助于受众选择该品牌。

【知识嵌入】

一、广播广告的构成要素

广播广告的最大特点就是单纯依靠声音传递广告信息。用声音传递信息迅速、方便、灵活，但是存在保存性差、选择性小、稍纵即逝的缺点。因此，广播广告文案最重要的就是要在声音的表达上下工夫，创作出清晰明朗、容易记忆的广播广告文字稿。

广播广告的声音包括有声语言、音乐和音响三个要素。

1. 有声语言

有声语言是广播广告的核心部分，产品或企业的广告必须借助有声语言将信息传递给受众。有声语言由书面语言转换形成，听众把听到的语言经过大脑转换成形象语言，形成对广告产品的认知和印象。一则广播广告可以没有音乐和音响，但是绝对不能没有有声语言。因此，有声语言是三个要素中最重要的一个。

如果有声语言不能在有限的时间里吸引听众的注意，使他们对广告内容产生兴趣，就达不到广播广告的目的。因此，广播广告要激起听众对产品或服务的欲望，就应针对不同层次的听众采用不同的表现形式。例如，针对青年女性，广告的有声语言要尽可能柔美动听，浪漫抒情；针对青年男性的要充满朝气，潇洒有力；针对儿童的则应生动活泼，富有趣味。

广播的有声语言要取得良好的效果，不仅内容要好，有针对性，还应该有好的表达方式，让听众容易听，容易理解，容易记忆。这就要求广播广告要注意语言的语音和声感，尽量使用口语化和形象化的语音，富有节奏感，抑扬顿挫，富有韵律美。在广播广告的有声语言设计中，应注意语速适中，一般每秒钟三个字，太快了听众捕捉不到信息，无法听清楚广告内容，太慢了又显得拖沓沉闷，无法激起听众的收听兴趣。根据广播广告随意性大的特点，有声语言应尽可能采用独白、对话、说唱等多种形式，做到生动有趣，让人不管是无意中听到还是有意中听到，都会被广告内容所吸引。

2. 音乐

音乐通过节奏和旋律表达思想情感，用来创造优美的收听环境，渲染广告气氛。它虽然不像有声语言那样直接传递广告产品的信息，但可以烘托广告气氛、创造广告意境、美化广告形式、丰富广告内容，对吸引听众收听广告、补充和促进广告效果有积极作用。

1) 突出广告主题

广告中恰当地发挥音乐的内在感染力，有助于广告主题的渲染和突出。与产品特征有关联的音乐能赋予产品不同的个性，突出其某一方面的特征。不同的音乐有不同的特色。广告中是采用有地方特色的民族音乐，还是古朴庄重的古代音乐，或是悠扬奔放的轻音乐，应该取决于广告产品的特点。不同产品应该选择不同的音乐来表现，如大工业产品，一般使用让人振奋、听起来朝气蓬勃的管乐；服装等轻纺工业品则偏好轻柔悠扬的轻音乐；地方土特产则选择民间音乐让人备感亲切。

2) 增强感染力

音乐最大的感染力来自其蕴含的情感。在音乐的旋律中人们感受到的是情感上的满足，心灵上的愉悦。有时，广告的有声语言看似平淡，但配上优美动听的音乐，会大大增加广告的感染力。宣传儿童产品的广告如果配上轻快俏皮的卡通音乐，能烘托出一种轻松活泼的感情气氛，增强广告诉求的感染力。

3) 有助于广告内容的记忆

广播广告中配上音乐，能引起听众注意，让他们对广告产品感兴趣，在不知不觉中记住广告内容。因为在一定的旋律辅助下，人的记忆力会更强。某产品广告配上贴切的音乐，随着时间的流逝，音乐会在人们的脑海中留下深刻的印象，也会对听众产生"闻其声则知其物"的效果。一首好的广告歌，如同电视、电影的主题曲成为电视、电影的标志一样，也会成为产品的重要标志，多年以后都能流传，只要一听到熟悉的音乐，便会联想起相关产品。

在广告音乐的选择中应注意，音乐本身不具备产品推销功能，它必须与广告有声语言结合才能达到突出产品特征、信息的目的。另外，在选择背景音乐时，要弄清楚原乐曲的主题及蕴含的情感，使音乐与广告主题情调一致，否则可能闹出笑话。再次，要注意音乐音量的控制，在介绍产品特点、功用、质量时，音量要小些；在渲染环境、烘托气氛时，音量可相对大些。最后，音乐要短，韵律有一定的重复更便于记忆。

3. 音响

音响也是塑造产品形象的重要因素。广播广告的音响是指为了烘托广告气氛运用的各种自然或人工合成的声响。

广播广告中的音响主要有3种：自然音响、产品音响和人物音响。

自然音响包括用来烘托背景的风声、雷声、雨声、流水声、涛声、鸟鸣声等。产品音响主要是指各种产品工作时发出的不同声响，如汽车与摩托车的发动机声、急刹车声、电话铃声、汽笛长鸣声、机床轰鸣声等。这种音响往往给人身临其境的感觉，在这样的气氛中介绍产品，容易拉近听众与广告产品的距离。人物音响主要是指人物活动产生的各种声响，如哭声、笑声、掌声、喝水声、敲门声、喘气声、脚步声等。这种音响常用来表达人的主观感受或营造气氛，造成一种现场真实感。

音响能突出产品的品质特征，加深听众对产品的印象；音响能形象地表现广告人物的内心情感或暗示其动作；使用音响有助于刺激听众听觉，引起注意。要强调的是，广播广告的音响必须逼真，并与广告主题相吻合。

广播广告是一门综合艺术，应妥善运用好有声语言、音乐和音响3个要素。单纯以有声语言来表达广告信息，在播出时主要靠播音员来实现。广播广告要取得好的效果往往要把语言、音乐和音响有机组合，在广告有声语言的基础上融合相应的音乐和音响，增强播出效果。语言与音乐、音响的组合应协调配合，浑然一体。

二、广播广告文案的表现形式

广播广告传递信息的方式主要是有声语言，它不可能像报刊那样通过图片、摄影来作用于人的视觉，也不能像电视广告那样以逼真的形象再现产品魅力。因此，广播广告文案写作中语言的运用及其表现形式至关重要。广播广告文案的特殊性决定了所采用的表现形式的特殊性。常见的广播广告文案的表现形式有以下几种。

1. 直述式

直述式是指由播音员直接地、客观地介绍产品性能、特点及联系方式的广播广告形式。这种形式制作简单，表现手法单一，没有对话，类似于戏剧中的独白，是最简单、最基本的广播广告表现形式，也是最没有创意的形式。

例如，舒尔麦克风的广播广告文案：

(雷电巨响……)

声音的震撼力，并不在于音量的高低。

(流水声……鸟鸣声……)

而在于它是否真实、自然、长久地感动了您。

(帕瓦罗蒂"我的太阳"前奏)

美国舒尔麦克风的名字，代表着纯粹自然的原音效果和异乎寻常的优质与耐用。

这就是为什么世界优秀的表演艺术家及专业音响人士信赖舒尔产品长达 70 多年之久的缘故。

(帕瓦罗蒂原唱)

美国舒尔麦克风，崇尚科技，追求自然。

在乎您的感受。

(爆炸声……)

这种广播广告的优点在于解说者采用全知视角，对产品或企业进行详细自由的介绍。但是缺点也非常明显，沉闷、单调，容易让受众产生厌倦情绪。广播中增加的简单音乐、音响效果，使原本沉闷的有声语言有了一丝生气。

2. 对话式

设定两个或两个以上人物，通过人物对话传达信息。一般情况下，由男女各饰一个与广告产品相关的角色，形成一种象征买卖、同伴、邻居、同事之类的关系，在这些特定关系中，展开对广告信息的诉求。运用这种形式，广播广告文案要体现特定的场景、人物性格，在对话中营造不同的气氛。因此，在多数情况下对话式广告一般采用生活小品的方式实现。

例如，辽宁广播电台为西门子助听器做的广播广告：

老太太：(大声说)老头子，走啊，遛弯儿去。

唉，别忘了，把儿子刚给你买的西门子助听器戴上——

(敲门声)

老太太：呦，刚子，啥事儿？

刚　子：大婶，我要告大叔状。

老太太：小声点儿。

刚子：大叔不是耳背嘛。就昨天，我家狗窜到你家花园里撒了泡尿，大叔就追着狗打——

老头子：(抢说)臭小子，你那狗把我刚栽的花都踩坏了，你咋不说呢？

刚子：(惊讶)你，你听见了——？

老头子：(得意)我戴着西门子助听器呢，最新款的，隐秘型的，怎么样？

刚子：(不好意思)嘿嘿，就当我没来，Bye-Bye。

(老两口笑)

旁白：西门子助听器，为生活添乐趣。

这则对话式广告中老太太、老头子和刚子三个人像是在插科打诨，其实正是该对话广告的成功之处。广播广告文案写作者正是为了展现生活中耳背老人在实际沟通中的不便和尴尬，才设计了这样一段对白，听起来生动有趣。因此，我们说采用对话式广播广告文案，可以活跃气氛，增强情境性，但绝对不能将对话式广告简单地理解成由一个人向另一个人介绍产品。好的对话式广告，应该根据创意，设定生动的人物形象、有趣的对话情境和对话内容。此外，精心塑造人物的声音形象也很重要。

3. 戏剧式

广播广告运用一定的故事情节或矛盾冲突来表现广告内容，传递产品或品牌信息。这种表现形式赋予广告生活气息，避免简单说教。通过设置一种工作环境，创造一种家庭气氛，营造一个亲朋好友见面现场，或制造一个事故现场，随着故事情节的发展，使听众自然而然地接受广告内容。

如美国《时代周刊》的广播广告文案：

——对不起，先生，半夜三更您在这儿干什么？

——看见您太高兴了，警官先生。

——我问您在这儿干什么？

——我住得不远，那边，第四栋楼……门口正在修路。

——先生，别废话了，请回答我您在这儿干什么！

——唉，别提了。我本来已经上床睡觉了，可是突然想起来白天忘了买本《时代周刊》看了。

——您穿的这是什么？

——衣服，睡衣呀！走的时候太慌张了。我老婆的睡衣。很可笑吧？

——上车，我送你回去。

——不行，没本《时代周刊》我睡不着，躺在床上看看"电影评论""现代生活掠影"这些栏目……

——好了，好了！快点吧，先生！

——我试着看过其他杂志，都不合胃口。您知道《时代周刊》发行情况一直上升吗？

——不知道，我知道罪案的情况。(汽车发动声)

——像我这样的《时代周刊》读者多得很，比如温斯顿·丘吉尔，你呢？快快，不好了，快停车，你总不能看着我穿我老婆的睡衣就把我送到警察局去吧？

——你到家了，下车吧。(停车声)

主持人：《时代周刊》，逸闻趣谈。

买一本，度过良宵。

看一遍，安然入眠。

这则广告通过一位由于没有买到《时代周刊》而失眠的先生，遇到一位警察因为一系列误会而产生的对话，再现了当时的场景。通过幽默风趣的故事情节，加深了听众对《时代周刊》的印象。

4. 歌唱式

广播广告文案以歌词形式出现，谱上乐曲，由歌唱者演唱的广播广告形式。这也是人们常说的广告歌，是广播广告中常用的一种形式。

由于广告歌好听，讲究旋律美，容易记容易流传，能形成较好的口头传播效果，加深听众对产品的印象，获得更好的广告效益。广告歌曲制作的目的在于传达广告内容，使其流行,在流行中宣传广告主题,实现鼓动消费,宣传品牌,提高知名度。要想使歌曲流行,旋律必须简单,广告内容也相对要简单,容易跟唱,因为没有人会一本正经地学习广告歌,只会在无意中跟着哼唱。特别是儿童受众,他们对歌曲较敏感,对简单的事物喜欢模仿,所以儿童喜欢跟着唱的广告歌曲,比较容易流行。

例如,美好时光海苔的广播广告,将大家熟悉的歌曲《吉祥三宝》文字进行改编,与海苔结合形成新的广告歌。

女儿:妈妈,什么香香脆脆是我最爱?

妈妈:美好时光海苔。

女儿:什么让我健康快乐成长?

爸爸:美好时光海苔。

女儿:什么开心相伴共度分享?

爸爸妈妈:美好时光海苔。

我们三个就是幸福快乐的一家。

美好时光海苔,好营养,更香脆。

女儿:海苔,我要美好时光。

5. 相声体

相声是中国老百姓喜闻乐见的一种曲艺形式。广播广告中经常可以看到这种形式,演员运用误会、巧合等手法,将广告信息传递给听众,听众在欣赏文艺节目的同时,接受广告信息。

例如,飞碟松下洗衣机的广播广告。

各位观众,现在请您欣赏一段相声。

甲:我爱你呀我爱你。

乙:你爱我?

甲:我的生活离不开你。

乙:爱得还挺深。

甲:我爱你的美丽肤色如嫩芽绿。

乙:我都绿了?

甲:呵,这是国际型的!

乙:咦?我还是国际型的!

甲:我爱你强壮的体魄。

乙:我身体结实。

甲：因为你是日本进口材料做的。

乙：那当然是了——我呀？

甲：我爱你技术先进品质卓越。

乙：咱是新的姿态，新的突破。

甲：我爱你干活利索，衣服洗得最干净。

乙：我洗衣服最拿手。

甲：我爱你肚量大、讲信誉，从不和别人胡缠。

乙：都说我这点好。

甲：省里夸你，部里赞你，全国人民都爱你。

乙：我是人见人爱。

甲：跟你在一起，我永无后顾之忧。

乙：你放心，咱绝不变心！

甲：啊，我最理想、最可爱……

乙：什么呀？

甲：飞碟松下……

乙：是洗衣机呀！

6. 诗歌式

广播广告文案以诗歌朗诵并配上音乐的方式进行广告宣传。这种形式中诗歌就是广告的主要内容，音乐起烘托气氛的作用。播音员以深情的语言将广告信息传递给听众，感染力非常强，制作起来也非常简单。诗歌讲究押韵、读起来朗朗上口，在给人美的感受的同时，容易让人记住广告内容。

例如，淄博人民广播电台斌柔羊绒服饰的广播广告。

与她的邂逅是在一个冬雪纷纷的清晨——

她婉约有致的外表

深深吸引了我的目光——

后来得知，她有一个美丽的名字——斌柔

与她的邂逅是在一个冬雪纷纷的清晨——

她真诚朴实的内涵

深深打动了我的心——

后来得知，她有一个体贴的名字——斌柔

斌柔羊绒服饰——

量身打造　合身更合心

斌柔羊绒服饰

广播广告的表现形式非常多，还有讨论式、评书式、访问式、样板式、故事式等。

三、广播广告文案的语言要求

广播广告就是利用声音传递广告信息。用声音传递信息的优点在于真实生动，更富有想象力。一般来说，语言较之文字更容易表达感情，更容易让人们展开想象的翅膀。声音传播也存在缺陷，有声无形，稍纵即逝，无法查存。因此，广播广告文案写作必须要了解广告语言的特点，扬长避短，发挥有声语言的独特功能和特有的媒介优势。具体而言，广播广告文案有声语言的使用需要注意以下几个问题。

1．词汇

1) 多用口语化词汇

广告文案撰写者在进行文案写作时，要时刻提醒自己撰写的文案最终与受众接触的形式有差异。广播受众接收信息是以听的方式，而不是看的方式。因此，广播广告文案要尽可能口语化，用通俗、简洁、易懂的词汇，好读、不拗口、不难懂，要避免使用书面词汇、文言词汇或生僻词汇。例如，上海人民广播电视台"中华牙膏"的广告：

早上好，听众朋友！起床以后，您刷牙了吗？用的是什么牙膏？

告诉你，中华牙膏有果香的浪漫，用了以后会有清新的感觉。

您试试看！

这则广告因为口语化，让听众清楚明白地接收信息，亲切自然，传播效果良好。

有这么一则广告："××企业商标将于不日进行公开拍卖"，如果是在报刊上出现，应该容易理解，即使不理解也可以查询。但是如果刊播在广播中，"不日"一词一闪而过，在听众注意力并不非常集中的情况下，很难让人理解其中的意思。因此，在广播广告中尽可能少用难以理解的书面词汇或文言词汇。

广播广告文案使用严肃语体的情况较少，绝大部分情况下都要求采用口语化词汇。但是要注意，这里所说的口语化词汇，不是将听众日常生活中自然形态的口语原封不动地搬入广告中，而应该对这些口语进行加工提炼，使其符合媒介刊播要求。

2) 多用双音节词

现代汉语中双音节词汇越来越多，但是仍然存在较多单音节词，而单音节词被混淆的可能性很大。例如，"风、锋、封、疯"读音相同，单个字容易听混淆，最好改成双音节词，如"风格、锋利、封闭、疯狂"，这样就清楚明白了。

其次，为了避免误会，还可以加减音节。例如，"石油"容易与"食油"混淆，这里的"食油"就应该增加音节改为"食用油"；"致癌"容易与"治癌"混淆，可以将"致癌"增加音节改为"导致癌症"，将"治癌"改为"治疗癌症"；等等。

3) 避免使用不通用的简称

广播广告按时间收费，有的文案写作者为了少花钱，使用简称，想尽量省去几个字。但是要注意的是有的固定词组是不能缩减的，特别是在广播广告中，对简称要有选择性地使用。因为，许多书面词汇的简称，可通过上下文看懂意思，但是在广播广告中，听众只闻其声，不见其字，容易造成误会，产生歧义，不知所云。

在实际生活中，有的简称是生造出来的，既不符合构词规则，意思也不明确，听上去特别扭，说着拗口。例如，我们生活中有"塑料鞋"一说，如果将其简化为"塑鞋"，放在广播广告中就让听众不知所云；又如，"联想长寿硒鼓激打隆重上市"(激光打印机)，看的人都可能无法理解什么意思，更何况听者。

4) 不用生造的词汇和乱拆合成词

在词汇发展过程中，为了适应社会生活和广泛交流的需要，在不同时期都会创造许多新词。新词的创造大大丰富了现代汉语的词汇，特别是网络的发展使得语言文字的创新有了更大的突破。但是新词必须符合词汇规范化的原则，一些书面语中出现的任意拼合词不符合词汇规范，在社会上没有使用开来，如"头额、致送、恩谢"等，在广播广告中更不应该使用，否则会让听众云里雾里，弄不明白。

5) 少用代词

广播广告文案与平面广告文案不同，平面广告文案在提到商品名称时可以用代词代替，但是在广播广告中，广告信息随时间的流逝而消失，无法回头查询，因此，广播广告文案在提及产品名称时，要尽量用全称，而不能用代词指代。假如有这样一个广播广告文案：

儿童A：我喜欢吃××牌海苔。

儿童B：我也喜欢吃这种海苔。

儿童C：我特别喜欢吃这种海苔。

儿童D：我最喜欢吃这种海苔。

如果听众打开收音机，刚好从儿童B处收听信息，那么一定会非常奇怪，到底孩子们爱吃的是什么海苔。因此，最好将其中的代词"这种"改为具体的"××牌海苔"。如此，即使听众没有从儿童A听起，还是能知道孩子们喜欢吃的是什么牌子的海苔。

6) 恰当使用语气词

语气词虽然不能做句子的成分，只表示疑问、感叹或陈述等语气，但是能增强句子的表达效果。在以语言为主要表达方式的广播广告中,可以适当使用语气词,增加广播广告的生活感。如"呢""吧""哇""吗""啦""啊"等都可以用在广播广告中。总之,运用语气词能增强广告的感染力,使人如闻其声、如见其人,备感亲切、随和、自然,能拉近产品与消费者的距离。

2. 语音的使用

1) 防止同音词、近音词造成误解

有一个企业叫"武汉健民",该企业在广播中投放了一段时间的广告后,众多武汉人民反对该企业在广播中进行广告播放,因为"健民"和"贱民"是同音,在声音传播中容易造成误听。

现代汉语中存在许多同音异义的词,容易造成信息传递障碍。广播广告依靠有声语言传递信息,听众在接受广告信息时,主要依靠耳朵听,而不是眼睛看,因此在文案写作时要考虑同音词或近音词的混淆问题,如"致癌—治癌""著名—注明""切忌—切记"等。在撰写广播广告文案时,一定要记住受众不是看广告,而是听广告,不要用同音词或近音词,如果实在无法避免,也要用语言手段将之区别。例如,可以将"产品全部合格"(可能产生歧义"产品全不合格")改为"产品全都合格"。

2) 选择声音响亮的字、词

听众收听广告的随意性很大,为了能使听众听清楚,广播广告语言要尽量选择开口大,发音响亮的字,使传播的声音清晰明朗,洪亮悦耳。

从语音的四个声调阴平、阳平、上声、去声来看,汉字的四声与字音的高低、长短、强弱有直接关系。平声字(包括阴平和阳平)一般念起来较响亮,声音绵长,好比敲钟击鼓,声音传得远;仄声字(包括上声和去声)念起来短促,一发即停,没有余音,即使使劲,声音也拉不长,传不远,所以没有平声字那么强烈。

广播广告中运用一些模拟物体声音的象声词,能给听众带来身临其境的感受,同时也有助于广播广告的音乐美。例如:"噼里啪啦、噼里啪啦,电子灭蚊器进万家。"广告仿佛让听众看到了电子灭蚊器的神奇效果。

叠音词的使用能使广告语言更具有声韵美。在广播广告中,适当运用叠音词,既可突出广告词语的意义,加强对事物形象的描写,也容易让听众留下深刻的印象,如"晶晶亮,透心凉""大宝明天见,大宝天天见"等。

3. 句式的使用

1) 少用书面句式

在短暂的广播广告收听中，听众不会花太多时间去猜测难懂的语言。因此，广播广告一定要口语化，不能太书面化。书面语更多地讲究句子的锤炼，通过阅读实现其广告效果；口语则是说着顺口，听着顺耳，通过听实现广告效果。这就要求广播广告句式要简短，开门见山，直截了当，让听众清楚明白广告信息，容易记忆。

有许多口号化的广告语言既有利于传播，又有利于记忆。例如，"今年你喝了吗""妈妈我要喝……""大家好，才是真的好"等，简单、口语化，容易给听众留下深刻印象而成为家喻户晓的广告。

2) 少用长句

语言中有长句式和短句式。长句可以上百字，短句可以只有一两个字。长句一般附加成分和并列成分较多，结构复杂，信息量大。短句附加成分和并列成分较少，结构简单，简短明快。句子过长，语法关系不容易表达清楚，说、写、听都有一定的困难。因此，一般情况下，多用短句，表达效果会更好些。

3) 不用倒装句

在广播广告中使用倒装句，会使受众听起来不习惯。因此，不能要求听众去理解没有按常用语序表达的意思。例如：

省钱、省力、省时、收效好，这是××产品的四大优点。

产品、质量提高的问题，我们公司认真讨论了好几次。

这些句子采用倒装的方式，不符合人们说话和思维的习惯，不便于听众明确掌握语意。

【课堂演练】

1. 广播广告的特点是什么？

2. 试分析以下广播广告文案存在哪些问题，根据广播广告的语言要求进行修改。

荣获 1987 年中国旅游视频展评会之天马奖，连年获"省优""部优"，1991 年又被农业部授予"绿色食品"美称的广东潮州市佳味食品厂生产的佳宝系列凉果是美味小食品。

任务7 电视广告文案写作

【教学准备】

1. 具有互联网环境的实训教室。

2. 指定可链接的网页。

(1) 中国大学生广告艺术节学院奖(http://www.xueyuanjiang.cn/)。

(2) 第七届全国大学生广告艺术大赛(http://www.sun-ada.net/)。

(3) 南方黑芝麻糊网(http://www.nanfangfood.com/)。

(4) 快克品牌活动网(http://www.quike.cn/)。

【案例导入】

南方黑芝麻糊电视广告脚本

镜头一：(遥远的年代)麻石小巷，天色近晚。一对挑担的母女向幽静陌巷走去。(画外音，叫卖声)："黑芝麻糊哎——"(音乐起)。

镜头二：深宅大院门前，一小男孩用力扒开粗沉的弄堂，挤出门来，深吸飘来的香气。(画外音，男声)："小时候，一听见黑芝麻糊的叫卖声，我就再也坐不住了……"

镜头三：担挑的一头，小姑娘头也不抬地用瓦钵研芝麻。另一头，卖芝麻糊的大嫂热情地照顾食客。

镜头四：(叠画)大锅里，浓稠的芝麻糊不断地滚腾。

镜头五：小男孩搓住小手，神情迫不及待。

镜头六：大铜勺被提得老高，往碗里倒注芝麻糊。

镜头七：(叠画)小男孩埋头猛吃，大碗几乎盖住了脸庞。

镜头八：研芝麻的小姑娘投去别致的目光。

镜头九：几名过路食客美美地吃，大嫂周边热气腾腾。

镜头十：在大人背后，小男孩大模大样地将碗舔得干干净净(特写)。

镜头十一：小姑娘捂嘴讪笑起来。

镜头十二：大嫂爱怜地给小男孩添上一勺芝麻糊，悄悄地抹去他脸上的残糊。

镜头十三：小男孩默默地抬起头来，目光里似羞涩、似感激、似怀想……

镜头十四：(叠画)一阵烟雾擦过，字幕出(特写)："一股浓香，一缕温暖。"

(画外音，男声)："一股浓香，一缕温暖，南方黑芝麻糊。"

镜头十五：(叠画)产品标版。

镜头十六：推出字幕(特写)：南方黑芝麻糊 广西南方儿童食品厂。

【知识嵌入】

电视媒体具有覆盖面广、声画合一、感染力强等特点，因此备受广告主青睐。电视广告的文字表述即电视广告文案，类似电影(电视剧)中的剧本。在电影或电视剧中，如果没有好的剧本，是很难拍出好的电影或电视剧的。同样的道理，如果没有好的电视广告文案，也是很难拍出好的电视广告的。因此，电视广告文案写作是创作和制作电视广告的一个基本的、重要的环节。

一、电视广告文案的构成要素

电视广告的构成要素比广播丰富得多，除了声音之外，还有画面和时间两大要素。

1. 画面

电视荧屏上的图像。它作用于视觉，是电视广告信息传递的重要工具和手段。画面的诉求力很强，接近现实，直观、简洁、生动形象地传达广告信息，使人一目了然，更易于被人接受。例如，表现一种产品的外形、特性、功能等，给人以可信的感觉。

2. 声音

画面是电视广告的主要信息渠道，声音对画面进行补充说明。声音在电视广告中具有画面没有的优势。

1) 声音具有流动性

声音不受时间限制，具有流动性的特点。受众不必像画面那样一动不动地盯着屏幕，即使视线脱离画面，声音仍然能传递到受众耳朵里。此时，电视中具有表现力的声音，可以将受众视线拉回屏幕中去。

2) 易于模仿，便于信息传播

声音信息不像画面那样难以描述，它可以准确地、直接地被关注接受，并易于模仿，便于信息传播。例如，大家熟悉的脑白金广告有不同的广告画面形态，但是人们在交流广告时，一般都会提到"今年过节不收礼，收礼只收脑白金"。

在电视广告中，声音的表现形式有两种：写实音和写意音。

(1) 写实音是指能从广告画面中交代出声源所发出的声音，包括播音员的旁白、剧中人物的台词、音乐和音响以及背景音等。

(2) 写意音是指完全脱离写实意义的声音，不在意说什么，而是力求创造一种形象、一种意境或一种情趣，从而引发人们的丰富联想和美好的情感。

3. 时间

时间是电视广告的构成要素之一，因为时间直接影响着受众对电视广告信息的认知程度。一般而言，人们需要1秒以上才能看清楚一个画面，如果少于1秒钟，就很难留下记忆。因此，电视广告的中心画面不能少于1秒钟。

电视广告一般由15秒、30秒、45秒和60秒之分，片长最好不要超过60秒。15秒的电视广告，没有时间进行情节叙述和开展，只能起到提醒作用。如果没有30秒以上的电视广告作为前导，一般不会产生很好的效果。30秒的广告在电视中运用较多，它可以表达一个简单的主题，宣传一种产品。40秒和45秒的电视广告也只能表达一个主题，但是在质感和记忆上有时间的深化和巩固。60秒的电视广告能传达两个主题，可诉求两种商品。调查发现，60秒和30秒的电视广告，传播效果差不多。因此，在实际运作中，常常将60秒的广告制作成两个30秒的广告片接连播出。电视广告最好不要超过100秒；否则，传播效果将适得其反。

二、电视广告文案写作格式

电视广告拍摄前都需要一个脚本，它是文案创作者根据广告创意写成的工作台本，也就是将设想的广告屏幕形象用文字表述出来，类似电影和电视剧的脚本。脚本是对文案的扩充，是将广告语言(包括画外音、人物语言和字母)、画面、音乐结合为一体的文字体现，是文案作品的成品，也是拍摄、制作人员工作时的依据。常用的电视广告脚本有以下几种格式。

1. 分栏式

分栏式也称为创意脚本格式，它分为两栏式、图示三栏式和简易三栏式。

1) 两栏式

这种格式是将画面部分和声音部分分开写，中间用一条竖线隔开，图像和声音各占一半，或图像占2/3，声音占1/3。这种格式的优点是撰写简单，但不够详细，会给拍摄带来一定的困难。

例如，丽珠肠乐的电视广告文案《办公室篇》，见表3-1。

表 3-1　丽珠肠乐的电视广告文案《办公室篇》

画　面	声　音
1.随着人群往会议室涌动，行销部经理肩膀被办公室主任撞了一下。 抬眼一看，正遇见办公室主任。	办公室主任小声说："今儿当心点儿。"
2.总经理在会议室召开各部门经理会议，表情严峻。	总经理：最近的销售情况愈发不理想……
3.行销部经理神情紧张，眼珠滴溜溜乱转。	
4.行销部经理突作腹痛状，抱住腹部欲起身离席。	总经理的画外音响起："现在各部门经理总结一下这个月的工作情况！行销部……开始吧！"
5.大家目光一齐转向行销部经理。 行销部经理很窘的样子。	行销部经理："……对不起，实在抱歉，肠胃最近有点儿不舒服，先方便一下。"
6.各经理面面相觑，低下头欲乐又不敢出声。总经理欲发火又无奈的样子，挥挥手令他速去。	会议室嗡嗡声乍起，秩序混乱。
7.半小时后。 会议室大门重新打开。开完会的各经理交头接耳地轮流着走出。 最后是垂头丧气的行销部经理，不断地擦着热汗和冷汗，狼狈不堪。	
8.一只手托着的药盒送到眼前。然后感到肩膀被拍了一下。回头看去却是办公室主任。	办公室主任："好好恢复，尽快扭转被动局面！"
9.行销部经理目送着远去的办公室主任的背影。低头看到手上赫然"丽珠肠乐"的药盒。	
10.	结束语："人间冷暖，丽珠肠乐。"

2）图示三栏式

图示三栏式是将脚本分为三栏：画面视图、画面说明、解说(音乐或音响)。这种方式形象直观，一目了然，方便拍摄，方便制作人员理解创作意图，但是对创作人员要求较高，没有绘画功底的人无法运用。

例如，快克的电视广告脚本《梦游降魔记》，见表3-2。

表 3-2　快克的电视广告脚本《梦游降魔记》(图示三栏式)

画面图示	画面说明	解　说
	1.小孩发烧躺在床上，表情痛苦	呜呜呜……

续表

画面图示	画面说明	解 说
	2.小孩梦到小熊超人与感冒坏蛋做斗争	嘿……哈
	3.感冒坏蛋逃跑	啊……逃命啊……
	4.小熊超人胜利	我是快克小熊
	5.小孩伸懒腰,对妈妈撒娇	妈妈
	6.快克小熊标志	绿时代,快到来

3) 简易三栏式

简易三栏式是在图示三栏式的基础上简化而成,优点在于方便、简单、容易掌握。例如,将上面快克的电视广告脚本《梦游降魔记》创作成简易三栏式见表3-3。

表3-3 快克的电视广告脚本《梦游降魔记》(简易三栏式)

画 面	音乐(音响)	解说词
1.小孩发烧躺在床上,表情痛苦	无	呜呜呜……
2.小孩梦到小熊超人与感冒坏蛋做斗争	无	嘿……哈
3.感冒坏蛋逃跑	无	啊……逃命啊……
4.小熊超人胜利	无	我是快克小熊
5.小孩伸懒腰,跟妈妈撒娇	无	妈妈
6.快克小熊标志	无	绿时代,快到来 快克药业

2. 不分栏式

不分栏式不写拍摄提示,给拍摄和制作人员创作空间。例如,香港地铁的一则电视广告脚本为:

(小和尚)师父,是时候了。

(小和尚)噢,师父……

(老和尚)前路看得通,何故要匆匆?

(小和尚)时辰刚刚好耶,师父……

(老和尚 画外音)心中有数,搭地下铁路,说着说着就到了。

(字幕 广告语)搭地下铁路,说着说着就到了。

(小和尚)师父,要放生的那只龟,还未到耶……

3. 电影分镜头脚本式

电影分镜头脚本式是在电影分镜头脚本的基础上改进而成,形式更加紧凑,将镜头、镜位、摄法、画面、音乐、音效、画外音、片长等要素都进行了详细表现。优点在于非常详细,更加集中、简练,同时有拍摄提示,制作人员容易掌握,但对文案人员要求很高,写作起来难度很大。例如,快克的电视广告脚本《拯救地球》见表3-4。

表3-4 快克的电视广告脚本《拯救地球》

镜头	画 面	景别	时间	内　容	音　乐	唱　词
1		远景	2s	工厂的污染	低沉的	无
2		远景	2s	河水的污染	低沉的	无
3		远景	2s	垃圾的污染	低沉的	无
4		远景	1s	地球愤怒了	无	啊……
5		远景	2s	地震了	低沉的	无

续表

镜头	画面	景别	时间	内容	音乐	唱词
6		全景	3s	快克超人来了	激昂的	无
7		全景	4s	超人拯救了人类	激昂的	保护环境，保卫地球
8		远景	2s	城市恢复了生机	温柔的	无
9		全景	2s	小孩伸懒腰，对妈妈说撒娇	无	绿时代 快到来。快克药业

4. 故事版

电视广告故事版，就是将电视广告创意、脚本图像化，使之成为一幅一幅的可视图片。故事版可以说是电视广告的雏形，将之付诸拍摄、播映，便成为电视广告。

三、电视广告文案写作要求

1. 声画结合

电视是声音和画面相结合的艺术，电视广告则是声画结合的产物。因此，电视广告应以画面的运动构成视觉冲击，声音必须与画面紧密配合，二者相得益彰。创作电视广告文案特别要注意声画结合，最忌"声画两张皮"。

2. 符合观众的听觉要求

电视广告中的语言，包括画外音、独白、对白、音乐和音响，都要诉诸受众听觉，符合观众的听觉习惯。电视广告文案语言要求通俗易懂，简洁明快，让观众易于接受。例如，蓝天六必治的广告"牙好，胃口就好，身体倍棒，吃嘛嘛香"，给人亲切平易的感觉，观众听起来没有任何障碍。

3. 吸引并留住观众目光

电视媒体播出大量节目，很多观众反感广告。当电视屏幕上出现广告时，有的观众便起身做别的事情，或换频道，甚至关机。于是，怎样让观众饶有兴趣地看广告，就成了电视广告的一个重要任务。电视广告要想留住观众，必须有震撼力、有创新、有悬念。例如，皇爷公司的雄赳赳槟榔广告：

实验室中研究员："让我们来做个试验，好槟榔就是这样，好男人就是这样，当好槟榔遇见好男人。"

将槟榔送到王宝强口里。

王宝强的表情(特写)变得兴奋起来，饶有兴趣地大嚼该槟榔。

结尾"未完待续"。

好槟榔到底有什么标准？好男人又是怎样的？当好槟榔遇到好男人会怎么样呢？广告中的实验要证明一个什么问题？广告借助王宝强憨厚的形象增加了受众对该广告的关注，故事悬念丛生，引发无数的猜想，余味无穷。

4. 想着广告效果，促成购买

任何广告的最终目标都是促成消费者对产品的购买，电视广告也不例外。要实现这一目标，文案创作者应该抓住目标消费者的消费心理，强化观众心目中的产品形象，针对不同消费者，根据区域、消费特点，做到"有的放矢"，调动他们的购买欲望。

四、电视广告文案写作技巧

1. 虚拟现实

电视广告长文案写作中，要发挥作者的想象力，模拟虚幻的场景、人物进行文案创作。这里的模拟对象有以下三个。

1) 广告人物

进行换位思考，模拟广告中的人物，设身处地地替广告中的人物想、替广告中的人物做。这样创作的文案才能增强广告的真实性。因此，要求广告文案撰写者有丰富的阅历，熟悉社会中的各种人物；否则，文案可能会四不像。文案完成后最好请与广告人物类似的消费者看一看，以求得与现实生活相贴近。

2) 目标消费者

电视广告文案的创作者时刻要将自己想象成目标消费者,考虑如果自己是目标消费者,会不会被广告内容所吸引,看了广告后会不会被打动,从而去购买,或者对该品牌产生一定的印象和好感。要想成功地将自己想象成目标消费者,可以在文案写作之前,多对消费者进行了解,文案完成后请部分消费者看一看,并提出修改意见。

3) 广告环境

广告文案创作者应该要一边撰写文案,一边设身处地地想象出电视广告画面中的场景。头脑中要能浮现出活动的、连续的画面环境,文案的结构也将随画面的发展而自然呈现。

2. 巧用对比

对比是将两个不同的事物或同一事物的两个方面对立地放在一起比较,加大二者的反差,使形象更加鲜明。在电视广告文案写作中,对比的运用主要体现在文案的结构布局上,通过物与物、现在与过去、使用前与使用后的情形对比,将广告产品的特点凸显出来。

3. 设置悬念

电视广告为了吸引受众注意,可设置一系列悬念,以激发观众的兴趣。这种悬念的设置,大多采用提出问题、解决问题的方式来展示产品魅力,如获得戛纳广告节银奖的一则日本广告《奔跑的女人》。广告首先是一名男子送给少女一块手表,说:"生日快乐!打开看看,一定适合你。怎么样,满意吧?以后,我们将一起度过很多美好时光。"少女看了表后拔腿就跑。广告从开头就设置悬念,让人想知道,为什么少女拿到手表看了表后突然跑了。但是,在悬念设置过程中,一定要注意以下几个问题。

(1) 要让受众始终悬着一颗心,直到最后点明主题。

(2) 悬念设置要合情合理,契合产品特征。悬念的设置要合情合理,自然地与产品特征相契合。如果问题太小,观众根本不觉得是问题,吸引不住观众;如果问题过于夸大,观众觉得太离谱,言过其实,有被欺骗的感觉,进而对广告真实性产生怀疑。

(3) 悬念设置要符合生活真实。悬念的设置必须符合生活真实,不能超出观众的生活经验和想象空间,最好能和受众的生活息息相关,解决他们的困扰和烦恼,只有这样,才能让观众与产品产生共鸣。

4. 新颖别致

新颖别致可以从角度、声画结合、人物等方面考虑。

1) 角度新颖

广告要诉诸关注的是客观存在的产品,从不同角度进行思考,打破常规,就会有全新的感受。例如，伯恩巴特为大众汽车创作的广告《遗嘱》，角度就十分新颖别致。

解说：迎面驶来的是一个豪华型轿车送葬车队，每辆车的乘客都是以下遗嘱的受益人。

男声旁白：我，麦克斯威尔·E.斯耐弗列，趁自己尚健在清醒时发布以下遗嘱：

给我那花钱如流水的妻子留下 100 美元和日历；我的儿子罗德内和维克多把我给的每个 5 分币都花在了时髦车和放荡女人身上，我给他们留下 50 美元的 5 分币；我的生意合伙人朱尔斯的座右铭是"花！花！花！"，我什么也"不给！不给！不给！"我的其他朋友和亲属从未理解 1 美元的价值，我就留给他们 1 美元；最后是我的哈罗德。他常说："省一分钱等于挣一分钱。"他还说："麦克斯叔叔，买一辆大众车肯定很值。"我呀，把我所有的 1000 亿美元财产留给他。

2) 声画结合的新颖

声音和画面结合也能制造出出人意料的效果，给人新鲜感。例如，一则国外电视广告：老太太在摇椅中，随着摇椅一上一下，传出"嘎吱嘎吱"的声音，观众以为是摇椅松动的声音，老太太停下来，在关节处擦上一点药水，嘎吱声消失了。此时，观众会惊喜地发现这种药水的神奇功效，给人新颖别致的感受。

3) 人物新颖

打破常规，让新的人物从新的角度来表现。例如，长筒丝袜一般选择女性进行产品宣传，但在美国一则电视广告中，一位男著名棒球运动员进行着产品宣传，人物新颖，让人感受到反常规的魅力。

【课堂演练】

1. 电视广告文案写作有哪几种格式？请举例说明。

2. 请根据任务 2 中的课堂演练 2 的资料，撰写一则电视广告文案。要求：

(1) 采用分栏式格式。

(2) 时间 30 秒。

(3) 主题明确，能起到促销产品的作用。

任务 8 新媒体广告文案写作

【教学准备】

1. 具有互联网环境的实训教室。

2. 指定可链接的网页。

(1) 中国大学生广告艺术节学院奖(http://www.xueyuanjiang.cn/)。

(2) 第七届全国大学生广告艺术大赛(http://www.sun-ada.net/)。

(3) 凡客诚品网(http://www.vancl.com/？source=like2014vancl&sourcesuninfo=ad-0-4-0-0-1)。

(4) 网易(http://www.163.com/)。

【案例导入】

凡客诚品网站广告走红

2010 年 7 月凡客诚品(VANCL)邀请了青年作家韩寒和青年偶像王珞丹出任形象代言人，一系列广告也铺天盖地地出现在公众的视野。该广告系列意在戏谑主流文化，彰显该品牌的自我路线和个性形象，然其另类手法也招致不少网友围观，网络上出现了大批恶搞"凡客体"的帖子。

1. 凡客广告(韩寒版)：

爱网络，爱自由，

爱晚起，爱夜间大排档，爱赛车；

也爱 59 元的帆布鞋，我不是什么旗手，

不是谁的代言，我是韩寒，

我只代表我自己。

我和你一样，我是凡客。

2. 凡客广告(王珞丹版)：

我爱表演，不爱扮演；

我爱奋斗，也爱享受生活；

我爱漂亮衣服，更爱打折标签；

不是米莱，不是钱小样，不是大明星，我是王珞丹，

我没什么特别，我很特别；

我和别人不一样，我和你一样，我是凡客。

【知识嵌入】

一、网络广告文案的特征

网络的最大特性是交互性和多媒体性。进入网络世界，看到的是由画面、声音和文字

共同组合而成的五彩斑斓的世界。在这一点上，它给广告人提供了无限创意的空间，既可以选择一般印刷媒体所采用的图文混编的模式，也可以采用动画演示像电视媒体一样通过生动的画面来吸引受众，加入音乐，将受众的听觉积极调动起来。

1. 交互性

互联网是建立在无数台个人计算机连接的基础上的，能多层次、多方面地将信息发布整合，创造出一种新兴的传播媒体形式。同时，广告主可以随时获得用户的反馈信息，建立完整的客户资料。网民不再只是被动地接受广告，而可以有选择性地接受或对之做出反应。

2. 及时性

广告发布的及时性是广告主最为关注的问题，可能直接影响着产品的销售情况。相对于印刷媒体、电视和广播来说，网络具有自由链接的特性，这使得互联网几乎成为一个没有任何界限的广告发布媒体。受众可以在第一时间了解产品广告内容，并做出相应的反馈。

3. 效果可测量性

与传统的媒介广告到达率相比较，网络媒体上的广告效果测量要简单得多。受众对某一条网络广告的点击率，以及在点击后的实际购买率，包括受众查阅信息的分布范围和时间等，都可以通过网络服务器查询。实际上，网络广告最为关注的就是点击率，这是网络广告文案写作要考虑的重要因素。

4. 无限制性

与传统印刷媒体和电波媒体相比较，网络广告不受时间和空间的限制。例如，北京的读者不能看到《广州日报》中的报纸广告，电视广告不能一天 24 小时不停地播放。但是，在网络中，这些都已经不再是问题，不管在何时何地，打开相同的网页，网络广告都能在受众面前及时出现，并反复出现。

二、网络广告文案的形式

网络广告最早的形式是网页本身，当越来越多的商业网站出现后，怎样让网民知道自己的网站就成了一个问题。各网站急需一种可以吸引浏览者到自己网站上来的方法，而网络媒体也需要依靠它来盈利。于是出现了网幅广告(Banner)，和传统的印刷广告有点儿类似。但是有限的空间限制了网幅广告的表现，点击率不断下降，目前平均的网幅广告点击率已经不到 1%。面对这种情况，网络广告界发展出了多种更能吸引浏览者的网络广告形式。

1. 网幅广告

网幅广告又称旗帜广告、横幅广告，以 GIF、JPG 等格式建立的图像文件，定位在网页中，大多用来表现广告内容，同时还可使用 Java 等语言使其产生交互性，用 Adobe Snockwave 等插件工具增强其表现力。例如，网易首页中有较多的网幅广告，如图 3-16 所示是斯柯达的广告。

网幅广告是最早的网络广告形式。很多站点应用的网幅广告尺寸大小不一，这是客户和用户双方需求和技术特征的反映。网幅广告又分为静态、动态和交互式三种。

图 3-16　网易中的网幅广告斯柯达汽车广告

1) 静态网幅

静态网幅广告是在网页中显示一幅固定的图片，这是早期的网络广告常用的形式。优点在于制作简单，为众多网站所使用。它的缺点也是显而易见的，在众多新技术制作的网幅广告面前，显得有点儿呆板和枯燥。静态网幅广告比动态和交互式的网幅广告点击率要低很多。

2) 动态网幅

动态网幅广告能运动、移动或闪烁。通常采用 GIF 的格式，把一连串图像连贯起来形成动画。动态网幅广告由 2～20 帧画面组成，通过不同的画面传递给受众更多信息，也可以通过动画运动加深他们的印象。这种广告形式比静态网幅广告点击率高一些，而且制作上相对不是很复杂，尺寸不大，通常在 15K 以下。

3) 交互式网幅

交互式网幅广告形式更多样，采用下拉菜单、游戏、插播式、回答问题、填写表格等进行直接交互，比单纯的点击包含更多的内容。

2. 文本链接广告

文本链接(Text Link)广告是以文字链接为主的广告。在网页上放置可以直接访问到其他站点的链接，通过有吸引力的文字让受众点击链接站点。文本链接广告对浏览者干扰最少，也是最有效的一种网络广告形式。整个网络广告界都在寻找新的宽带广告形式，而有时候最小宽带，这种简单的广告形式效果是最好的。

当然，文本链接广告对浏览者浏览网站的影响非常小，主要采用软性宣传，但是广告通过文字来传达信息，这就要求广告文案创作者在一句话或一个词中传达丰富的广告信息，怎样发挥这句话或这个词的作用就必须有好的创意。

3. 电子邮件广告

电子邮件广告是指通过互联网将广告产品相关信息发到用户电子邮箱的广告形式，具有针对性强、传播面、信息量大等优势，其形式类似于传统的直邮广告。电子邮件广告可以直接发送或搭载发送。比如，通过网民订阅的新闻邮件、电子刊物或免费软件以及软件升级等其他资料一起附带发送。更多的是根据网民用户在网站上注册会员制度，收集网上浏览者的信息，将网站相关促销信息或产品信息连同网站提供的更新信息准确送达会员的电子邮箱中。这种形式的邮件广告容易被接受，具有直接的宣传效应。随着电子邮件的使用越来越普及，电子邮件广告已经成为使用最广的网络广告之一，也是众多电商广告的重要组成部分。

在纷繁的信息表象下每封电子邮件必须有4个关键构成要素：创立网站品牌效应、设计中增加智能控制、建立广告产品服务信息、增加病毒式营销要素。

4. 插播式广告

插播式广告是在一个网站的两个网页出现的空间中插入的网页广告，就像电视节目中出现在两集电视剧中间的广告一样。广告有不同的出现方式，有的出现在浏览器主窗口，有的新开一个小窗口，有的可以创建多个，也有一些是尺寸比较小的、可以快速下载内容的广告。

5. 漂浮广告

漂浮广告是指漂浮在网站首页或各版块、帖子等页面的漂移形式的广告，有的是图片，有的是Flash。网站首页和各版块、帖子等页面都可以进行独立漂浮广告宣传，可以自动适应屏幕分辨率，不被任何网页元素所遮挡，可以支持多个图片漂浮。这种广告更多的是为了宣传网站时采用，在论坛中使用较多。漂浮式广告像不会消失的幽灵，在浏览网页时，它会沿着设计好的路线一直漂移。路线设计不合理的漂浮式广告会分散网民的注意力，影响正常的浏览，还有的广告置于账号登录的入口，必须点击该广告才可以关闭。

6. 富媒体

富媒体广告一般是指网站综合运用了视频、Flash 和 Java 等脚本语言技术制作的视觉效果复杂和具有交互功能的网络广告。富媒体广告尺寸比较大，通过视频或者交互的内容播放可以容纳更多的广告信息，甚至可以让受众不需要点击到网站上即可了解网络广告品牌信息及一些产品的详细内容。富媒体广告自身通过程序语言设计可以实现调查、游戏、竞赛等相对复杂的用户交互功能，可以为网络书店与读者之间搭建一个沟通交流平台。

三、网络广告文案写作注意事项

1. 语言要简洁生动

网络广告凭借互联网媒体的"富媒体"属性，可以呈现出文字广告、视频广告、图片广告、Flash 广告、图文广告等多种形式。文案的展现形式和特点不能一概而论。就互联网的图文广告而言，无论是从展现尺寸还是展现环境来看，互联网广告都面临着更多的挑战。一方面，互联网广告受限于广告尺寸小的问题，展现的内容十分有限；另一方面，互联网广告面临着比传统平面广告更为复杂的展现环境以及受众更低卷入程度的阅读，从而导致了互联网广告在吸引用户注意力上比传统广告更为困难。有研究表明：在网络环境下，用户投入到一则广告上的关注时间平均不超过 2 秒钟。

因此，对互联网广告而言，在复杂的环境、有限的篇幅以及低卷入度的浏览方式下，要尽快吸引用户注意力，最关键的是要简洁精练地传递信息。

1) 简化结构

传统平面广告的文案包括标题、标语、广告正文和随文 4 个部分，但是在网络广告中，考虑到尺寸的限制和更好地展现需求，主文案应该只包含广告标题和广告描述两个部分，其余如品牌名称、联系方式、引导语等均作为辅助文案出现。从重要性来看，广告标题和广告描述是文案中应予以突出的关键信息：尤其是广告标题，承担着吸引消费者注意力的重任；广告描述则负责详细介绍产品和服务信息，在消费者被标题吸引后，及时给予具体信息支持，使受众成为消费者。品牌名称、联系方式、引导语等均属于二级信息，受众不会首先对这些信息产生兴趣，只有在被标题或描述吸引后，才可能进一步了解二级信息。因此，在文案撰写和设计的过程中，二级信息不能喧宾夺主，特别是受到篇幅限制或其他原因与主文案内容发生冲突时，应该让位于主文案。

2) 选最重要的内容

作为文案撰写人员，还需要明确的是广告文案应该表达企业最想传递给受众的信息，且信息量不宜过多。什么都想说的广告最终结果只有一个，就是所有信息都淹没了，导致受众什么信息都没有接收到。网络广告尤其需要注意这一点。当一则广告中传递主题超过 3 条时，无论对于设计上凸显关键信息，还是对于让受众迅速注意和更好地记忆广告都会造成更多的困难。

因此，一则吸引受众注意力的好文案，只需要两句话。一句是标题，用于吸引受众或传递最具竞争力的信息；另一句是描述，详细介绍产品服务信息或传递其他关键信息。

3) 减少不必要的文字

广告文案不同于写文章，要求主谓宾定状补一样不能少。广告语的写作只要通过最精练的语言或最关键的词汇清晰表达出要传递的信息就好。因此，精简文案非常关键的一个环节就是删减广告中不必要的文字，或提炼广告语中最关键的信息。

4) 使用短句式

研究表明，短句比长句更有利于读者对广告的阅读和记忆。在广告文案中，对于相同文字的广告语，有短句的广告文案看起来更短；有对仗句式的广告读起来更朗朗上口，长短句让文案更加短促有力。

2. 注意语言与画面的配合

语言和画面配合是各媒体创作设计中的一个重要问题。语言和画面配合得好，有利于增强广告的宣传效果。配合得不恰当，则会影响广告的信息传递及说服作用。从信息内容上看，语言和画面经常出现两种情况：一种是存在关联性，二者都描述商品或劳务的特点、属性；另一种是无关联性，也就是语言和画面所描述的信息内容截然不同，二者之间没有必然的逻辑关系。

3. 语言风格的适应性

由于网络可以根据不同兴趣爱好，把受众高度细分化，因而在针对目标受众诉求时，注意运用他们所熟悉的语气、词汇，能够增强认同感。网络广告还可以借助热点信息来作为网络广告文案的宣传素材。

4. 语言形式由投放的网站决定

虽然网络无国界，但受众还是会受到语言的限制，因而要根据企业的传播目标选择站点，决定运用何种语言。 不同国籍的受众，其文化背景也不尽相同，对广告文案的表现形式也会有不同的认知，所以应根据受众的文化背景、不同嗜好等来及时调整语言形式。

【课堂演练】

1. 试分析网络广告的特点。
2. 请根据任务 2 中的课堂演练 2 的资料，设计一个网幅广告和文本链接广告。

项目实训——广告文案写作

一、实训名称

广告文案写作。

二、实训目的

1. 能够对给定资料进行分析整理，提炼广告主题。
2. 掌握各种媒体广告的特点。
3. 掌握各种媒体广告文案写作技巧。
4. 能创作不同媒体的广告文案。

三、实训内容

根据下列资料设计一则广告文案。

哈电族 PDA GP1288 产品新品上市告知

广告主：哈电族。

产品介绍：

(1) 超大屏幕分辨率：240×160 点阵/4 灰阶/EL 背光屏幕显示/触摸屏显并具有连笔手写辨识功能。

(2) 采用嵌入式 Linux 开放式操作系统平台，软件可使用资源最丰富。

(3) PIM 个人数据管理系统功能超强，开放性设计，可自行搭配或自我个人设计。

(4) 第一台具有真人发音词典功能之掌上计算机，字库可自行从网站下载。

(5) 各种纪念日及行程安排之提醒，同时具备振动提示 LED 闪灯功能。

(6) 具备飞梭转轮，查选菜单方便快捷。

(7) IRDA 红外线传输功能，通过 PC 连接互联网与手机红外线传输，可收发 E-mail 及短消息。

(8) 与 PC 连接采用 USB 方式，数据传输快速，较一般 PDA 之串口效率快 10 倍。

(9) 32M 大容量之闪存内存，具备移动硬盘功能。

(10) 操作系统采用全中文接口，无须外购中文系统，经济又高效。

(11) 内建强加密硬件设计，软件增值服务的最佳保障。

(12) 专利中文首音查找功能,名片、电话、行程、电子书等数据查询最便利。

(13) 提供应用软件开发之系统工具,程序编程人员最便利之开发利器。

产品定位:IT 及行动生活的最佳伙伴。

广告目标:

(1) 新产品上市告知。

(2) 表现产品特殊的功能特色。

(3) 使目标对象了解此产品之优点,进而产生拥有此产品的渴望。

广告目标对象:

(1) 25~35 岁年轻白领之上班族群,职业设定偏 IT 相关行业,性别偏男性,对科技产品有较强之接受度,生活态度较趋向行动派,对网络应有较多之了解。

(2) 18~25 岁大学高校以上之学生族群,设定偏向电子信息及信息管理等相关科系,性别偏男性,对科技型产品有较强之接受度,生活态度较趋向行动派,对网络应有较多之了解,地区较偏向省会城市及沿海城市。

使用方式/场合/时机:

(1) 轻便可携设计,口袋型,可单手操作。

(2) 随时随地,方便使用,网络与手机应用的最佳伙伴。

品牌形象:年轻,科技感,个性化,明亮有质感。

主要竞争对手:以 Win-CE/Linux/Palm 为操作系统之掌上计算机产品。

必要列入事项:

(1) 产品照片。

(2) 商标/标准字/LOGO。

资料索取:

网址:哈电族 www.gv.com.tw。

四、实训步骤

1. 认真阅读材料。

2. 确定广告媒介。根据材料分析广告产品的消费者,根据消费者寻找媒介受众。

3. 设计广告文案。依据广告媒介特性,消费者信息和产品特性,进行广告文案设计。

五、实训要求

1. 为该产品选择一种合适的广告媒介。

2. 创作一篇适合该媒介特点的广告文案。

六、考核标准

项　目	考核标准		
	优秀(90～100分)	良好(80～90分)	合格(60～80分)
考核标准 (100分制)	媒介选择合理,广告主题明确,格式正确,文案创作富有技巧和创意	媒介选择合理,广告主题明确,格式正确,文案创作讲究技巧,有一定的创意	媒介选择合理,广告主题不够明确,格式正确,文案创作技巧一般,创意一般
自评分			
教师评分			

注：未参与实训项目,在当次实训成绩中计0分。

课 后 练 习

1. 简答题：报纸广告文案写作技巧有哪些？

2. 思考题：打开一张报纸找一则广告,试着将该广告变成广播广告、电视广告,写出文案,注意声音、音乐、音响和画面的配合。

在老师的指导下,观看一则电视广告,试写出该广告的脚本,注意采用不同的格式。

项目四　广告策划书写作

【情境描述】

广告文案写作的完成只是"万里长征"走完的一小步，要将广告由单纯的案头文字变成生动的实体或影像，起到真实的作用，还需要撰写广告策划书，将广告策划运作的内容和结果整理成正规的提案提供给广告客户，得到客户的反馈意见，修改、完善并最终形成整个广告活动过程双方共同认定并遵循的运作策略和计划的唯一依据。广告策划书的写作知识涉及广告策略单的解读、市场环境分析、营销策略提案、广告创意执行提案、媒介投放提案、广告预算、完整提案的形成等多个烦琐而复杂的内容，出版人员不管是从生产者，还是从消费者的角度都有必要对其有较好的了解与掌握。

本项目将从工作实践与情境训练出发，带领大家掌握广告策略单的解读方法，掌握市场环境分析的角度与方式，熟悉营销策略提案、广告创意执行提案、媒介投放提案的写作格式和要求，学会广告预算和构造完整提案，不仅完成相应的实训任务，更为将来从事出版物营销管理、广告设计与策划、企划宣传及相关工作打下基础。

【学习目标】

- 掌握广告策略单的解读方法，掌握市场环境分析的角度与方式。
- 熟悉营销策略提案、广告创意执行提案、媒介投放提案的写作格式和要求。
- 能根据要求进行科学合理的广告预算，构造完整的广告提案。

【学习任务】

任务1　解读广告策划书(建议：2课时)

任务2　市场环境分析(建议：4课时)

任务3　营销策略提案(建议：4课时)

任务4　广告创意执行提案(建议：4课时)

任务5　媒介投放提案(建议：2课时)

任务6　广告预算(建议：2课时)

任务7　广告提案(建议：2课时)

项目实训——广告提案演练(建议：2课时)

任务1　解读广告策划书

【教学准备】

1. 具有互联网环境的实训教室。
2. 指定可链接的网页。
(1) 中国大学生广告艺术节学院奖(http://www.xueyuanjiang.cn/)。
(2) 第七届全国大学生广告艺术大赛(http://www.sun-ada.net/)。
(3) 中国文明网(http://www.wenming.cn/)。

【案例导入】

朵唯《独立宣言》广告策划书的诞生

第十一届(2012—2013年)中国大学生广告艺术节学院奖的优秀广告策划案——《独立宣言》获得很多评委的赞赏。该策划案对广告策略单研究较透彻，紧密围绕广告主题、品牌调性、传播目标以及目标消费者进行广告策划，将广告主题"勇敢尝新"进行了完美的展现。

创作团队在研究广告主题时，发现广告策划书的标题很难确定。如何将希望成为自信、优雅、有主见的女人用一个形象生动、特殊的词汇表现？勇敢尝新是什么？做自己、不做男人的附庸的自信女人是怎样的？不断尝试新鲜事物、新的娱乐方式，有积极正能量的女人是怎样的？广告的目标传播人群是23～28岁的时尚成熟女性，之前的朵唯女性手机在市场上已经有一定的知名度，如今再次做广告策划案要怎样突破之前的创意？这些都是创作团队所面临的问题。在经过创作团队的头脑风暴后，他们得出一系列联想：勇敢尝新的女人——不做附庸自信的女人——经济上、思想上、文化上相对有个性的女人——独立的女人——独立宣言。朵唯的《独立宣言》广告策划书借用大家熟悉的美国自由女神像表达出女性的勇敢独立，如图4-1所示。

图 4-1　《独立宣言》广告策划案封面

【知识嵌入】

一、认识广告策略单

广告策略单是广告策划书写作的指南,是评判广告策划书的标准,是广告策划书写作的依据。广告策略单(又称为创意简报)包括关于广告目标视听受众、基本创作目标、支持理由及格调等内容的陈述。广告主利用策略单将广告要求在策略单中表现。它是广告公司内部作业时,用统一的格式表述出来的文件,是广告策划书写作的指南。

广告公司一般采用格式化的策略单,其基本格式如表 4-1 所示。

表 4-1　格式化策略单

工作号	下单日期	客户	商品(品牌)
工作需求			
背景			
广告传播目标			
目标消费者			
消费者洞察			
诉求重点			
支持点			
调性			
创意理念			
特别要求			
客户主管	客户总监	内部检查日期	第一次提案日期	发布日期
创意总监	互动创意总监	创意执行组	流程管理	客户

广告主要进行广告活动，一般将广告要求及自身相关信息在策略单中表现，一般格式如表 4-2 所示。

表 4-2　广告主的策略单表现

品牌名称	
品牌简介	
广告主题	
目标群体	
主题解析	
广告目的	
广告形式	
品牌 LOGO 设计要求	
作品要求	
相关信息获取	

例如，第十一届(2012—2013 年)中国大学生广告艺术节学院奖中，广告主朵唯女性手机发布的策略单如表 4-3 所示。

表 4-3　第十一届学院奖"朵唯女性手机"广告策略单

命题单位	深圳市朵唯志远科技有限公司
产品名称	朵唯女性手机
广告主题	敢动，敢精彩(广告主题仅为参考，请自行创意)
品牌调性	勇敢尝新
传播目的	提升朵唯品牌知名度和美誉度；传递"勇敢尝新"的品牌理念
产品简介	朵唯是一家集手机研发、生产、销售、服务为一体的高科技企业。朵唯秉承"勇敢尝新"的新理念，融合现代女性对自信、优雅、有主见的情感诉求，鼓励现代女性勇敢尝新，体验新事物带来的正能量，打造符合现代女性需求的智能手机
目标消费群	18～25岁，大中校园女孩；23～35岁，二三线城市企事业单位白领和一二线城市初入职场女性。其中，核心目标传播人群为23～28岁时尚年轻成熟女性
主要竞争者	OPPO、BBK
命题类别	广告策划案：(广告推广费用预算：500万元人民币)
主题阐述	每个女性都希望成为自信、优雅、有主见的人。勇敢尝新就是自信的表现，乐于尝试各种新的事物，并享受由此带来的快乐，再通过承载社交化功能的智能机去分享，让快乐获得成倍放大。 朵唯女性智能手机就是要鼓励年轻女性敢于跨出一步，不断尝试新事物、新的娱乐方式，从而获得惊喜、兴奋、积极的正能量
Logo及产品图片	DOOV 朵唯女性手机
官方网站	http://www.doov.com.cn

策略单能深刻地反映市场和消费者，对广告创意发展有一定的启发，能为广告客户提案提供指导，为广告公司内部人员统一思路。

二、广告策划书

1. 什么是广告策划书

广告策划书是体现广告策略和广告计划的报告。广告策划者将意见撰写成书面形式，是对广告决策的总体归纳和对实施过程的总体表述。广告策划者将策划书提交给广告主审核、认可，为广告活动提供策略指导和具体实施计划。

广告策划书是整个广告活动的切入点，是对策划成果的总结。广告策划书通过对策略观点和实施计划的阐述，说服广告主接受并认可广告策划者的策划方案。对广告公司而言，广告策划书是广告人向广告主陈述广告策划的重要文本。对广告主而言，广告策划书是实施纲要,是检验广告公司工作的重要依据。广告主根据策划书判断广告公司对广告策略和计划的决策是否符合自己的要求。从整个广告活动来看,广告策划书是对一系列思维策划活动的总结,经过广告主认可后又是广告策划实施的开始。

2. 广告策划书的特点

广告策划者可能会遇到这样的情况:非常用心写的广告策划书,却在比稿会上被企业否决了。为了提高广告策划书的可行性以及提案的成功率,广告策划书应具备以下几个特点。

1) 逻辑性

广告策划书的写作要按照逻辑性原则来构思,围绕"提出问题—分析问题—解决问题"的思路开展。首先,交代策划的市场环境,分析市场现状;接着详细阐述营销策略和广告创意;最后提出媒体投放方案和预算;有时还应增加广告效果评估的方法和途径。

2) 预见性

广告策划书的本质是实现市场营销目的。因为市场变幻莫测,所以广告策划书中的每一个细节都应该体现对未来市场的科学预见,其内容要能体现企业应对未来市场的策略。广告策划书的重点不是回顾市场情况,而是在现有基础上分析、预见未来市场的发展。

3) 可读性

广告策划书以文字和图片展现,以说服广告主为目的。因此,要围绕核心问题来深入浅出地刻画,做到生动有趣,抓住重点,并一目了然。

3. 广告策划书的写作要求

1) 宗旨明确

广告策划书的宗旨是从企业的战略目标出发,实现企业的营销目标。

2) 切实可行

要对广告策划书的具体内容进行可行性论证,以此来保证广告策划书的切实可行。

3) 系统全面

要从系统思路出发,全面把握广告策划的全过程,避免出现失误。

4) 言简意赅

简洁实用的文档是提高工作效率的保证,广告策划书应该言简意赅,不能太烦琐。

4. 广告策划书的格式

完整的广告策划书应以广告主提供的策略单为依据,围绕市场和广告推广目的进行撰写。但是广告策划书的格式不是一成不变的,在实际操作中,根据要解决问题的不同,广告策划书的格式也有所不同。

1) 封面

完整的广告策划书要有一个制作精美、要素齐全的封面，给广告主留下深刻的第一印象。广告策划书封面一般要有这些信息：广告策划书的名称、广告主的名称、策划书的编号。广告策划书的名称可以是广告策略单中的广告主题，也可以围绕广告主题拟定生动形象的核心概念。

2) 目录

目录是广告策划书的简要提纲，列举广告策划书中各部分的标题和页码。

3) 摘要或前言

摘要必须体现广告策划书的要点，让广告主快速阅读并了解策划书的主要内容。前言是说明广告策划书项目的由来，或提出企业所面临的问题，说明策划的宗旨，简明介绍广告活动的时间、任务和目标。

4) 正文

正文包括市场环境分析、营销策略提案、广告创意执行提案、媒介投放、广告预算等。

5) 附录

附录是为广告策划进行的市场调研的资料或其他补充资料。主要有市场调查问卷、市场调查访谈提纲、市场调查报告等。

6) 封底

封底可以是白纸，也可以是精美的图片和封面相呼应，写上一些与广告主题或广告语有关的文字。

【课堂演练】

1. 完整的广告策划书包括哪些部分？

2. 根据以下策略单(见表4-4)，围绕广告主题拟定一个形象生动的核心概念作为广告策划书的名称。

要求：

(1) 从广告主题中选择一个内容拟定广告策划书名称。

(2) 符合目标消费人群。

(3) 形象生动，有新意，易读易记，容易传播。

表 4-4　广告策略单

广告主题	民族复兴中国梦
选题释意	中共中央《公民道德建设实施纲要》提出了"爱国守法、明礼诚信、团结友善、勤俭自强、敬业奉献"二十字的公民道德基本规范。 根据主题，选择其一，以策划案的形式进行创作。 本选题广告策划案类要求内容为：创建公益行动族群策划案，充分运用互动式、娱乐式或卷入式等活动形式，影响周围的更多人一起做公益。 策划创建一个公益行动族群，要有鲜明的公益目的，有活动口号，有活动海报或影视广告，更重要的是活动形式，能够吸引并影响更多人参与，在校园、社区或网络进行互动式、游戏式、卷入式公益传播。 例如："光盘族"提倡节约，"爱益族"用爱心抚慰空巢老人等
广告目的	体现当代大学生价值观，以适合年轻人的公益形式，影响到更多的人参与公益活动，激发青年人道德正能量，成为有公益心的一代人
传播媒体	社区、校园、网络、电视媒体
目标群体	全民
创作形式	广告策划案
备注	本选题是中央文明办倡导的公益主题，好作品通过选拔可在中央级媒体刊播。 中国文明网：http://www.wenming.cn/

任务 2　市场环境分析

【教学准备】

1. 具有互联网环境的实训教室。

2. 指定可链接的网页。

(1) 中国大学生广告艺术节学院奖(http://www.xueyuanjiang.cn/)。

(2) 第七届全国大学生广告艺术大赛(http://www.sun-ada.net/)。

(3) 中国文明网(http://www.wenming.cn/)。

(4) 中国旺旺控股集团(http://www.wantwant.com.cn/)。

【案例导入】

"限广令"对广告发布环境的影响

2011年10月11日国家广电总局下发了《关于进一步加强广播电视广告播出管理的通知》(以下简称《通知》),针对电视剧中插播广告的时间、长度以及广告类型做出规定。该通知强调要规范影视剧和新闻节目中间插播广告的行为,禁止在片头之后、剧情开始之前,以及剧情结束之后、片尾之前插播任何广告。此外,还规定新闻节目主持人不能为商业广告做代言。针对此规定,各大卫视均表示会严格执行。

湖南卫视品牌推广部的一名工作人员表示,"限广令"的实施将影响广告收入,也会影响自制剧的精良程度和购买好剧的集数。

《华西都市报》披露的数据显示,电视剧的插播广告收入肩负了电视台70%的营收重担。安徽卫视2012年的招标会上,《第一剧场》第一插口正一位中标价3336万元;第二集第一插口正一位中标价3889万元,平均溢价率已经高达200%。该报援引业内人士预计称,此项禁令将导致各地电视台损失不少于200亿元。

(资料来源:限广令,http://baike.baidu.com/view/6940655.htm? fr=aladdin)

【知识嵌入】

广告策划书正文的第一部分是市场环境分析。任何一个企业都是在不断变化的市场环境中运行,与竞争对手、目标客户和消费者相互作用开展营销活动。市场环境的变化会给企业带来机会,同时也形成各种威胁。全面、正确地认识宏观和微观环境,是广告策划书实现营销策略提案和广告创意的前提。

一、PEST 分析

广告环境可分为宏观环境和微观环境。宏观环境分析一般用 PEST 分析法。所谓 PEST,是指政治(Political)、经济(Economical)、社会人文(Social)和科技(Technological)。

1. P——Political(政治)

政治与企业监管、消费能力以及企业活动有非常大的关系。一个国家或地区的政治制度、方针政策和法律法规对企业活动都有较大的影响。广告策划者应了解广告所处政治环境和与策划产品相关的政治环境。广告活动受政治法律环境的控制和影响,广告策划者应了解广告活动的政治环境变化,如近年来我国对药品、保健品行业实行整顿,出台了新的药品审查制度、禁止地方标准的药品发布、取消健字号药品广告等。

直接性的国家政治环境对企业的经营状况有直接的影响，一旦不可逆转的政治环境影响到企业，企业将会发生迅速和明显的变化，而企业自身也无法推卸和转移这些变化。因此，广告策划者应进一步了解与产品相关的政治制度、方针政策以及法律法规。归纳起来需要了解以下问题。

(1) 是否有有利的影响产品市场的政治因素？具体内容是什么？
(2) 是否有不利的影响产品市场的政治因素？具体内容是什么？
(3) 是否有有利的政治因素影响产品的销售和广告？具体内容是什么？
(4) 是否有不利的政治因素影响产品的销售和广告？具体内容是什么？
(5) 产品市场所处的政治环境是否稳定？有什么依据？
(6) 政府对该产品市场的道德标准是什么？
(7) 该产品是否有相关的经济政策？是什么？

2. E——Economical(经济)

经济环境因素是指影响广告活动的各种经济因素。它反映了广告产品和外界的经济关系。经济环境包括经济制度、经济发展阶段、购买力等内容。经济环境中对市场营销和广告活动有直接影响的是购买力因素。购买力是指社会各方面在一定时期用于购买商品或劳务的货币支付能力，它是构成市场和影响市场规模的重要因素。购买力主要由消费者的收入、支出、储蓄、信贷等因素决定。广告策划者收集的经济因素的内容主要包括以下几个方面。

(1) 企业目标市场所处区域的总体经济形态。
(2) 企业目标市场所处区域的总体消费态势。
(3) 企业目标市场所处区域的整体消费者收入变化。
(4) 企业目标市场所处区域的整体消费者支出模式变化。
(5) 企业目标市场所处区域的整体消费者储蓄和信贷的变化。

3. S——Social(社会人文)

社会人文环境泛指某种社会形态下形成的信念、价值观念、宗教信仰、道德规范、审美标准以及世代相传的风俗习惯等社会公认的各种行为规范。社会人文环境对消费者的购买行为和购买习惯影响非常大。广告策划者应有针对性地对目标消费者进行社会价值观念、民族传统及宗教信仰方面的了解。主要包括以下内容。

(1) 广告主题与目标受众的文化传统是否有关？

(2) 广告产品与民族传统有什么关系？

(3) 广告主题或创意是否有涉及宗教信仰的内容？

(4) 目标消费群体对广告产品的态度如何？

4. T——Technological(科技)

科技环境是指影响广告活动的科学技术因素所构成的环境。科学技术是第一生产力，影响着人类的前途和命运。科技的进步直接影响着企业的发展，为企业创造新的市场机会，推动着整体社会经济的前进。每一个企业和广告商都需要密切关注科技环境的变化，广告策划者应掌握的科技方面的内容如下。

(1) 与产品相关的新技术有哪些？

(2) 该产品是否属于新产品？采用了什么新材料？

(3) 该产品是否与新能源相关？

(4) 与该产品相关的国内外科技总的发展水平和发展趋势。

(5) 本企业涉及的技术领域发展状况。

(6) 产品是否有技术质量检验指标。

(7) 产品的技术标准。

(8) 产品的专利及其保护情况。

二、产品分析

广告人伯恩巴克说过："如果我要给任何一个人忠告的话，那就是在他开始工作前，先要彻底地了解他所要做广告的商品，你的聪明才智、你的煽动力、你的想象力及创造力都要从对商品的了解中产生。"伯恩巴克说出了产品分析对广告策划的重要性。在进行广告策划时，一定要注意收集产品的相关资料，还要有计划地对广告产品进行系统深入的了解和分析。产品不仅是指产品自身的有形物质实体，还包括所有能满足消费者需求和利益的无形服务及其他因素。也就是说，所有能够满足消费者需求的因素都属于产品范畴。通过分析产品，把握产品的品质、性能、价格等方面的特性，与竞争对手进行对比，才能找到自身产品的独特之处，把握其在市场上的地位，明确产品的目标消费者，确定产品的销售重点及广告诉求点，争取得到消费者的青睐与关注。所以产品分析是广告策划中的重要环节。

1. 产品生命周期

产品生命周期是产品在市场营销中的持续时间，是产品从投入市场到最后被淘汰的全过程，一般包括4个阶段：导入期、成长期、成熟期和衰退期，如图4-2所示。

所有产品都会经历这4个阶段，只是产品的种类不同，生命周期的长短也不一样。产品处在不同的生命周期阶段，其工艺成熟度、消费者需求、市场竞争状况和市场营销策略都不同。广告策划与此相适应，在广告目标、诉求重点、营销策略、媒体选择等各个方面都应有所不同。

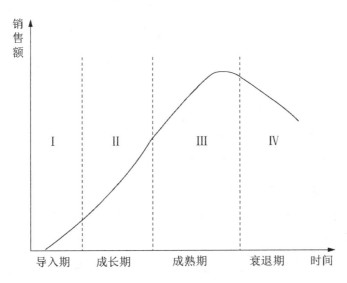

图4-2 产品生命周期的市场特征

当产品处于导入期和成长期前期时，由于产品进入市场不久，其品质、功能、造型、结构等尚未为消费者所熟知，这时的广告活动以创牌为目标，目的是使消费者了解新产品。因此，广告策略以告知为主，让消费者认识新产品，使消费者对新产品有所认识，并加大力度宣传产品的商标和品牌。同时，通过广告培养忠实用户，并逐步推广为普遍使用，进而形成时尚。所以，该阶段广告投入费用较大，利用各大媒体配合宣传，扩大广告声势，以使新产品迅速进入市场。

当产品处于成长期后期和成熟期时，产品在市场上已经为消费者所熟知，销量稳步增长，利润有所保证。此时，可能出现同类产品竞相进入市场，竞争日益激烈的情况。特别是产品进入成熟期后，工艺成熟，消费者形成使用习惯，需求非常旺盛，广告宣传也进入新的阶段。此时，广告以保牌为目的，以巩固既有市场并开拓新市场，开展竞争性广告，引导消费者认准品牌选购产品。此时的广告诉求必须非常具有说服力，突出宣传品牌与商标，巩固企业和产品的声誉，加深消费者对企业和产品的印象。

当产品进入衰退期时，产品的供求已经饱和，已有的产品逐渐老化，期待着更受消费者欢迎的产品进入市场。此时的广告目标应该放在维持产品市场上，采用保持产品的销售量或延缓销售量下滑的策略。企业广告减少，偶尔运用广告提醒消费者，唤起他们的注意，维持消费习惯。广告诉求重点放在突出产品的售后服务、保持企业荣誉、维持老客户和吸引后期新客户上。

2. 产品形象分析

美国营销学家韦勒说过，"不要卖牛排，要卖牛排的嗞嗞声"。他认为，产品广告如果只是简单地将产品介绍给消费者，那是难以吸引消费者的。广告应该在介绍产品时，赋予其一种生动美好的印象——独一无二的印象，效果将更好。任何产品都有满足社会生产和人们生活的使用价值，它的质量、性能、用途等给人们带来的好处就构成了产品的品格，也就是产品在消费者心中的形象。

产品形象一旦形成，就有一定的产品延伸性和惰性。人们对产品的印象先是从具体的产品出发，形成特定印象后，会将其转移到产品系列上去，产生一系列好感。消费者对产品的印象不是产品的具体特点。人们对产品的印象，具有一定的传播性，会脱离某些直接形成的人而在社会上广为扩散。这种形象一般会被"好""不好""一般"概括，脱离具体产品本身的性能。

产品形象对企业经营非常重要。产品形象的树立已经成为企业竞争的重要内容，也是广告活动的重要组成部分。通过广告策划塑造产品形象，前提是产品要有过硬的质量。一切优质产品总有其过人之处，在广告策划中抓住其闪光点、价值往往具有说服力。万宝路香烟的成功在于广告创意上，不介绍具体的产品质量和历史，而是用奔驰的烈马和美国西部牛仔的形象，形成鲜明的产品印象：享受万宝路就是享受自由、狂野不羁的奔马豪放情怀。这种自由正是现代人所向往的，能唤起年轻消费者的情感共鸣。可以说，万宝路卖的不是烟，而是形象。

3. 产品物质特点分析

产品的物质特点是广告活动开展的依据，是广告诉求的基础，也是消费者印象形成的起点。分析产品物质特性有助于把握消费者对产品形象的形成，从而保证广告策划活动围绕产品优势与特色进行，达到广告效果。

广告策划者尤其要注意产品物质特性的分析，因为消费者对产品的具体要求就是对产品物质特性的具体表现。广告策划者应从以下几个方面把握。

1) 用料

用料即产品所使用的原材料。原材料的产地、性质、特点，与同类产品相比较，本产品在原材料上有无优势。如果广告产品是工业用品、食品或药品，必须对产品的用料进行深入了解和分析，在广告中进行实事求是的介绍。如果是出口产品，则要考虑到出口对象国政府及有关机构对产品的健康与安全的相关规定、消费者的喜好和当地的风俗习惯。

2) 用途性能

用途性能包括产品生产的目的是什么？可以为消费者提供什么便利？怎样操作？产品能承担什么工作？工作效率如何？效果怎样？

3) 产品外观

产品外观包括产品的外形特色、规格、款式、产品配套、产品工艺与技术、产品包装等。

4. 产品的识别标志分析

广告策划要特别注意生动地将产品标识告知消费者和用户，让他们对产品标识留下鲜明深刻的印象。产品的识别标识是产品名字、外貌特点和个性特征的总和。分析产品时，应该特别注意研究其识别标志：商标、标志、口号和产品代表。

1) 商标

一位日本学者说过，商标是商品的脸。人们都喜欢漂亮的脸，而不喜欢丑陋或令人生厌的脸。商品的商标就是产品的脸，如果广告人为产品塑造一张形象感人的"脸"，商标的信誉价值将发生很大变化，进而提高产品销量。因此，商标形象和信誉对实现广告目标，提升企业经济效益起着重要作用。

广告策划者对商标的分析要抓住这样几个问题：商标是否独一无二？有没有与之雷同或相似的商标？商标是否完美地体现了企业与产品特色，有什么具体意义？商标是否美观大方、新颖独特、有吸引力？商标是否简洁鲜明、易辨别易记？

2) 标志

美国可口可乐公司的一位经理这样断言：可口可乐的工厂即使在一夜之间化为灰烬，其也可以凭借可口可乐的标志声誉，从银行立即贷款重建工厂。可见，拥有名牌标志对企业而言，是一笔巨大的财富，也是销售额、利润的保障。企业都有统领本企业的商标，也有企业标志。广告宣传中除了突出商标外，还应突出企业标志，以便给消费者留下完整的印象。

3) 口号

口号是是企业长期使用的能代表企业形象的一句简单的宣传语。在广告策划中，分析产品口号主要包括：广告口号的语言是否简练？是否朗朗上口？是否通俗易懂？广告口号号召力如何？广告口号有没有突出产品或服务的特色？是否符合人们的风俗习惯？

4) 产品代表

产品代表可以是一个人物形象,也可以是一个动物形象或卡通形象。例如,旺旺集团的产品代表是旺仔小神童(见图 4-3),该形象天真可爱,富有情趣。

图 4-3　旺仔小神童

广告策划者对产品代表的分析,主要抓住两个方面:一是人物形象或动物形象是否与特定消费者的风俗习惯、宗教信仰等相符合;二是能否与特定的心理与情感很好地沟通。

三、消费者分析

美国作家科恩谈到美国公司重视消费者分析的时候说过一段话:你知道人们在一杯饮料里放几块冰?一般来说,人们都不知道,但是可口可乐公司知道。尽管在饮料里放几块冰不是件大事,但可口可乐公司对消费者行为分析极为透彻,通过加冰的数据可以了解到美国的餐厅冰块及各种饮料的需求量。

广告策划者对消费者的分析,要能发现现有消费者的消费能力,找出消费者对产品有没有明显的不满。对消费者分析时,要发现广告机会,比如消费者对产品的偏好在哪里,购买的频率有无提高的可能等。具体而言,消费者分析主要从消费者的总体消费态势、现有消费者和潜在消费者三个方面进行。

1. 消费者的总体消费态势

消费者的总体消费态势包括现有的消费时尚和用户消费本类产品的特性两个方面的内容。消费时尚一直是驱动消费的一个重要商业元素,对创造消费市场有极大的商业价值。时尚消费是大众消费中最具生命力、参与情感因素的消费形式,如今的产品消费更多地讲究时尚消费。对广告策划者而言,应抓住时尚、引导时尚、促进产品销售。

2. 现有消费者

1) 现有消费者的构成

现有消费者的构成是指现有消费者总量、年龄、职业、收入、受教育程度及现有消费者的分布。广告策划中较重视性别因素、职业因素和收入因素。女性容易接受情感诉求方式,而男性则更青睐粗犷或渲染民族气魄的广告诉求方式;脑力劳动者喜欢理想诉求方式,而体力劳动者倾向于直白、袒露和幽默搞笑的方式;从收入上可以区分出消费者的消费习惯及购买动因。

2) 现有消费者的消费行为

现有消费者的消费行为包括购买的动机、购买的时间、购买的频率、购买的数量、购买的地点等。

3) 现有消费者的态度

消费者对商品印象以及评价如何?对本品牌的忠诚度如何?对竞争者产品的忠诚度如何?广告策划中,对消费者的态度分析主要集中在对本品牌的认知程度、偏好程度、指定购买的比例、未来满足需求、最满意的方面和最不满意的方面等。

3. 潜在消费者

潜在消费者的特性包括总量、年龄、职业、收入、受教育程度及分布。

潜在消费者现在的购买行为是指现在购买哪些品牌的产品,对现在购买品牌的态度如何,有无可能改变计划购买的品牌,等等。

潜在消费者被本品牌吸引的可能性,即对本品牌的态度如何?他们需求的满足程度如何?

四、竞争对手分析

通常情况下,企业看好的市场,竞争对手也会看好。当一部分消费者对某种产品或服务产生需求时,市场就会出现。与此同时,想通过生产经营同类产品或服务来满足需求的竞争者将出现。广告策划者在进行广告策划时,必须对行业进行深入分析,了解竞争者的状况,正所谓"知己知彼,百战不殆"。分析竞争对手主要从以下三个方面实现。

1. 企业在竞争中的地位

分析企业在竞争中的市场占有率,消费者对产品、竞争对手的认识,企业自身的资源和目标。市场占有率是企业的销售量与市场总体容量的比例,广告策划者通过收集竞争对手的市场占有率分析竞争者和本企业在市场中的位置,从而确定企业的广告策略。

2. 企业的竞争对手

弄清楚企业的主要竞争对手是谁,这个竞争对手一定是在消费者、产品、品牌定位或价格上有重合之处的。竞争对手的基本情况怎样?竞争对手的优势在哪里?他们有什么劣势？竞争对手的广告策略是怎样的？

3. 企业与竞争对手的比较

将以上信息进行整合，列出企业和竞争对手各自的优势、劣势、机会与威胁。

五、SWOT 分析

SWOT 分析法常用来确定企业自身的竞争优势(Strength)、劣势(Weakness)、机会(Opportunity)和威胁(Threat)，以便将企业战略与企业内部资源、外部环境有机地结合起来。它一般用矩阵图来展现(见图 4-4)。

1. S——Strength(优势)

通过对 PEST、产品、消费者和竞争对手的分析，可以发现企业在市场上所具有的内部优势，具体包括：有利的竞争态势、充足的财政来源、良好的企业形象、技术力量、规模经济、产品质量、市场份额、成本优势、广告攻势等。

2. W——Weakness(劣势)

企业在市场上所存在的内部劣势具体包括：设备老化、管理混乱、缺少关键技术、研究开发落后、资金短缺、经营不善、产品积压、竞争力差等。

3. O——Opportunity(机会)

企业在外部因素上可能存在的机会具体包括：新产品、新市场、新需求、外国市场壁垒解除、竞争对手失误等。

4. T——Threat(威胁)

企业的外部因素中存在的威胁主要有：出现新的强有力的竞争对手、替代产品增多、市场紧缩、行业政策变化、经济衰退、客户偏好改变、对企业不利的突发事件等。

图 4-4　SWOT 分析模型

【课堂演练】

1. 广告策划书中的市场环境分析由哪些部分构成？
2. 根据任务1中课堂演练2的策略单，完成广告策划书的市场环境分析。

任务3　营销策略提案

【教学准备】

1. 具有互联网环境的实训教室。
2. 指定可链接的网页。
(1) 中国大学生广告艺术节学院奖(http://www.xueyuanjiang.cn/)。
(2) 第七届全国大学生广告艺术大赛(http://www.sun-ada.net/)。
(3) 中国文明网(http://www.wenming.cn/)。

【案例导入】

西铁城向澳大利亚的渗透战略

20世纪六七十年代才实施海外扩张战略的西铁城手表，当时在澳大利亚几乎没有任何市场份额。70年代初，西铁城手表在澳大利亚某市发布了一条信息，说是定于某星期天某时，在某广场上空空投西铁城手表。这一条信息立即引起了强烈的社会反响。

在确定日期到来那天，成千上万的市民聚集在广场上……这时飞机开始空投，千万个微型降落伞投下成千上万块西铁城手表。人们看着走时准确、造型美观、新颖的西铁城手表纷纷赞不绝口……

【知识嵌入】

营销策略提案是广告策划书中重要的部分，主要是围绕广告主题进行一系列的营销活动策划，并对营销活动的预期效果进行相应的预测。营销策略提案是提高市场占有率的有效行为，广告策划书中的营销活动策划必须是可执行、可操作并具有创意的，对提升企业知名度和品牌美誉度有所帮助。从理论上说，广告策划书中的营销策略提案也是市场策划的一个分支，营销策略、活动策划和市场策划相辅相成、相互联系。它们都必须与企业的整体营销思想结合，在整体思想的指导下做出相应的策划方案，才能使企业保持一定的市场销售额。

一、营销策略概述

营销策略是企业从消费者需求出发,根据经验获得消费者需求量和购买力信息、商业界的期望值,有计划地组织各项经营活动,通过相互协调一致的产品、价格、渠道和促销策略,为消费者提供满意的产品和服务而实现企业目标的过程。

1. 麦卡锡的 4Ps 理论及 Ps 说

1960 年,美国市场营销学家麦卡锡教授在大众营销实践的基础上,提出了著名的 4P 营销策略组合理论,也就是产品(Product)、定价(Price)、渠道(Place)、促销(Promotion)。4Ps 是营销策略组合的简称,它奠定了营销策略组合在市场营销理论中的重要地位,为企业实现营销目标提供了最优手段,是最佳综合性营销活动,也被称为整体市场营销。

4Ps 理论统治了营销学界 30 多年之久,随着市场经济的发展和市场环境的变化,加上 4Ps 在企业实践中存在的一些问题,西方营销学者(以美国管理营销学派为代表)不断对 4Ps 的营销组合因素进行改动和扩充,在 4Ps 基础上加上更多 P,从而构成了"Ps 说"。20 世纪 70 年代随着服务业的迅速发展,有学者增加了 1 个"P",即"人"(People);后来,由于包装在消费者购买中的作用加大,又有人提出增加"包装"(Packaging)。1986 年美国著名市场营销学家菲利普·科特勒教授提出大市场营销策略——6Ps,在麦卡锡 4P 组合的基础上增加两个 P,即权力(Power)和公共关系(Public Relations)。之后,他对 Ps 说做出了更完善的研究,提出了 11P 营销理念。在大营销策略 6P 后面加上定位、探查、优先、分割和人,并将麦卡锡提出的产品、定价、渠道、促销称为"战术 4P",将定位、分割、探查、优先称为"战略 4P"。该理论认为,企业结合"战术 4P"和"战略 4P",运用"公共关系"和"权力"这 2P,可以排除实现目标市场的各种障碍。总体而言,11P 即:产品(Product)、价格(Price)、促销(Promotion)、渠道(Place)、探查(Probe)、定位(Position)、分割(Partition)、优先(Priorition)、人员(People)、政府权力(Power)、公共关系(Public Relations)。

2. 4Cs 营销策略理论

随着商品个性化的日益突出,市场竞争日趋激烈,媒介传播越来越快,4Ps 理论无法满足企业对品牌、服务水平和消费者关系等重要营销战略的更高要求。20 世纪 80 年代,美国营销专家劳特朋教授以消费者为导向,重新设定市场营销组合四要素,提出了 4Cs 营销策略。

1) 消费者需求(Consumer)

企业应首先了解消费者的需求和欲望，然后生成消费者需要的产品，而不是先考虑企业能生成什么产品。

2) 消费者愿意支付的成本(Cost)

企业应首先研究消费者的收入水平、消费习惯以及同类产品的市场价格，掌握消费者在满足需求与欲望时愿意付多少(成本)，而不能先给产品定价，即向消费者要多少钱。

3) 消费者的便利性(Convenience)

企业应首先考虑消费者购买产品的便利性，而不是先考虑销售渠道的选择和策略。

4) 与消费者沟通(Communication)

消费者不是单纯的受众，他们可能成为信息的传播者，营销应以消费者为中心实施正确的沟通，通过互动、沟通等方式，将企业内外营销不断进行整合，才能把消费者和企业双方利益整合在一起。

3. 4Rs 营销理论

美国整合营销传播理论鼻祖唐·舒尔茨在 4Cs 理论的基础上提出了新的 4Rs 营销理论。4Rs 理论以关系营销为核心，重视建立消费者忠诚，既从企业利益出发又兼顾消费者需求，是一个更实际、有效的营销术。

1) 关联(Relevancy)

企业与消费者是一个命运共同体，在经济利益上是相关的，联系在一起的，建立并保持发展与消费者之间的长期关系是企业经营中的核心理念和最重要的内容。

2) 反应(Reaction)

如今，在相互影响的市场中，对企业而言最现实的问题不是如何控制、制订和实施计划，而是怎样站在消费者的角度及时地倾听和将推测性商业模式转移成为高度回应需求的商业模式。

3) 关系(Relation)

在企业与消费者的关系发生了本质变化的市场环境中，抢占市场的关键已经转变为与消费者建立长期而稳固的关系。

4) 回报(Reward)

任何交易与合作关系的巩固和发展，对双方而言，都是经济利益的问题。因此，合理的回报是正确处理影响活动中各种矛盾的出发点，也是营销的落脚点。

二、营销策略的种类、特点和要素

广告策划书中的营销策略一般由几个阶段的活动构成,活动设置为核心概念宣传阶段、主体活动阶段和品牌升华阶段。当然,营销策略中无论哪个阶段的活动设置都应该有一定的关联性,每一个活动都应体现产品特性。营销活动每举办一场都应有围绕主题的细小目标。如果没有明确的方向,就如一条行驶在茫茫大海上的船只迷失方向。因此,营销策略提案中的活动方案要最大限度地吸引受众参与,尽量完成广告目标,并传达出活动背后的深远含义。

1. 营销策略的种类

1) 营销主导型活动策略

营销主导型活动策略又称终端推广策略,是广告活动策划中以盈利销售为主、品牌宣传为辅而展开的主题策划。例如,2002年国庆房产大联展、2002中国南方汽车展、首届广东企业家 VS 中国明星足球赛等活动的策划,希望在报纸上提高品牌知名度,但是对于主办方而言,也希望通过活动吸引企业客户进行广告投放,吸引读者和目标消费者到现场购买门票。2002年中国南方汽车展仅门票一项就为主办方带来数十万元的收入,加上大量的前期报纸广告投放和后续广告软文都使其成为让同行叹服的营销推广活动。这种活动的主要特点是活动本身具有极大的吸引力,像一块磁铁,能引爆广告客户的热情,同时还能吸引消费者的眼球。

2) 传播主导型活动策略

传播主导型活动策略有两种目的:品牌宣传普及目的和娱乐政治色彩目的。

以品牌宣传普及为目的的活动策略,又称品牌推广策略,是以品牌宣传普及为目的,以品牌宣传为主、盈利销售为辅的策划。这种活动策划主要在于品牌理念的宣传,不讲究产品销售情况。如报纸媒体开展的概念时装秀暨客户联谊会、华语电影传媒大奖等,主要是注重媒体形象传播,在活动现场利用报纸版面图片和LOGO以及背景板、单册、海报、白皮书等形式进行品牌推广,报社相关领导参与活动开幕、颁奖、抽奖或闭幕仪式,都能带动品牌的传播。

以娱乐、政治色彩为目的的活动策略是指受相关文件指示或人为安排而进行的策划,如团组织生活会、联谊舞会等。这些活动一般规模都不大,常常以在校学生为主,所以营利性和宣传性不强,但是对一些校园周边的广告主而言也是可以采用的,能够实现校园大客户消费的形成。如果是响应国家、省(市)、学校的各种文件号召,或是增进人们之间的情感联络的活动,形式相对会更丰富些,在现场组织的唱歌、跳舞、诗歌朗诵、诗画创作、问题抢答、游戏等过程中进行广告品牌的宣传，也是常用的策略。

3) 混合型活动策略

混合型活动策略属于"鱼和熊掌兼得"型，在进行品牌概念宣传的同时又能促进产品销售。如2002年广东通信节的开展、中国酒业财富论坛和世界华文广告论坛的举行、创意冷餐会的策划等。活动往往能实现客户广告投放，扩大报纸品牌宣传，又能实现读者购买报纸的目的，因为读者必须购买报纸剪报花才能获得活动参与的资格，从而促进了报纸的销售。在媒介竞争越来越激烈的形势下，媒体越来越多地扮演了企业的角色，参与广告市场和读者市场的争夺，将营销主导和传播主导相结合，通过偏重传播主导的混合活动策略，进行品牌形象的建立。

2. 营销策略的特点

完整的广告策划方案中既有活动的表现，又有广告创意的支持，二者相辅相成。活动中需要广告支撑，广告不是简单的媒体投放而是结合活动实现，这样的广告策划案才会鲜明生动。

传统的只有广告宣传的形式已经不是广告策划的内容，因为广告宣传的费用越来越透明，广告价格的折扣余地越来越小，企业动辄成百上千万元的广告费不算什么。与此相比，活动成本则要小很多，这也是企业在营销活动中决胜终端的重要举措，直接与消费者对接，及时获得市场反馈。同时，好的营销活动策划可以实现信息的二次传播。一个活动发布后，很多媒体跟进转载，活动策划的影响被延时。当然，这也要结合广告创意策略中的与活动相关的海报设计或电视广告辅助宣传。当然，也要考虑到，如果活动没有新意，可能吸引不了消费者参与，甚至受到消费者排斥。

1) 策略中的营销活动有大众传播性

好的营销活动策略一定要注重受众的参与性及互动性。如今的活动策划更多地引进公益主题，与媒体结合，获得媒体关注转载，使活动具有一定的新闻价值，第一时间将活动传播出去，引起受众关注，同时还能激发品牌在群众中的美誉度，获得消费者的好感。

2) 策略中的营销活动具有深层阐释功能

广告本身是不会对广告整体方案进行全面陈述的，但是结合活动策划就能实现广告主的所有意图。营销活动可以把广告主想表达的内容说得非常明白。因此，营销活动可以将企业想要传递的目标信息更准确、详尽地传播出去，具有深层阐述的功能。

3) 策略中的营销活动具备公共职能

营销活动往往围绕广告主题展开，将主题进一步细化出若干副主题，这些副主题形成一个个营销活动。如今很多副主题与环保、节能等贴近百姓生活的内容相关，既能提高消费者的美誉度,还能最大限度地树立企业形象,实现品牌推广目的。对消费者而言,不仅能获得产品的使用价值,更能从营销活动中获得精神层面的满足与喜悦,这也比单纯的广告宣传更有实效性、立体性。

3. 营销策略活动要素

1) 吸引力

对目标受众是否具有吸引力是推广策划活动成功与否的重要指标。在营销策略活动策划中,要充分考虑目标受众参与活动的注意力和参与度,考虑目标参与者中关注的热点问题,对目标参与者以情动之、以利诱之,激起他们的参与热情,促进其积极参与。

提高活动的吸引力需要有创新思维和整体构思,策划主题要能满足目标参与者的好奇心、价值表现、荣誉感、责任感、利益等各方面的需求,再配以一些物质鼓励,将会大大提高目标参与者的重视度和参与度。

2) 关联度

关联度表现在产品与主题两个方面。首先,营销策略的内容必须同广告主题紧密结合,要擅长整合与营销策略主题关联性较大的事情和资源。例如,一个高档的房产楼盘进行营销活动策划,可以采用表现该楼盘高端生活的活动,邀请高尔夫比赛冠军参与,但不适合请草根红人作为主要人物参与。其次,在传递品牌理念的同时,与产品特性结合,每一个活动必须能体现产品某方面的特性。很多产品在进行营销活动推广时都喜欢用歌唱比赛或服装秀的方式。这里需要考虑清楚,如果是金嗓子或草珊瑚含片之类的产品采用歌唱比赛的方式进行活动推广是可以找到与产品的关联性的,但是这些产品如果采用服装秀的活动推广方式就不适合,因为活动与产品特性无关。

3) 执行力

营销策略提案不仅是前期精心策划的方案,还需要考虑该方案是否可行。执行力首先表现在具体的任务描述上,对于任务流程步骤、执行时间的考虑要充分,还应该考虑到可能出现的突发问题及其处置等。在活动执行过程中如果出现问题,可能引发用户的不满情绪,那么活动的效果就会大打折扣,乃至在网上遭到恶意评价。因此,慎重有序的执行力,是整个活动推广中十分重要的因素。在进行营销策略提案前,要对整个活动的计划反复推敲,查看是否有疑问。如果是大型的线下推广活动,则要考虑整个活动执行的疏通,最好在头脑中有一个整体流程,才能使整个策划书严谨有序地实施,也能更好地打动广告主。

4) 传达力

企业进行活动推广,更多情况下是希望将品牌文化传达给更多用户,完成品牌宣传效益最大化。活动推广的传达力表现在活动前、活动中和活动后的各个阶段。活动前，引起用户的兴趣和重视，为活动开展预热；活动中，做好相关的组织任务，把活动内容和主题较好地展现，通过用户的参与了解产品相关特性，获得用户对企业及企业文化的反馈；活动结束后，能将活动的效果进一步扩散延伸，获得更大商业价值。

三、营销策略提案写作

营销策略提案能使企业在短时间内提高销售额，提高市场占有率。如果营销策略具有创意，可行性和可操作性强，那么对提高企业知名度、品牌美誉度都将起到积极的作用。营销策略提案是市场策划案的一种，均从属于企业的整体市场营销思想和模式，只有在市场整体规划思想指导下，才能做出具有整体性和延续性的广告营销活动。如此结合相应的广告宣传，才能使受众接受品牌文化内涵，提高企业销售额。

营销活动策划的形式多样，一般包括：产品说明会(发布会)、ROADSHOW(由广播电台、杂志或公司组织的路演、巡回演出等)、节日促销、新闻事件行销等。当然，这些形式还可以衍变出更多形式。营销活动策略在新产品上市、产品终端推广和产品转型等方面都有直接的效果，所以是广告策划的重要组成部分。

1. 营销策略提案的写作规则

对广告策划初学者而言，营销策略提案中的策划活动往往很难达到预期的效果，即便是从事多年策划活动的广告人，有时也可能犯错误。那么，如何写出一份理想的广告营销策略提案呢？必须注意以下几个方面的规则。

1) 主题要单一，紧扣营销总体思想

策划活动必须根据企业本身的实际问题(包括广告策划的预期效果、广告分布范围、广告持续时间、整体投放费用等)和市场分析的情况(包括产品特性、目标消费者心理、竞争对手的广告行为以及竞争对手的促销活动等)做出准确的判断，并在SWOT分析的指导下，扬长避短地提取当前最重要的，也是最值得推广的一个副主题——单一主题进行。营销提案写作中必须注意，一个活动，不要想把所有的产品或企业信息都推销给受众，而要挑选出一个最重要的产品特性进行传递，正所谓"少即是多，多即是少"，这样才能把最有效的信息充分地传达给目标消费者，引起他们的注意，并最快地记住。

2) 直接说明利益点

确定单一副主题后，目标消费者也就接收到了策划者想要传递的信息，但是可能有的人虽然记住了广告，却没有产生参与活动或购买产品的冲动。这是为什么呢？因为他们在活动中可能没有看到对他们而言的直接好处，也就是直接利益点。因此，在策划活动中非常重要的一点是要直接说明产品利益点。如果是促销优惠活动，就直接告诉消费者优惠额度、优惠时间和优惠程度。而如果是产品说明，则要表现产品最引人注目的卖点。只有这样，才能增加目标消费者参与活动的热情，进而激发购买欲望，形成购买行为。

3) 活动尽量精简

很多营销策略活动的写作者想执行很多活动，认为丰富多彩的活动才能引起消费者的注意，其实不然。第一，活动过多，容易造成活动主次不分。如今很多产品都采用活动方式吸引消费者参与，似乎热闹非凡，然而围观的人多，真正参与的人有多少？又有多少是企业的目标消费者？即便是目标消费者，最后形成购买行为的人又有多少？这些问题可能由于策划活动的内容与主题相关度不大，很难实现预期效果。还有一些策划者常常抱怨围观者的参与道德问题，很多受众看了热闹、领了礼品后一哄而散。例如，超市经常进行的酸奶促销活动，众多消费者排队在一个又一个促销窗口领试味酸奶，喝完之后发现解了馋不用再买酸奶了，而对于具体哪种品牌、是什么口味基本没有任何概念。因此，营销活动的策划一定要围绕广告主题进行，这样才能使活动热闹且效果良好。在策划活动中还要考虑活动成本问题。策划活动中不要加入太多环节，太多活动环节不仅造成人力、物力、财力的增加，而且容易造成操作人员执行疲劳，最终导致活动失败。

4) 具有良好的执行性

一个适合的产品，一个良好的营销活动创意，再加上一支良好的执行队伍，才能保证活动的成功。当然，营销策略提案处于策划阶段，不用执行，但是一定要有执行意识，以此作为指南，策划可操作、易执行的活动方案。策划要做到良好的执行性，除了有缜密的思维外，详细的活动安排是必不可少的。营销策略活动要结合活动时间、活动方式和执行地点以及执行人员，具体安排尽量周全。此外，还要考虑不同地区的环境如天气、民俗等影响因素。

5) 变换写作风格

一般而言，广告策划者在进行策划书写作时都会积累起自己的一套经验，而这些经验会在策划书的写作形式上表现出来，所以每个人的策划书都可能存在个人经验模式。而正是这些经验模式会限制策划者的思维，没有一丝变化的观点是不可能全面把握住市场的。因此，在策划书的写作中应该经常变换写作风格，多收集优秀的策划作品，看看别人的成功经验，丰富自己的知识储备，尝试使用不同的写作风格。

6) 切忌主观言论

营销策略提案中的活动方案一定是建立在市场分析和调查基础上的，只有通过对整个市场局势的全面把握，才能更清晰地认识到企业或产品面对的问题，找到了问题才能够有针对性地寻找解决之道。广告策略提案中，应尽量避免主观想法。策划者的主观臆断可能导致广告主不看好广告策划案，认为它只是主观臆断的结果而经不起市场实战。

最后，广告策划者应该清楚地认识到一次促销不可能达到巨大效果，不可能就建立起一个名牌，所以不要认为一次活动可以解决所有问题。在品牌建设和产品促销过程中，一定要坚持正确的营销理念，并在该理念下寻找适当的时机和地点进行营销活动，才能使企业更好更快地发展下去。

2. 营销策略提案的写作格式

1) 策略概述

根据广告主题，选取以下内容作为重点进行阐述：活动基本情况介绍、主要执行对象、状况、组织部门、活动开展原因、社会影响以及相关目的动机。还可以包括活动所处的环境特征，采用这些营销活动的优势、弱点、机会或威胁等方面的内容。

2) 策略目的、意义和目标

用简洁明了的语言清楚地表述营销策略活动的目的、意义，在陈述目的要点时，注意对这些活动的核心构成或策划的独到之处进行深入阐述，可能由此活动产生的经济效益、社会效益或媒体效应等也应明确写出。活动目标一定要具体化，满足可行性、重要性和时效性。

3) 活动开展

这是营销策略提案的重点部分，表述方式一定要简洁明了，使人容易理解，要有条理性，活动安排要详细，写出每一点能设想到的具体细节，不能遗漏。这一部分，还可以加入适当的统计表或相关的图片进行说明。

3. 格式范文

怎样做营销策略提案？

首先，考虑好此次营销活动项目的来龙去脉，并在策划书中做出清晰交代，对项目的概述、目的、意义、作用和效果进行充分陈述。策划主题是怎样被提出的？策划活动怎样进行？经过一些什么程序完成？这些都要在概述中有意识地提及。其次，将广告主题分解为若干副主题。在营销策略活动中写明各具体主题，最好详细些。营销活动的副主题一定要考虑好是进行终端活动推广还是品牌建设，或是两者相结合。再次，把握活动时间和地点。活动的时间和地点一定要符合整体广告活动要求，也就是要研究策略单。品牌的广告策划是一年期，那么活动的设置应该在一年之内，考虑到产品特性最好是在什么时候进行有益，有的产品有一定的季节性，过了该季节广告活动的开展基本没有意义，所以活动必须把握好时间。另外，还要考虑不同地区的风俗习惯或购买行为差异。有区域性特征的产品特别需要注意这一点。最后，把握营销策略中的目的和内容。尽量创作有创意的主题内容，用短小精悍的语言表现出来，让人一看或一听就明白。

具体营销策略提案的格式如图4-5所示。

```
营销策略提案
一、策略概述

二、策略目的

三、策略意义（策略核心）

四、策略构成

五、策略执行
活动一：主题××××
活动目的：
活动时间：
活动地点：
活动平台：
活动流程：
    1. ××××
    2. ××××
    3. ××××
    4. ××××
活动二：主题××××
活动目的：
活动时间：
活动地点：
活动流程：
    1. ××××
    2. ××××
    3. ××××
```

图4-5 营销策略提案格式

例如，第十一届(2012—2013年)中国大学生广告艺术节学院奖的优秀广告策划案《独立宣言》的营销策略提案的内容，如图4-6所示。

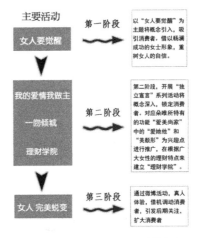

图 4-6　广告策划书《独立宣言》的营销策略提案部分

图 4-6　广告策划书《独立宣言》的营销策略提案部分(续)

四、营销策略常用形式

广告活动中营销策略非常多。下面介绍几种常用的营销策略，即节日营销策略、事件营销策略、体育营销策略、公益营销策略、病毒营销策略和直复营销策略。

1. 节日营销策略

顾名思义，节日营销策略就是利用消费者节日消费的心理，在节日期间综合运用广告、现场售卖、公演等营销策略进行产品、品牌的推介活动。其宗旨在于扩大产品销售，提高品牌形象。它是整体营销规划的一部分，不是短期售卖活动。因此，对节日消费类产品而言，节日营销意义非常。

一年中有法定节日也有非法定节日，有民俗节日也有商家自定的节日。法定节日有元旦、春节、元宵节、妇女节、清明节、劳动节、端午节、儿童节、建军节、中秋节、教师节、国庆节等。非法定节日主要是外来洋节，但受很多商家和消费者青睐：情人节、母亲节、父亲节、复活节、圣诞节等。民俗时令节有夏至、冬至、立冬、腊八等。商家自定假日有店庆日、服装节、风筝节、美食节等。当然，产品不同，节日不同，促销的产品也不一样。

2. 事件营销策略

事件营销策略是策划者通过策划、组织和利用具有社会影响、新闻价值以及名人效应的事件或人物，吸引媒体、社会团体和消费者的兴趣与关注，以提高产品或品牌知名度、美誉度，树立品牌良好形象，并促进产品或服务销量的营销策略。事件营销策略融新闻效应、广告效应、公共关系、形象传播、客户关系于一体，为新产品推销、品牌构建创造良好机会，有利于品牌识别和品牌定位，容易迅速提升品牌形象和产品知名度。如今，互联网的飞速发展给事件营销带来了巨大的发展契机。通过网络，一个话题或事件都可能轻松实现传播，引起人们注意，成功的事件营销案例开始大量出现。事件营销的运作成本较低，形式多样，内容新颖，效果比较明显，一个事件营销可以通过互联网聚集众多用户进行讨论，紧接着就能形成网站相互转载，效果显而易见。事件营销具体而言可以采用以下几种策略。

1) 借势策略

广告策划者抓住受众关注的社会新闻事件和明星人物等，结合产品或品牌在传播上欲达到的目的而展开的一系列相关活动。

2) 明星策略

明星是社会发展需要和大众主观意愿相结合而产生的客观存在。马斯洛在分析人的心理需求中提到：当购买者不再把质量、价格当作购买顾虑时，可以利用明星知名度来增加产品的附加值，借此培养消费者对该产品的感情、联想，赢得消费者对产品或品牌的追捧。比如世界杯期间"米卢现象"被炒得沸沸扬扬，名人轮番上演"补钙""补血"的保健风潮等。

3) 新闻策略

广告策划者利用社会上有价值、影响面广的新闻，不失时机地将之与广告产品联系到一起，达到借力发力的传播效果。例如，2013年4月，中国第一夫人彭丽媛在参观坦桑尼亚妇女与发展基金会时，将国产护肤品"百雀羚"作为"国礼"相赠。该新闻事件对品牌影响力可想而知。

4) 造势策略

造势是指策划者进行议程设置，通过策划、组织和制造具有新闻价值的事件吸引媒体、社会团体和消费者的关注。

5) 舆论策略

广告策划者利用与媒体合作的方式，发表大量与产品相关的软文，以理性诉求方式传播产品信息。

6) 概念策略

策划者利用广告产品或服务创造出一种新理念、新潮流的活动策略。国内有企业家说过，理论市场和产品市场同时启动，先推广一种观念，有了观念，市场慢慢就会做好。例如，农夫山泉作为水市场的后来者，宣传不生产纯净水，只推出"山泉水"，这其实是玩"水"概念，策划出了一场天然水(山泉水)与纯净水的战争，借此树立自己倡导水健康的专业形象。

3. 体育营销策略

体育营销策略是以体育活动为载体进行产品和品牌推广的一种营销策略。体育活动赞助实质上是一种软广告，因为其商业性不是非常明显，弱化了功利性，与硬广告区别开来。重大比赛现场，观众动辄上万人，媒体受众更是不计其数。即使是地方性的比赛，只要组织到位，观众一样会非常踊跃，它可以激发个人情感依恋以及群体性和晕轮效应。因此，在营销策略中采用体育营销的方式有利于消费者积极参与，达到事半功倍的效果。体育活动以其观赏性、竞技性和游戏性的特点，已经成为全人类主要的盛典之一，也是被广泛认同的人类活动。现在的广告策划者已经认识到体育营销对塑造品牌的魔力，企业也看到在体育活动背后所蕴藏的商机。体育本身是一种世界性语言，它打破了文化信仰和语言种族的界限，联合起社会、企业与消费者的关系。因此，体育更容易沟通企业与目标消费者，迅速提升品牌价值，推进产品国际化发展及品牌国际化增值。

除了传统的体育营销方式，网络中的体育营销也已经成为体育产品公司新的营销手段。比如，通过体育赛事、体坛时间和体育名人网络社区论坛文章的传播，或者相关视频的传播，都可能达到产品推广和品牌树立的目的。目前，网络上体育论坛非常多，在论坛中以体育话题为切入点，很容易实现广告产品和企业形象的提升，这是营销活动不错的选择。

4. 公益营销策略

如今，经济利益的追求早已成为社会主流价值取向，人们对经济利益变得既向往又回避——大家向往得到财富，但又回避别人把钱从自己兜里再"营销"出去。人们一方面苦练推销术，另一方面又拒绝推销。现在看来，极具功利性的财富在人类交往中筑起了一道道无形的高墙。与此同时，相对无功利的文化艺术、教育、体育等就成为人们交往中较易放松戒备、袒露心扉的高效载体，当然，高尚的公益事业自然也在其中。于是，有先见之明的营销策划者，开始避开世俗人们的视野，搭乘公益的快车，驶向营销的彼岸。这样，传统营销的公益营销理念便传播开来。

英特尔全球副总裁简睿杰认为："企业开展的公益活动与促销活动一般都会给社会带

来利益。企业将自己一部分利益回馈社会开展各种公益活动，不仅满足了社会公益活动中对资金的需求，同时企业又将良好的企业道德、伦理思想与观念带给社会，提高了社会道德水准。"品牌传播的"项链理论"告诉我们：所有传播推广都必须围绕一个核心来运作。品牌核心理念一旦确定，就要持续不断地进行，所有的传播动作，包括公益活动都应以此为主线。保持主题策划的一致性和延续性是广告策划者需要注意的。大家都说"营销学宝洁，公益学安利"。安利在"有健康才有将来"的理念下一直扮演着积极推进全民健康和运动的倡导者，例如，开展了倡导健康的"纽崔莱健康跑"活动、"关爱儿童"的"安利名校支教"活动、"致力环保"的主题为"哪里有安利哪里就有绿色"的"种植安利林"活动，还策划赞助南北极科学考察和清扫珠峰的"登峰造极促环保"活动。

5. 病毒营销策略

病毒营销策略又称为病毒式网络营销、核爆式营销或基因营销。这种营销策略主要是线上营销，通过用户的口碑宣传，信息像病毒一样传播和扩散，利用快速复制的方式传向数以百万计的受众。通俗地说，就是在提供有价值的产品或服务时，让大家告诉大家，通过不同的人为你宣传，实现营销杠杆的作用。病毒营销策略是网络线上推广的独特手段，越来越多的商家和网站都开始热衷于使用这种方式。病毒营销的重点在于找到营销的引爆点，找到恰当的既能迎合目标受众口味又能正面宣传广告产品的话题是策划的关键。因此，病毒营销是营销策略中性价比较高的一种推广方式，能在深入挖掘产品卖点的基础上，制造适合网络传播的舆论话题，引爆广告产品病毒营销，达到品牌传播的效果。病毒营销策略有以下 3 种基本方式。

1) 口头传递

最简单的口头传递病毒营销方式是"推荐给朋友"或"告诉一个朋友"，这是大部分网站使用的方法。这种方法在不同网站的使用频率不一样，一些娱乐网站中采用"告诉一个朋友"的口头传递会高一些，但是大型内容网站，这种方法就不够明显，使用率主要取决于用户群特点和所推荐内容的类型。这种病毒营销的成本低、执行快，效果通过引入竞赛或幸运抽奖得以扩大。

2) 传递下去

这是一个受大部分 E-mail 用户喜欢的活动。在 E-mail 中收到有趣的图片或好玩的 Flash 游戏附件，用户通常会发给好友，而好友也顺次将附件发给他们的好友圈。这种滚雪球般的形式可以轻松建立一个分销渠道，在几小时内，到达成百上千的受众那里，而开始不过是一封电子邮件。要成功实现"传递下去"的病毒营销，就必须策划出人们想要和其他人分享的东西，如 PPT 幻灯片、小小的应用程序、有趣的图形等。在智能手机大行其道的今天，以这种方式"传递下去"的病毒营销使用更多，策划者需要思考采用什么话题在微信、微博中传递。

3) 以服务为基础

以服务为基础的最早的病毒营销最成功的是 Hotmail。Hotmail 很少做促销活动，但是在它们发出的每封邮件底部都会使用一个首尾线，该首尾线里面是一个小笑话和他们的网址。公司因此受到关注和发展。试想，每天一定数量的 E-mail 发出去，这些 E-mail 又帮助 Hotmail 获得更多新用户——新用户又导致更多 E-mail 发出去。小服务成就了企业的大发展。

6. 直复营销策略

1872 年，蒙哥马利·华尔德创建了美国第一家邮购商店，标志着一种全新的营销方式的产生——直复营销。但是直到 20 世纪 80 年代以前，直复营销并不被企业所重视，在社会上甚至被视为一种不正当的营销方式。20 世纪 80 年代后，直复营销得到飞速发展，其特有优势逐渐被企业和消费者所了解，在营销策略中采用得越来越频繁。

美国直复营销协会(DMA)对直复营销的定义是：一种互动的营销系统，运用一种或多种广告媒介在任意地点产生可衡量的反应或交易。直复营销策略主要有以下几种类型。

1) 目录营销策略

目录营销策略是将经营者编制的商品目录通过一定途径分发到客户手中，由此获得订货和发货的营销策略。目录营销是从邮购营销演进而来的，二者的区别在于目录营销适合拥有一条或多条经营完整产品线的企业。目录营销内容含量大，信息丰富完整，图文并茂，容易吸引顾客，也有利于顾客长时间保持资料，反复使用。但也存在不足，如设计与制作成本费用较高，只有平面效果，视觉刺激不够。

2) 直接邮购营销策略

直接邮购营销策略是广告客户或委托广告公司制作宣传信函，分发给目标消费者，引起消费者对商品的兴趣，并通过信函或其他媒体订货和发货实现销售行为的营销策略。这是历史最悠久的直复营销形式，也是当今应用最广泛的形式。随着互联网的迅速发展，电子邮件的应用越来越广泛，应运而生的电子邮件营销成为很多商家竞相追捧的营销方式。与传统的 DM 直投广告相比，电子邮件营销成本更低廉，展示内容更丰富，用户行为统计更精确便捷，FT 中文网、搜狐畅游、阿里巴巴网等国内知名企业都是邮件直复营销服务商中服务较全面的公司。

3) 电话营销策略

电话营销策略是指经营者通过电话向消费者提供商品与服务信息，消费者再借助电话提出交易要求的营销策略。这种营销便于与消费者直接沟通，及时收集反馈意见并回答提问，能随时掌握消费者态度，使更多潜在消费者转化为实际消费者。当然，电话营销策略的使用范围不大，必须借助电话开展活动，可能会干扰消费者的工作和休息而导致他们不满。由于看不到实物，可能让消费者产生不信任感等。

4) 电视营销策略

电视营销策略是指经营者购买一段电视时间，播放其产品的录像，介绍产品功能，告知产品价格，让消费者产生购买意向并最终达成交易的行为。其实质是电视广告的延伸，也就是在电视购物频道进行产品推广的方式。电视营销通过商品演示，让消费者的注意力更集中，接受信息的人数相对较多。但是这种方式制作成本较高，播放费用较贵。

【课堂演练】

1. 收集营销策略的常用形式资料，进一步了解书本中没有介绍的其他营销策略形式，掌握其特点和用法。

2. 根据任务1中课堂演练2的策略单，完成广告策划书的营销策略提案部分。

任务4　广告创意执行提案

【教学准备】

1. 具有互联网环境的实训教室。

2. 指定可链接的网页。

(1) 中国大学生广告艺术节学院奖(http://www.xueyuanjiang.cn/)。

(2) 第七届全国大学生广告艺术大赛(http://www.sun-ada.net/)。

(3) 中国文明网(http://www.wenming.cn/)。

(4) 雀巢网(http://www.nestle.com.cn/)。

(5) 耐克中国官方网站(http://store.nike.com/cn/zh_cn/)。

【案例导入】

海尔冰箱-7℃保鲜广告创意

广州致诚广告有限公司海尔品牌小组在2001年12月受海尔的正式委托，全面策划海尔007系列冰箱的上市案。双方经过多次沟通，一致认为007冰箱的科学定位是：-7℃保鲜技术，目前保鲜最精确的中高档冰箱。

产品的销售概念非常明确，即新鲜。广告中用什么形象元素可以表现新鲜的概念呢？这让创意人员思索良久。最后，广告人员采用垂直思维方式，找到一个元素——弹簧。广告主题和创作表现水到渠成，利用肉片、苹果做出弹簧形象，配合文案"-7℃弹簧，当然弹性十足"。广告人员的思路是这样的：什么是新鲜？天然的，原汁原味的——原汁原味是什么？鲜活力——鲜活力能想到什么？想到活蹦乱跳的——活蹦乱跳又想到什么？有弹性——有弹性想到什么？具有标识性的弹簧。弹簧创意诞生！

【知识嵌入】

一、什么是广告创意

广告创意，对广告人而言是最具挑战、最兴奋也是最刺激的事情。虽然很多人认为广告创意是广告活动中最重要的环节，是"为广告赋予精神和生命"的环节，但是很少有人能对广告创意下一个明确的定义。

1. 广告创意的界定

詹姆斯·韦伯·杨对广告创意做过非常精辟的说明——"旧元素，新的组合"——在广告界无人不认同，但这只是对创意元素的归纳总结，并没有对广告创意过程进行深入阐述。

我们认为：广告创意是广告人员在对市场、产品和目标消费者进行调查分析的基础上，根据广告客户的营销目标，以广告策略为基础，对抽象的产品诉求概念予以具象而艺术的表现的创造性思维活动。

1) 广告创意是创造性思维活动

广告创意的关键是"创"。创造意味着产生并构想过去不曾有过的事物或观念，也可以是过去不相干的两个或多个事物观念的重新组合。广告活动是否能完成告知和说服的职责，很大程度上要依赖广告作品是否具有创造性。精彩的广告创意能使广告诉求信息更形象生动，更具有说服力。

邦迪创可贴以"成长难免有创伤"针对青少年群体中的普遍问题，表现品牌能帮助各种不同创伤的品牌理念。

2) 广告创意的前提是科学的调查分析

广告创意必须符合广告产品的整体营销目的，创意人员必须充分掌握产品、消费者和竞争对手的信息，从中发现或开发出能够有效地达成营销目的的创意主题。例如，宝洁推出"尿不湿"儿童用品,创意人员以"方便"为诉求主题,以为能获得年轻妈妈的青睐,然而事实出乎意料。经深入调查才发现:用纸尿裤在年轻妈妈潜意识里产生了一种由于太方便没有尽到恪守母爱职责的内疚心理,从而影响了她们的购买行为,即使有人偶尔使用,在婆婆来看望孙儿时,也会手忙脚乱地将其藏起来。于是,广告的诉求点由原来的"方便"转化为"保护婴儿皮肤干爽、防止尿布湿疹"。广告一出,彻底改变了"尿不湿"20年来一蹶不振的销售状况。

3) 广告创意要善于将抽象的概念转化为具象而艺术的表现形式

广告创意固然是创造性思维活动,但与一般的创造性思维不同。最大的不同在于广告创意不寻找解决某个问题的方法,而是寻求如何用形象生动的表现方式说明某个事物或产品的概念,这里的关键在于转换:将抽象的概念转化为具体形象,将科学的策略转换为艺术表现。

2. 广告创意的作用

广告创意属于广告活动中一个重要环节,要求创意在通过整体广告活动体现其作用的同时,符合自身艺术规律。

1) 创意有助于广告活动预定目标的实现

广告活动是一种商业活动,最终目的是营利。因此,广告创意必须有助于广告活动达到预期目标,这也是衡量广告创意优秀与否的重要标准。例如,TBWA广告公司为"绝对伏特加"创作的广告创意,以产品外形为主题,以生活百态为元素,以产品外形为主要视觉元素并进行巧妙组合,创作出了绝妙的创意(见图4-7)。凭借这个堪称经典的广告之作,绝对伏特加的销售业绩稳定跻身全球伏特加酒市场前三名的位置。

图4-7　绝对的布鲁塞尔、绝对的雅典、绝对的伦敦

2) 创意有助于广告进行告知与劝说活动

广告是否能完成有关产品信息的告知并说服购买，很大程度上依靠广告作品的创意。优秀的广告创意使作品更形象、生动。大量研究数据表明，生动的信息传递能更好地吸引受众的注意力、维持受众兴趣的持久性及启发受众的思维。例如，雀巢咖啡的广告(见图4-8)，将咖啡杯创作成钟表的形态，指针创作成搅拌咖啡的勺子，以此告诉消费者一天24小时，雀巢咖啡都与你相伴。

图 4-8　每个时刻，都有雀巢与你为伴

3) 创意有助于产品在消费者心目中保持较高的地位

广告创意能表达出有关产品的深刻文化内涵和意识形态，使广告作品耐人寻味、有品位。例如，意大利著名服装品牌贝纳通的很多广告以战争、人性、环保等人们普遍关心的题材进行广告创意，向受众传达贝纳通的文化品位。这些深刻的表现形式给受众留下了深刻的印象，提高了品牌的价值。

4) 创意有助于广告的提示活动

有新意的广告创意使广告脱胎换骨、耐人寻味。耐克的广告创作中就有很多优秀作品，其广告，很少打出公司名称，只用简单、拉长的"钩"来提示。如图4-9所示，该广告用壮观的岩石造型、绚丽的沙漠和渺小的撑竿跳运动员，引起受众注意，广告上方鲜明的耐克商标明显，提醒受众品牌以及"想做就做"的主题信息。耐克发言人说："耐克的广告没有必要长篇大论，因为耐克的标志已经出名了。我们思考的问题是怎样通过广告创意来反复提醒消费者一次又一次地购买我们的产品。"

5) 创意可以增添广告的轰动效应

成功的笑话具有轰动因素——包袱，就在包袱抖出的一瞬间，将幽默推向高潮，此时，受众才能突然明白、领会整个笑话的内涵，从而产生强烈的共鸣。

广告创意也是如此，特别是在创作幽默形式的广告作品时，要善于发现日常生活中的情形并设计绝妙的包袱，添加必要的夸张，最后将包袱抖开时产生轰动效应。

图4-9 耐克创意广告

3. 广告创意的特征

广告创意是整个广告活动的灵魂。缺乏创意的广告活动好比人没有灵魂，了无气息，自然难以达到广告传播效果。总的来说，广告创意的特征包括以下四个方面的内容。

1) 思维的转换性

广告创意的本质是一种创造性思维活动。不过，这种创造性思维活动除了一般的思维特性(如思维的自主性、多向性、联动性、求异性、跨越性、顿悟性、综合性等)外，还具有思维的转换性特征。思维的转换性是指从逻辑思维转换到形象思维的能力，或是将概念的抽象思维转化为具象事物的形象思维能力。这就要求创意人员具有丰富的想象力，能及时转换思维跨度，及时捕捉、发现生活中各种事物间看似没有任何联系的内在关系，从而使广告创意达到既在情理之中又出乎意料的效果。如图4-10所示的丰胸印刷广告就体现了思维转换性传播技巧。

2) 策略的指导性

策略的指导性是指广告创意应始终围绕一个明确的传播策略进行思维活动。创意不是纯主观的艺术创作，必须在广告策略的指导下，围绕广告主题开展创造性思维，并将创意物化为广告作品，将信息准确地传达给目标受众。这也是广告创意与艺术创作的最大区别。例如，百事可乐的广告创意一直都是围绕"精彩无限，活力无限"这个整体广告策略进行。所谓万变不离其宗，对广告创意而言，这个"宗"就是广告策略。

图 4-10　丰胸广告

3) 诉求的艺术性

广告创意的根本目的是将一个产品的有关信息以艺术的方式加以表现。因此，向目标受众进行艺术诉求，并将产品信息准确有效地传达是广告创意非常重要的特征。例如，时代啤酒的广告，通过将贵重的汽车作为开瓶器来凸显啤酒本身异常昂贵的身份(见图4-11)，充分表达产品的利益点。

图 4-11　时代啤酒广告

4) 创意的限制性

有人说，广告创意是戴着镣铐跳舞。广告创意既受到各种限制，又传递出精彩纷呈，确实不是一件容易的事情。

(1) 广告主的限制。所有的广告主都对广告创意活动有这样那样的限制要求，只是程度不同而已。有的广告主对广告创意可能较宽松，给广告创意人员更广阔的创意空间；但有的广告主可能对广告创意有具体明确的要求，迫使广告创意者按照广告主的要求进行广告创意活动。

(2) 广告媒介的限制。不同广告媒介有各自的特性，这些特性决定了广告创意必须依据广告媒介的特征进行有针对性的广告创意。电视媒介要求创作者在一定的时间内将故事情节用连续移动的视觉语言(画面)或听觉语言构思表现，而平面媒体则要求创作者以空间为结构实现信息静态表现，如图4-12所示。

(3) 广告信息本身的限制。不同的广告信息内容本身也会限制广告创意。例如，感性产品的广告创意更多地用浪漫煽情的方式进行构思，理性产品的广告创意则以沉稳实在为构思表现。

图4-12 减肥产品的车身广告

二、广告创意的基本理论

1. 20世纪50年代的USP理论

USP(Unique Selling Proposition，独特的销售主张)理论，是美国广告"科学派"的旗手R.瑞夫斯在20世纪50年代提出的。这一概念非常简单：找出产品本身独具的利益，然后以足够强大的声音说出来，而且不断重复。例如，M&M巧克力强调"只溶于口，不溶于手"，高露洁不断重复"高露洁使你口气清新，更给你洁白的牙齿"。这两个广告语，广告主用了数千万美元的力度，大力地宣扬，而且持续了几十年。

USP理论有三个要点。R.瑞夫斯在《实效广告》一书中，称之为"三条道路通罗马"。

第一，强调产品具体的特殊功能与利益。每一个广告都必须告诉消费者一个明确的销售主张,即"购买这样的产品,你能获得这项利益"。

第二,这项利益是竞争对手没有的,或者竞争对手有,但他没有说出来的。

第三,所提出的利益必须强而有力,使消费者乐于购买你的产品。

例如,高露洁最初的广告创意是"缎带式的牙膏——它挤出来像缎带一样,平躺在牙刷上"。虽然该创意是一项主张,强调产品的特性,竞争对手没有该特性,但是这项主张缺乏强有力的销售力。R. 瑞夫斯接手后立刻对广告创意进行重新调整:"高露洁清洁您的牙齿,也清新您的口气。"虽然许多牙膏都可以清洁牙齿、清新口气,但之前没有人提出该主张,高露洁最先提出这种主张,当然具有其独特性。

随着同质化市场的形成,一些技术含量不高的产品,要找出其技术或功能方面的独特性越来越难。R. 瑞夫斯不断开拓,在 USP 基础上开拓了 ESP,即情感的、个性化的 USP。

2. 20 世纪 60 年代的品牌形象论

品牌形象论是 20 世纪 60 年代由大卫·奥格威提出的广告创意策略理论。在品牌形象理论的影响下,广告界涌现出了大量优秀而成功的经典广告作品。图 4-13 展示的是该理论的代表作之一:图片中戴着眼罩的家伙,一会儿击剑,一会儿驾游艇,一会儿出席淑女名流云集的派对,着实"酷毙了"!戴眼罩的"哈撒威男人"成了广告史上最著名的人物形象之一,是奥格威的绝世之作。

图 4-13 哈撒威衬衣广告

1) 广告的目的是塑造品牌形象，并维持品牌形象的高知名度

奥格威认为，产品像人一样是有个性的，产品的个性由众多因素混合而成，如产品名称、价格、包装和广告风格。广告活动必须有同一广告主题，广告作品需要保持主题一贯的形象风格。他提出："往往是一个品牌的整体性格，而不是琐碎的产品差异决定了它在市场中的终极地位。"

2) 任何一个广告创意作品都是对品牌的长期投资

从长远观点来看，广告必须去维护一个好的品牌形象，甚至以牺牲短期利益来获取品牌的长远利益。奥格威认为，努力塑造产品的品牌形象一旦得以贯彻执行，就等于领到了一张通往高档品牌的通行证。特别是一些感性产品(如啤酒、饮料等)更是如此。如果你的广告低俗，将影响产品销售，因为没有消费者愿意使用格调低下的产品。

3) 塑造产品形象比单纯强调产品具体功能特征更重要

随着产品同质化的增多，同类产品差异性越来越小，消费者选择产品时所运用的理性也越来越少。因此，广告活动中，塑造并传播品牌形象比单纯强调产品具体功能特征更重要。拿香烟来说，为什么有些人愿意买芙蓉王，而有些人则愿意买白沙或中华？其实，这些产品在品质及口味上没有天壤之别，只不过这三种品牌各自塑造并长期维护着不同的品牌形象，并将其诉求于具体心理需求的消费群体。所以，消费者选择的不是香烟本身，而是它们在消费者心目中对应的品牌形象。

4) 广告创意应重视运用形象来满足消费者心理需求

奥格威认为，消费者在购买产品时追求的是"实质利益与心理利益"的结合。因此，对某些产品和某些消费者而言，运用广告创意的形象来满足消费者的心理需求是广告活动走向成功的重要因素。

3. 20 世纪 70 年代的定位理论

1969 年，美国的两位年轻人艾·里斯和杰克·特劳特在《工业营销》杂志上提出了定位理论，该理论主张在广告策略中运用一种新的沟通方法，创造更有效的传播效果。其理论包括以下三个方面的内容。

1) 广告活动的目标是使品牌在目标受众心目中占据一席之地

定位不是去创造某种新奇或与众不同的事情，而是明确那些已经存在于人们心目中的对某种品牌已有的对应关系。定位不是要求你对产品本身做出什么改变，而是改善或加强那些有可能成为该品牌的消费者或潜在消费者心目中的看法。因此，定位的目的是在潜在消费者心目中占据有利位置。例如，王老吉的成功，在于其广告在消费者心目中明确品牌定位"怕上火，喝王老吉"。

2) 通过广告创意出有关品牌资讯的"第一位置、第一事件"

广告创意应尽力表达"第一"的概念，因为多数人只对第一的事物产生兴趣，容易记忆。例如，绝大多数人都知道，全球第一高峰是珠穆朗玛峰，第一位发现新大陆的是哥伦布等，但是对于第二高峰的名字、第二位进入新大陆的人可能就没有人去记忆了。因为"第一事件、第一位置"已经成为一个概念、一条常识融入我们的生活，大家会将其视为知识、概念深深刻入大脑中，产生深刻的记忆。因此，在广告策略中，尽量为产品建立第一的位置。例如，说到可乐大家马上会想到可口可乐，提起保健品人们马上会说脑白金，提到烤鸭马上会联想到北京烤鸭等。这些产品能够以第一的位置进入消费者的大脑，消费者也会将某类产品等同于第一品牌。

3) 广告创意不用去刻意表现出产品的功能差异，而应表现出品牌之间的区别

定位理论认为，大机器生产使同质化产品日益增多，广告创意如果仅仅去挖掘产品之间功能上的差异显得极为困难。而消费者每天接触到的广告信息太多，同类产品的广告效果越来越差。因此，广告创意策略应另寻新路，表现出品牌的差异。例如，七喜提出的"非可乐"与可乐区分开来，蒙牛的广告"蒙牛乳业，向伊利学习，创内蒙古乳业第二品牌"使蒙牛迅速占据牛奶市场。

4. 20 世纪 80 年代的共鸣理论

20 世纪 80 年代美国广告界出现了共鸣理论，该理论主张在广告创意中针对目标消费者通过珍贵难忘的生活经历及人生美好温馨的体验感受等诉求内容唤起并激发目标受众内心深处的情感共鸣，并以此赋予品牌特定的内涵和象征意义，建立起目标消费者的移情联想，从而产生互动沟通的传播效果。

1) 经典的怀旧

怀旧是人们情感体验的方式，是引发人们产生共鸣的工具和过程，可以成为一种沟通和促销的手段。1998 年 3 月，德国大众汽车推出的新甲壳虫轿车，与 20 年前的产品在外形上相似，但配置增加了很多满足现代人需求的先进设施。厂家利用人们怀旧的情感，采用与 20 世纪 60 年代甲壳虫广告作品创作风格相似的广告(见图 4-14)，利用经典怀旧广告一上市就受到人们的追捧。

怀旧题材的广告创意让人产生品牌有时间沉淀的感觉，不仅使消费者免遭尝试新产品的风险，又能让消费者想起曾经共同成长的经历、记忆。经典的怀旧，更容易使消费者在情感上产生共鸣，进而达到沟通效果。

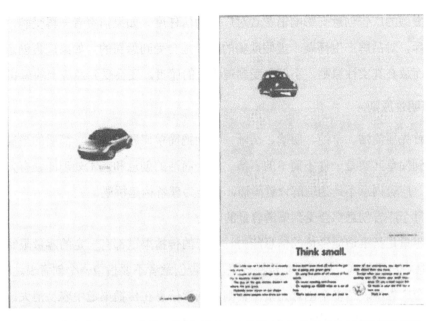

图 4-14　大众汽车 1998 年的广告(左图)与 20 世纪 60 年代的广告(右图)风格相似

2) 温馨的情感

共鸣理论认为：一种积极的、温和的、短暂的感情，包括人们生理上的反应，可以使人们直接感受与爱、家庭、友情有关的情愫并促进其在情感上的共鸣。采用温馨的情感实现共鸣的优秀广告非常多。获得 1998 年戛纳国际广告节银奖的作品《新西兰电讯》电视广告创意就是采用该理论获得评委的一致好评。

三、广告创意的表现原则

广告创意的表现原则是解决广告"怎么说"的问题。怎么将广告说得好、说得巧、说得有效果。有效的广告创意也就是好的广告创意表现，有 6 条原则：真实、简明、通俗、差异、形象和关联。也就是说，好创意应该真实、简明扼要、通俗易懂、有差异性，形象地说，讲究关联性。

1. 真实性原则

真实性原则要求广告创意的内容真实、准确、明晰，不得造假、夸大、含糊，这是广告活动的根本原则和基本规范。广告创意的最根本原则就是真实性原则，广告创意必须诚实，令人信服。

大部分消费者是通过广告认识到企业及产品和服务的，广告是企业的代言人或发言人，所以广告创意的真实与否是消费者判断企业是否诚信的重要依据。如今，消费者法律意识日趋增强，虚假的广告创意很可能让企业官司缠身，甚至名誉扫地。

夸大虚假的广告创意会影响消费者对广告的信任度。如果消费者一再受骗，必然对广告产生排斥，对品牌产生怀疑。虚假欺骗的广告是会受到惩罚的，如果广告创意者为了短期的效益而放弃真实性原则，不仅会受到道德上的谴责，还会受到经济上的惩罚。

2．简明性原则

创意首先要简洁、单纯、明确、清晰，不能把简单问题复杂化。简明的最高阶段就是单一，做到简单其实是一件不简单的事情。一个简洁的创意和艺术处理能强有力地把意念表现出来。广告创意不是为理解设置障碍，而是为理解构建桥梁。

1) 每个广告创意都会受到渠道容量的限制

渠道容量是指渠道能传达的信息能力。所有的传播渠道都有一定的容量限制，超过了容量，信息将出现堵塞，从而影响传播效果。广告创意者不要指望一个创意表达多个内容，不要在一个广告中表达多个创意元素；否则，创意信息在传播渠道中容易消失。例如，用15秒的电视广告表达多个信息，这些信息就容易堵塞。

坚持创意的简明性原则，明白"少即是多，多即是少"的道理，创意者应充分考虑渠道容量限制的问题，如图4-15所示。

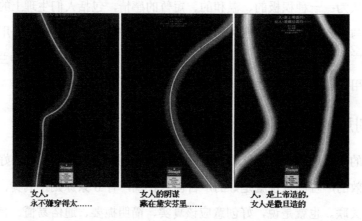

图4-15　黛安芬系列广告，充分说明广告传播的信息容量极其有限

2) 每个广告创意都受到受众接受量的局限

广告创意的诉求要尽可能单一，因为受众接触到每个广告的时间、注意力和耐心都是非常有限的。好的广告创意都是非常简单的，要最大限度地利用受众的接触机会传达最容易让受众留下深刻印象的信息。

受众给每个广告的时间是非常有限的，接触广告往往只有几秒钟时间，关注力很弱。经过一个户外广告可能只有几秒钟的时间，浏览报纸上的广告也只有一两秒钟的时间，接触网络广告同样只有几秒钟，关注一则电视广告也不会超过10秒钟。与此同时，广告与广告之间也存在干扰。受众关心的是他们所需要的产品或服务。如果广告创意忽视这一点，对广告进行众多次要信息的诉求，就可能造成欲多则寡的后果。创意者不可能在有限的时空传达无限的信息，这也要求广告创意诉求必须单一，如图4-16所示。

图4-16　第十二届学院奖修正药业平面类银奖作品，"没有异味，更有女人味"诉求单一，产品特性突出

3) 简明才能突出第一信息

广告创意首先要确定最重要的信息，即主要信息或第一信息。正确的广告创意策略应该是单一地诉求产品第一信息，把该信息用简洁单纯、明白无误的创意强烈地表达出来。

广告主可能认为所有信息都是重要的，期望一次广告投入能把企业或产品的所有信息都传递出去。但是，对消费者而言，信息过多可能会相互干扰，结果是什么信息都没有记住。因此，简明性原则就是将信息进行聚焦、提炼。创意必须简明，受众才会在极短的时间内，清晰明白地了解到品牌和产品。绕弯子、兜圈子、与受众捉迷藏都不利于信息传播。

3. 通俗性原则

1) 通俗有利于信息传播

通俗可以大大方便受众的理解，节省沟通成本。国际上人们用广告的易读性与易听性来分析广告创意的难度指数，如句子的长度、词的难度、读者的认识背景以及广告创意组织与结构上可以帮助受众理解的各种因素等。通俗性的创意原则就是要求广告创意者把复杂的问题通俗化。

2) 通俗性与文化背景相关

广告创意的通俗性，要考虑广告创意对文化教育、文化程度和文化差异的要求。不同的国家、不同的民族有不同的文化特征，在语言和风俗习惯上都有不同的广告创意要求。有的广告在欧美国家非常通俗，但是我国的受众却不知所云，如图4-17所示。同样，在我国大家都熟知的故事、诗歌、谚语、典故等，国外受众不一定能理解，即使翻译出来也不一定能体会到广告中的创意所在，如图4-18所示。

针对什么文化背景的受众就应该采用什么广告创意，有什么文化程度的受众就会有什么文化水平的广告创意。文化背景是决定广告创意通俗性的重要因素之一。

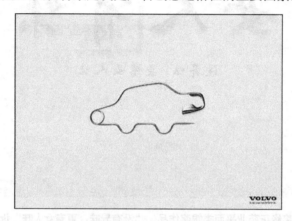

图 4-17 沃尔沃广告作品，获 1996 年戛纳广告节平面广告金狮大奖，创意很好，但是如果在我国市场就不够通俗，"安全别针"与汽车难以理解。因为我国别针没有安全的含义

图 4-18 禁止重婚广告创意，将中文字"凄"在田字格里拆成"二妻"，表现自由添加的下场将是"悲伤凄惨，冷落静寂"

3) 通俗性与经验背景结合

经验是广告创意通俗性要考虑的。经验包括目标受众的社会经验、社会环境、生活阅历等。广告创意与受众经验重叠越多，他们认知的通俗性就越高。例如，广告创意应该与目标受众的语言环境结合，一些网络语言，对网民而言像是家常便饭，但对于另一部分不怎么上网的人而言如同天书；一些足球术语，对球迷而言，如数家珍，但是对于另一些不怎么踢足球的人而言则是不知所云。

4) 通俗性是对等的

广告创意的通俗性是对等的，是相对目标受众而言的，不是一个固定的水平标准。如果目标受众是高文化水平、高生活品位的人，广告创意也应该高雅，而不能庸俗或低俗；如果目标受众是普通人，广告创意则不应该过于文学化、高雅化。很多广告创意经常将传说、历史典故或文学故事进行改编，广告创意者一定要考虑该信息是否通俗，是否能与目标受众的理解水平一致，也就是说，与目标受众是否有共同语言。脑白金的广告"今年过节不收礼，收礼只收脑白金"，专业人士对该广告有众多批评，认为其"恶俗""低俗"甚至是"创意垃圾"。但是就其通俗性而言，广告创意与目标受众在语言理解上的认知水平是对等的，老百姓很容易理解。从这个角度说，脑白金的创意是成功的。

4. 差异性原则

广告创意的差异性是最基本的原则与要求。广告的表现形式、角度或手法要与众不同、突破常规才能产生出奇制胜的效果。做到独一无二的差异就是原创性。原创性是广告大师伯恩巴克提出的一条重要的广告创意准则。广告创意要求新颖独特，富有创造性，既不能重复或模仿别人，也不能重复模仿自己。目前，广告创意模仿跟风非常严重，广告语中出现"今天你喝了没"之后，便到处可见"今天你玩了没""今天你用了没"之类的派生广告；别人有了"想唱就唱，唱得响亮"，跟着就出现了"想唱就唱，想喝就喝""想唱就唱，想吃就吃"，或干脆原文照抄。

1) 差异性可以引起注意

广告必须在极短的时间内引起受众的注意。如果广告创意没有差异性，就无法吸引受众的注意力。现代社会同质化产品越来越多，信息的发布铺天盖地，消费者每天都处在信息的海洋中，人云亦云的、雷同的、表现方式一般的广告创意难以引起受众注意。从某种意义上说，广告创意就是创造意外。例如，巴拉巴拉童装的电视广告：

女儿：妈妈你肚子上怎么有一道疤呀？

妈妈：这是医生要把你从我肚子里面取出来。

女儿：妈妈，你为什么要吃我？

妈妈：……

画外音：童年不同样 巴拉巴拉

广告效果要通过许多环节的传递才可以产生作用，吸引注意是广告的第一步，没有注意一切无从谈起。没有差异性、无创意的广告与没有广告投入相差无几。

2) 差异才会留下记忆

如果没有强大的差异性的震撼，印象就不会持久，很快会被消费者遗忘。广告创意要想有震撼力和冲击力就必须有巨大的差异性。

很多汽车广告创意缺乏差异性，基本都是汽车在路上跑，事后受众基本不记得是谁在路上跑，为什么跑。众多沐浴露的电视广告都是俊男美女在水中赤裸上身，搓揉泡泡，一个晚上不知看多少相关品牌，到了商场基本不记得哪个广告对应的是什么品牌，看完几分钟后基本没有印象。如图 4-19 所示的玉兰油沐浴露电视广告创意就与众不同。

图 4-19 与一般沐浴露广告创意不同，玉兰油广告从按摩师的角度进行创意，按摩师准备给女士踩背按摩时，滑倒了，告诉受众"超润滑肌肤来自玉兰油沐浴系列"

3) 差异的创意才有新意

创新可以给消费者一个新的思维方式,让其从全新的视角或认识层面看待产品或服务的功能、特征和优点。

为了使广告更吸引人,产生新奇感与吸引力,在众多广告中脱颖而出,差异性可以创造新的表现形式,运用现代手段给产品一种全新含义。

4) 差异性的创意才能造就个性

差异性的创意能赋予品牌个性,使品牌与众不同,让消费者认识品牌的个性基调。对众多品牌而言,广告创意的差异性是品牌个性的组成部分,非常重要,不可或缺。无论是万宝路的广告创意还是绝对伏特加的品牌个性,或是贝纳通的我行我素的广告创意都对品牌个性的树立起着至关重要的作用。

广告创意的差异性要有个性,应通过各种手段和表现进行强化。差异性的创意赋予了品牌鲜明个性,只有不懈地坚持,品牌差异化个性才会越来越突出。

5. 形象性原则

形象性原则是广告创意的价值所在,非常重要。如果广告创意没有实现品牌、产品或服务的形象化,那么这个创意是没有价值的。

1) 形象性有利于提高受众视听率

信息社会时代,信息输出量越来越大,受众接受广告的干扰也越来越多,广告形象性的地位越来越突出。有人说,现在进入了读图时代,越来越形象、直观的广告,越来越为受众喜闻乐见。特别是科学技术的发展,让产品和服务的科技含量越来越高。广告创意必须要化抽象为形象,化无趣为有趣,化枯燥为生动,这样才有可能抓住受众眼球,实现广告效果。广告的创意形象性,有利于产品或服务摆脱冰冷特性,变得生动起来。有趣才有吸引力,才会引人入胜,赏心悦目。如图4-20所示,Wallis服装品牌的广告"服装杀手",平面广告充满故事感,将产品特性生动再现,使得整个画面如磁铁紧紧吸引住受众眼球,广告效果十分突出。

2) 形象性有利于增强产品感染力

广告创意形象性能增强产品或服务的魅力与附加值。形象性可以把产品或服务的卖点放大,变得更清晰,也可以使卖点具象化,让受众容易理解和知晓。李奥·贝纳提出广告创意要挖掘产品本身"与生俱来的戏剧性",令商品戏剧化地成为广告里的英雄。

图 4-20 Wallis 服装广告"服装杀手"

6. 关联性原则

关联性原则是指广告创意中要注意与产品、消费者和竞争对手的联系，要涉及目标消费群、品牌个性、广告利益点、媒体组合等多方面的因素，要对市场、消费者有深刻的洞察，对品牌的概念有深入的了解。

1) 与产品的关联性

与产品的关联性，关键在于找准创意传达的切合点，这个切合点应该是消费者认可的，与产品特性直接相关的。毋庸置疑，品牌的建立从创造形象差异发展到个性、概念的差异，只有在品牌内涵中赋予其独特气质，才能从根本上与其他品牌相区别。但是，更应该看到，任何品牌都不是无本之木、无源之水，而是和产品紧密联系在一起的，和产品特性是一致的，这种关联性对广告能否成功实现销售增长是至关重要的。如果仅仅只是使品牌个性深入人心，却没有让消费者认知个性与产品的联系，那么品牌个性的建立仍然是失败的。

2) 与消费者的关联性

广告创意除挖掘广告产品的关联性外，还要注意与目标消费者的关联性，也就是要了解消费者使用该产品的环境与方式，引起消费者共鸣。

3) 与竞争对手的关联性

这是比较式广告创意，在广告中将自我品牌与其他竞争品牌进行比较，从而突出自我品牌某方面的特性，让受众接受广告品牌比对比品牌更优越的事实。根据与竞争对手比较方式的不同，比较式广告创意可以分为泛比、贬比和弱比3种。

(1) 泛比，有两种情况，一种是广告产品进行新旧的纵向比较；另一种是将自我产品或服务与其他同类产品或服务进行不指名道姓的横向比较。如很多洗衣液广告创意，采用的就是泛比，将脏衣服放在两个盆里，一盆放了广告品牌洗衣液，一盆是没有品牌的洗衣液，几分钟后广告品牌洗衣液将衣服洗得非常干净，由此突出广告品牌特性。

(2) 贬比，又称攻击性比较，将自我产品或服务与其他同类产品或服务进行指名道姓的比较，明显抬高自己，贬低对手。我国《广告法》明确规定：广告不得贬低其他生产经营者的商品或服务，因此，此种做法并不可取。

(3) 弱比，是指市场新进入者借助知名品牌提升自己品牌形象的创意方式。找找自我品牌与市场领导者在某些方面的类似点，借此突出自我品牌的优点，迅速扩大品牌知名度，凸显准确定位，达到事半功倍的效果。例如蒙牛的广告：为民族工业争气，向伊利学习，做内蒙古第二品牌。

四、广告创意的表现形态

广告创意的表现形态有 3 种方式：理性诉求方式、情感诉求方式和情理结合诉求方式。广告创意者依据产品和企业的具体情况，采用不同的表现形态。

1. 理性诉求方式：晓之以理——示证的形态

理性诉求方式是通过说服、讲道理的方法，为消费者提供一些购买商品的理由，从而促使消费者购买该产品(或忠诚于该品牌)的广告创意方式。即采用示证的形态进行创意表现，通过示范与证实的方式，传达产品或服务的客观实际，带有资讯、情报的性质，摆事实、讲道理，晓之以理，使消费者经过认知、判断和推理的逻辑思维过程，理智地做出决定和选择。示证形态一般体现独特的消费主张(USP)，可以是人证、物证、事证、引证、验证和实证等。示证形态的创意优点在于直接、清晰、明了，但要注意符合广告法规要求。

1) 自我示证

自我示证又称为产品情报诉求，从产品或服务本身出发，对消费者进行理论陈述告知，让他们可以判断购买该产品或服务的好处，以此作为诉求点，注重传达企业、产品或服务的名称、特点、优势等，强调信息的告知与示范。产品或服务本身的特点或优势可以从质量、性能特点、服务内容、范围等方面展开，带有明确的告知性，大多从第一人称角度出发，我有什么特征，我提供什么产品和服务以及我具有的优势等。

(1) 产品本身的功能优势。产品具有什么功能优势，给消费者的具体利益是什么。这一点在宝洁各产品的广告中表现得特别突出，海飞丝去屑、潘婷修复受损发质、飘柔使头发更柔顺，各产品都有具体的优点特性，每一个广告都是产品具体优势的有效传达。

(2) 产品产地的优势。有的产品优势在于产地，如矿泉水、葡萄酒、白酒等，包括产地的文化历史、地理、气候等特征都是证实产地优势的元素。例如，临武鸭以其产地临武山水作为广告创意元素——"临武山水鸭天下"。产地还包括原产国,如韩国的整形美容、法国的香水和服装、意大利的皮具等。

(3) 过程的特征。产品或服务过程描述,包括局部或生产的全过程。例如,统一老坛酸菜牛肉面的广告:

四川陈年老坛酸菜

九九八十一天腌制而成

这酸爽"不敢相信"。

2) 用户示证

用户示证也称用户群雕,是通过换位示证——用户导向的方式,从消费者角度出发,通过消费者的体验去阐述产品或服务的性能、特征、优势以及消费者购买了产品和接受了服务所获得的利益。这是一种举例说明的方法。

(1) 具体用户示证。通过具体的实际使用人来证实产品或服务所具有的优势、特征的创意方式。这样可以增加广告的可信度,使受众觉得是真实的、有根据的。具体用户必须指名道姓,可以是普通消费者,也可以是特殊人群。在创意过程中,必须要有消费者的书面授权,并就书面授权的相关事宜做出明确规定。如果签订的适用合同的具体媒体是户外广告,却将其形象应用到报纸或杂志中,就会产生法律纠纷。

(2) 一般用户示证。借助一般消费者来体现产品或服务的优势以及带给消费者的利益。这种不指名道姓的示证,可以是一般性示证,也可以是具体用户示证。在电视广告中采访普通消费者,咨询他们使用某些产品的感受,或让他们出具实物进行证实也属于此类。

用户示证的商业广告一定要注意《广告法》的相关规定,药品和医疗器械的广告"不得利用专家、医生、患者的名义和形象作证明",也不能"使用国家机关和国家机关工作人员的名义",还须注意"不得使用党和国家领导人、警察、军人等名义"。

3) 事物示证

事物示证是以实际发生的具体事例、事件作为创意内容的创意方式,即用事实说话。这些事例、事件可以是突发性的,也可以是一般性、经常性发生的。一些高科技产品、大件耐用品和工业品等不适合夸张的表达方式,而要用严肃的事物示证的创意方式。大卫·奥格威说过,好的成药广告应该是严肃认真的,对患者而言,身体不适不是开玩笑的事情,承认患者的现实,才会受到他们的欢迎……广告应该在宣扬产品优点的同时,给患者一些有关病理的知识,处在病痛中的患者渴望你能够有助于他。

4) 科学示证

科学示证是通过实验或数据的方式,用数字说话,体现科学的依据,增强说服力和示证效果。用实验的方式，可以是正面实验，也可以是反面佐证。霍普金斯在《我的广告生涯 科学的广告》中提到："如果你引用确切的数字、确定的事实他们就会全盘接受你的说法……以钨丝灯为例，如果说它比其他灯更亮，人们不过有点印象，但说它的亮度是碳丝灯的3倍多，人们就会觉得你确实做过比较，他们便会对你的诉求照单全收。"

科学示证形态的广告创意要注意《广告法》中的相关规定，"使用的数据、统计资料、调查结果、文摘、引用语，应当真实、准确，并标明出处"。例如，药品和医疗器械的广告不得含有"治愈率或有效率"，不得利用"医疗科研单位、学校机构、医疗机构等做证明"。

2. 情感诉求方式：动之以情——情感形态

情感诉求方式是通过感情的渲染、情绪的撩动，让消费者的心灵产生深深的震撼或积极向上的情绪反应，从而促使消费者购买产品的广告创意方式，也就是通常所说的"动之以情"的手段。情感诉求方式的创意，可以不讲道理只讲感情，一般体现产品的附加值，强化产品或服务的亲和力，强调品牌形象。人性是一个内涵丰富的主题，生命的新陈代谢、生老病死，人生的悲欢离合、喜怒哀乐，感情的相互交流以及对生活的追求等都可以成为广告创意中非常重要的题材。情感诉求方式可以撷取生活中某个情节片段，或提倡一种生活方式，或营造一种情绪氛围。甚至有人这么说：在过剩的消费时代，在相对富裕的社会里，消费者的目的，不再是只为需要而消费，更多是是为消费而消费，跟着感觉去消费。

1) 亲情

表现血脉相连的亲人之间的思念、牵挂、追忆和怀念等情感，其中最常用的是"母爱"与"父爱"。例如，用父爱的方式进行广告创意的"第十届学院奖文案类雀巢咖啡"命题金奖作品：

活出敢性——面对篇

父亲结婚的那天 我带着妈妈的遗像离开了故乡

站在月台上 我告诉自己 从此在这座城市里 我不再有家

七年后我的婚礼上 我又一次见到父亲

父亲老了 瘦了 一面对穿着婚纱的我微笑

一面背过身从药瓶中倒出一把药丸丢进嘴里

看着父亲斑驳的两鬓 七年未曾掉泪的我突然哭了

我终于有勇气面对这个事实：

有父亲的地方 才有家

面对你所不敢面对的感情

雀巢 活出敢性

2) 爱情

体现夫妻的恩爱、忠实，或恋人之间的情感体验。爱情是人类永恒的话题，在广告创意中，某个产品或服务在爱情中扮演着重要的角色，起着重要的作用，并具有特殊的意义。例如，第九届学院奖文案类作品金奖作品：

爱恋三部曲

1. 一见倾心

只要尝一口。这种滋润的享受，你已期待很久。哪怕只是第一次，你也会终身回味。蒙牛真果粒，真实果粒+香醇牛奶，双重营养与乐趣，由内而外地释放健康动人魅力。新口感带给你前所未有的美妙滋味，难怪你会对它一见倾心。

2. 爱上了

从第一次到每一次。跃然唇齿的独特口感，让动人更添魅力。蒙牛真果粒，真实果粒+香醇牛奶，饱满的、醇香的，真是完美搭配！嗯，就是这美妙的滋味。忘不了就爱上吧！

3. 今生共相伴

每一刻的留恋，每一天的相思，莫说岁月长长，长长永不变……这种相爱的感觉，你与真果粒也会发生。真实果粒+香醇牛奶，多种维生素、矿物质、水果膳食纤维，还有那醇香的牛奶，持久滋润健康，体验动人魅力！爱不释手，今生共相伴！

3) 友情

表现朋友之间的情感，同学之情、战友之情、同事之情等。可以是长久的友谊，也可以是短暂的友情。例如，好丽友的广告："好朋友，好丽友。"

4) 乡情

体现故乡的景物或对于往事的追忆、怀念。乡情一般与童年联系在一起，与往事结合，对过去的景物进行重现，带有怀旧色彩和怀念的情愫。例如，台湾青果运输合作社推广本地水果的广告，以"乡土的滋味香又甜"为主题进行广告创意。

5) 同情

表现对平凡人、社会弱者或不幸者的生活艰辛和苦楚的同情和关爱。例如，芬必得的广告，以对于支教老师的关爱为创意，饱蘸感情：

芬必得 关爱学校篇

我是103个孩子的爸爸，

孩子不读书没出路，

学校自己盖，

老师自己当。

三百六十行,干了一大半。

腰痛时,肩上的担子突然重了很多……

有阳光的地方就有学校。

芬必得(字幕)

【课堂演练】

1. 对比以下两则广告,分析两则广告中的广告创意特点。

广告一:

一辆行驶的轿车在红绿灯路口正要飞驰而过时,一盒止咳药外包装盒从天而降,落到车上,轿车戛然而止,绿灯变成红灯,广告语为××止咳药,想停就停。

广告二:

一个老爷子干咳的声音:"止咳药放在哪儿了?"同时伴着老伴翻抽屉的画面,这时老爷子又问:"去痰的呢?"老太太又急忙去找抽屉。老爷子又问:"消炎的呢?"老太太一声叹气。这时女儿递给老太太一盒药说:"妈,这是我给爸买的……"

广告语为:止咳、去痰、消炎三位一体,××止咳药!

2. 根据任务1中课堂演练2的策略单,完成广告策划书的广告创意执行提案部分。

任务5 媒介投放提案

【教学准备】

1. 具有互联网环境的实训教室。

2. 指定可链接的网页。

(1) 中国大学生广告艺术节学院奖(http://www.xueyuanjiang.cn/)。

(2) 第七届全国大学生广告艺术大赛(http://www.sun-ada.net/)。

(3) 中国文明网(http://www.wenming.cn/)。

(4) 华润怡宝饮用水官方网站(http://water.c-estbon.com/video/)。

【案例导入】

新广告媒体的开发与运用

现代广告策划者可以根据具体策划实践以及个体的智慧发现新广告媒体。例如,丹麦首都哥本哈根的脚踏车就成了当地一个新型的广告媒体。在哥本哈根，旅客只要支付20丹麦币就可以自由取用一辆脚踏车，用完后把车放回原处，他可取回这20丹麦币。有一个商人表示愿意免费提供5000辆脚踏车，条件是能在车身上做广告。市议会经讨论批准了这一请求。这对一向不准做户外广告的哥本哈根市来说，既特殊又新颖。由此，许多广告主与该商人签署了为期4年的广告合同，该商人大赚了一笔。

【知识嵌入】

广告媒介投放是为了经济有效地实现广告目标，运用科学方法，对各种不同广告媒介进行有计划地选择与优化组合。如何选择广告媒体？应该运用哪几种媒介组合？怎样最大限度地发挥媒介的效果？都是广告媒介投放要解决的问题。因此，媒介投放需要把握各种广告媒介的作用和特点，进行可行系统的选择优化，选定能够适时而准确地将广告信息传递给受众并达到广告目标的媒介和方法。可见，媒介投放提案是广告策划书的重要环节，也是开展广告活动的关键。

一、广告媒介概述

1. 广告媒介的种类

广告媒介是用来进行广告活动的物质技术手段，也是沟通买卖双方的广告信息传播通道，如报纸、电视、广播和互联网都是广泛使用的广告媒介。由于广告媒介的不断发展，对广告媒介的分类越来越复杂，常见的分类主要有以下两种。

1）按表现形式进行分类，可分为印刷媒介和电子媒介

印刷媒介是用印刷在纸质上的文字符号及图案，通过作用于人的视觉达到传播目的，实现广告传播的媒介。主要有报纸、杂志、户外的平面广告、说明书、包装装潢等。其特点是广告宣传时间较长，便于查询和保存，具有重复宣传的优势。

电子媒介包括电视、广播、电影、电子显示屏、霓虹灯、互联网等。它与当代科技紧密联系，具有极强的时代特征。电子媒介传播信息迅速、适应性强、感染力强，越来越被广告商所推崇。

2）按功能进行分类，可分为视觉媒介、听觉媒介和视听结合媒介

视觉媒介包括报纸、杂志、直邮、招贴、橱窗布置、交通广告等。主要特点是通过对人的视觉刺激，影响人们的心理活动，从而使人对广告留下印象。

听觉媒介包括广播、电话等，主要通过人的听觉实现感官刺激，激发人的心理感知，实现广告内容的传递。

视听结合媒介主要有电视、电影、网络等。主要特点是兼具形象和声音双重功能，广告效果相应增强，在广告竞争中具有明显优势。

2. 广告媒介的特性比较

1) 报纸

报纸是最早刊播广告的大众传播媒介，也是最主要的广告媒介之一。其刊播广告的优势在于以下几个方面。

(1) 传播速度较快，信息传递及时。对于大多数综合性日报或晚报而言，出版周期短，信息传递及时。

(2) 信息量大，说明性强。

(3) 易保存、可重复。

(4) 阅读主动性强。

对于广告宣传，报纸也存在以下一些缺陷。

(1) 注意度不高。在一份报纸中，有很多栏目，也有很多广告，它们竞相吸引读者的注意。这样，只有当你的广告格外醒目时，才容易引起人们的注意。否则，读者可能视而不见。

(2) 印刷难以完美。报纸的印刷技术不断得到完善。受材质与技术的影响，报纸的印刷品质不如专业杂志、直邮广告、招贴海报等媒体的效果。报纸仍需以文字为主要传达元素，表现形式相对于电视的立体、其他印刷媒体的斑斓丰富，显然要单调得多。

2) 杂志广告

杂志也是最早用作广告的大众传播媒介之一。其优势如下。

(1) 杂志比报纸的可保持性更强，有效时间相对更长，阅读时间没有限制。杂志阅读率和传阅率比报纸高，广告效果更持久。

(2) 读者集中，选择性强。不管是专业杂志还是综合性杂志，都有集中的读者对象，这有利于针对不同读者群，进行适合的广告设计。

(3) 杂志的编辑精细，印刷精美，能给读者带来视觉上美的享受，进而产生心理认同。

在广告投放中，杂志广告的刊发量远远小于报纸，主要是因为杂志存在以下一些局限。

(1) 杂志的时效性不强，因其出版周期较长、灵活性差，难以刊载具有时间要求的广告。

(2) 杂志印刷复杂，广告更换和撤换都不方便，成本费用高。

(3) 广告宣传效果不突出。具有广泛影响力的综合性杂志不多，广告宣传的效果不突出。专业性杂志因其专业性强，读者受限制，广告登载效果更弱。

3) 广播

广播是传播信息速度最快的媒介之一，在我国也是最大众化的广告载体之一。广播的优势如下。

(1) 传播速度快，覆盖率高，不受时空限制。

(2) 传播次数多，收听方便。

(3) 广播广告通过语言、音乐塑造产品形象，听众感受真实、亲切，富有现场感。

(4) 广播广告改动容易，极具灵活性。有利于根据市场行情变化及时调整广告内容。

(5) 制作简单、费用低廉。

广播媒介的不足之处如下。

(1) 时间短，稍纵即逝，不易存查，很难给人留下深刻的印象，不会产生长久的记忆效果。

(2) 由于广播听众分散，广告效果相对难以测定。

(3) 广播广告没有视觉形象，有声无形，难以同时表现出商品的外在形象与内在质量，无法加深受众对商品的认识，广告效果受到一定程度的影响。

4) 电视

电视是最有影响力和最有广告效力的传播媒介，具有报纸、杂志和广播没有的优势。

(1) 声画合一。电视以感人的形象、优美的音乐、独特的技巧，给人美的享受，有利于受众对产品的了解，突出产品诉求。

(2) 覆盖面广，收视率高，诉求力强。

(3) 不受时空限制。

(4) 强制性收看。电视广告具有极强的强制性，这是其他媒介难以做到的。

当然，电视广告也有不足之处。

(1) 电视广告信息传播迅速，时间短，大大影响了广告商品的记忆效果。

(2) 电视广告受众选择性低，广告信息不易保存。

(3) 电视广告制作费用高，中小企业没有实力在电视媒介进行长期的广告投入。

(4) 电视广告时间性强，但是制作复杂、制作时间相对较长，广告无法满足企业要求。

5) 网络媒介

网络媒介兼备了电子和印刷媒介的共同特征，将声音、文字、图形和动画融为一体，形象直观，视听合一。网络广告的优势如下。

(1) 即时双向沟通。网络媒介改变了大众传播媒介的本质，信息传播者和接受者能平等交流，所有用户既是传播者也是接受者。

(2) 信息海量传播。每一个站点在主页下都可以有无数链接页面发布广告,网络信息在量上实现了无限性,这也使之成为广告主发布广告详情的最佳媒介。

(3) 交互性。交互界面让受众对网络广告的阅读层次化,用户对感兴趣的产品介绍可以进行详细阅读,而且能进行信息评价,方便企业与受众即时互动。

(4) 参与性强。网络媒介中,任何人都可以成为广告主,网络中无须代理审批,费用低廉,个性化设计的网页广告,为广告大师创意提供了无限的空间。

(5) 针对性强。网络媒介是一种寻求深度个性化的媒介,网络广告趋向于针对目标群的窄波,可以按照受访者的地理区域选择不同的广告出现,根据一天或一周中不同的时间段出现不同性质的产品等。

网络媒介的不足之处如下。

(1) 用户不确定。虽然网上用户群多,但是用户定位十分模糊。

(2) 垃圾信息过多。网站之间信息的非法拷贝现象严重,重复率高,广告价值体现不出差别性。

6) 其他广告媒介

除了五大广告媒介外,还有很多其他广告媒介,如 POP 广告、直邮广告、户外广告、交通广告、招贴、传单、挂历、包装等广告媒介。这里我们选择几种常见的媒介形式加以介绍。

(1) POP 广告。售货点广告,又称销售现场广告,是一种综合性的媒介形式,从内容上可以分为室内媒介和室外媒介。室内媒介主要有货架陈列广告、柜台广告、商店内墙上的广告、模特广告、圆柱广告等。室外媒介主要有购物场所、超市和周围的一切广告媒介,包括广告牌、霓虹灯、灯箱、电子显示屏、招贴、橱窗等。

(2) 直邮广告。直邮广告是通过邮寄把印刷品广告有选择性地送到用户或消费者手中的广告形式。主要包括:产品说明书、商品价格表、商品目录、展销会请帖、宣传小册子等。

(3) 交通广告。交通广告利用公共汽车、火车、地铁、飞机、轮船等厢体或交通要道设置或张贴广告信息。

二、选择媒介的影响因素

选择广告媒介应该以最少的广告投入获得最大的广告效果。影响广告媒介选择的因素是多方面的,特别是影响广告媒介组合的因素较为复杂。主要包括以下几个方面。

1. 产品特性因素

广告产品特性与媒介选择密切相关。广告产品的类别、性质、质量、价格、特色、包装等，对媒介选择有直接或间接的影响。必须针对产品特性进行合适的广告媒介选择。例如，化妆品要展示产品的高贵品质，具有强烈色彩和视觉效果的杂志和电视媒介就比较适合，广播和报纸等媒介就不宜采用。一般而言，机械设备、原材料等有关生产资料的产品广告采用说明书、商品目录或直邮广告等形式则能起到较好的广告效果；而服装最好采用时装表演的形式。总之，广告媒介是否与产品特性符合，是制订媒介计划必须慎重考虑的。

2. 媒介受众因素

广告媒介受众是信息传播的对象，也是接触广告媒介的人群。媒介受众的不同特性，如年龄、性别、民族、文化水平、信仰习惯、兴趣爱好等，都会影响到其接触媒介的习惯，直接关系到媒介的选择和组合方式。

3. 广告目标因素

广告主之所以愿意花钱发布广告，都是为了实现其特定的目标。因此，媒介选择与时间安排必须依据广告目标的要求来确定，看其是否能与广告主的经营策略与经营活动紧密配合。

4. 竞争对手因素

竞争对手对广告媒介的选择和广告费用使用对广告媒介有显著的影响。如果竞争对手少，广告主可以较从容地选择自己的媒介并安排费用；如果竞争对手多而强大，广告主有实力与之竞争，则可用正面争锋的方式，在竞争媒介上压倒对方；如果财力有限，则要采用迂回战术，采用其他媒介。

5. 广告预算因素

广告主投入广告活动的经费预算是媒介选择的直接因素。例如，经济效益不好的中小企业，受广告预算的限制，基本不会采用报纸、杂志、电视等费用高昂的媒介。而对于经济效益好的大型企业，广告预算较多，报纸、杂志、电视等媒介则是其经常采用的媒介对象。因此，要在广告经费预算范围内，对广告媒介做出最佳选择。

6. 媒介成本因素

广告媒介的成本是媒介选择中关注的一项重点。不同媒介，广告价格不同，不同版面、不同时间，媒介收费标准也不同。在媒介选择中，有的媒介比较适合广告信息的传播，但是媒介费用过高，广告主也只能忍痛放弃，另择可以承受的媒介进行组合。

7. 媒介的寿命因素

广告媒介与受众接触的时间有长有短，这就是媒介的寿命因素。它直接影响了广告媒介的选择。一般来说，电子媒介的寿命较短，印刷媒介寿命长短不一。例如，报纸媒介的寿命一般是三到五天，杂志媒介的寿命是一个月到两个月。如果要发挥更大的广告效果，就应多次重复推出。

8. 环境因素

媒介所在国的政治、经济、文化等环境因素对媒介选择也有重大影响。主要体现在广告所处国的政治法律状况、民族特征、宗教信仰、风俗习惯、教育水平等方面。

三、选择广告媒介的方法与原则

1. 选择媒介的方法

为了减少选择广告媒介的偏差和失误，必须灵活巧妙地运用广告媒介选择的方法。选择媒介的方法很多，常用的有以下几种。

1) 按目标市场选择媒介的方法

任何产品总有特定的目标市场，广告媒介的选择必须找准这个目标市场，使产品销售与广告宣传范围一致。如果产品以全国范围为目标市场，广告媒介选择应寻找覆盖面大、影响面广的媒介，如全国性的电台、电视台、网络等。如果产品以特定细分市场为目标市场，则考虑哪种媒介与该目标市场重合度最高。

2) 按产品特性选择媒介的方法

如今产品种类繁多，不同产品适用于不同的广告媒介，要按产品特性慎重选择传播媒介。例如，工业品的技术含量较高，价格较也高昂，用户较少，一般选择专业杂志、直邮、展销现场等媒介。

3) 按消费者选择媒介的方法

任何产品都有特定的使用对象。一般而言，软性产品有较固定的消费者，广告媒介根据目标受众喜欢的媒介进行广告投放。例如，化妆品，消费者为青年女性，根据这一特征，就必须选择年轻女性最喜欢的媒介传播。

4) 按消费者的记忆规律选择媒介的方法

广告是间接推销产品，人们接受广告信息，不会看后立刻去购买，会有一定的时间差。因此，广告应遵循消费者的记忆规律，不断加深与强化其对广告产品的记忆与印象，起到指导购买的作用。

5) 按广告预算选择媒介的方法

每个广告主的预算都是不同的，有的可能高达几亿元，有的只有几千元，这就决定了广告主必须按其投入广告成本的额度进行广告媒介选择。广告是一项既有利又昂贵的投资。广告主对广告媒介的选择要量力而行，在广告推出前，必须对选择的媒介价格进行精确的预算。如果广告价格高于实施广告后所获得的经济效益，就应放弃该广告媒介。

6) 按广告效果选择媒介的方法

广告效果是一个相当复杂又难以估计的问题，广告主应坚持选择投资少、效果好的广告媒介。

2. 选择广告媒介的原则

正确选择广告媒介，应该遵循以下 4 个原则。

1) 目标原则

广告媒介的选择必须与广告目标、广告战略协调一致，不能相违背离，这是广告媒介策划的根本原则。目标原则强调广告媒介的选择应服从和服务于整体广告战略需要，与广告目标保持一致。消费群体不同，对广告媒介的态度也会不同。因此，要根据广告目标消费者接触广告媒介的习惯和态度来确定媒介选择，符合广告战略的整体要求，实现广告目标，获得良好的广告效果。

2) 适应性原则

广告媒介的选择应根据情况的发展变化进行及时调整，使媒介选择与广告运动的其他要素保持最佳最适应状态。适应性原则包括两个方面的内容。一方面，广告媒介的选择要与广告产品的特性、消费者特性和广告信息特性相适应；另一方面，广告媒介的选择要与外部环境相适应，如政治、经济、文化等发生变化，媒介方案也应做出相应的调整。

3) 优化原则

广告媒介要选择传播效果最好的或达到最佳的媒介组合。优化原则强调，广告媒介的选择及组合，应尽可能寻找到对象多、注意率高的传播媒介组合方式。就目前而言，要寻找到各方面都具有优势的某种媒介及其组合是不可能的。例如，报纸广告的注目率相对低，形象效果较差，电视广告在这些方面有优势，但从记忆方面分析又不尽如人意。

4) 效益原则

广告媒介选择在适合广告主费用投入能力的前提下，以有限的投入抓住可以获得的最理想效果。无论选择哪种广告媒介都应该将广告效益放在首位，这就要求广告媒介策划应始终围绕选择成本低而传播效果好的广告媒介这个中心进行决策。

【课堂演练】

根据任务 1 中课堂演练 2 的策略单,完成广告策划书的媒介投放提案部分。

任务 6　广　告　预　算

【教学准备】

1. 具有互联网环境的实训教室。

2. 指定可链接的网页。

(1) 中国大学生广告艺术节学院奖(http://www.xueyuanjiang.cn/)。

(2) 第七届全国大学生广告艺术大赛(http://www.sun-ada.net/)。

(3) 中国文明网(http://www.wenming.cn/)。

【案例导入】

秦池酒的广告投放

1995 年 11 月,秦池以 6666 万元夺得央视第二届黄金时段广告"标王"。1996 年第一季度,其销售收入达 3 亿元,到 1996 年年底,实现销售收入 9.8 亿元,创下中国白酒销售的神话。

1996 年年底,央视第三届黄金时段广告竞标现场,山东一白酒厂报价 2.0099 亿元,这是中国广告报价首次突破 2 亿元。此时,秦池报出了 3.2122118 亿元的价格,全场一片哗然。有记者问:"秦池的这个数字是怎么计算出来的?"姬长孔回答:"这是我的手机号码。"全场哑然。

1997 年,秦池的广告铺天盖地,但销售收入比上年锐减了 3 亿元,利税下降了 6000 万元。1998 年第一季度,秦池酒厂的销售额比 1997 年同期下降了 5000 万元。1996 年年底和 1997 年年初加大马力生产的白酒积压了销不出去,全年亏损,曾经辉煌一时的秦池模式成为转瞬即逝的泡沫。当年度,秦池完成的销售额不是预期的 15 亿元,而是 6.5 亿元,再一年,更下滑到 3 亿元。 从此一蹶不振,最终消失。

【知识嵌入】

广告预算是企业投入广告活动的资金费用使用计划。它规定在广告计划期内从事广告活动所需的经费总额、使用范围和使用方法，是企业广告活动得以顺利进行的保证。广告策划的中心任务在于用最少的经费达到最佳的广告效果。因此，广告预算的目的就是要使广告经费得到科学、合理的使用。

一、广告预算的作用

广告预算在广告活动中具有重要的现实意义，预算多了会造成费用浪费，预算少了将影响必要的广告宣传活动，甚至影响整个销售环节，不利于企业竞争。广告预算的作用具体体现在以下几个方面。

1. 控制广告规模

广告规模必然受到费用的制约。广告的时空、设计与制作、媒介选择与使用等，都受到广告预算的控制。广告预算是一个系统性的工程，它对广告费用的多少、如何分配都有明确的规划。通过广告预算，广告主可以对广告活动进行管理和控制，从而保证广告目标与企业营销目标协调一致，确保广告活动按计划完成。

2. 规划经费使用

广告预算可以规划经费的使用。广告预算的目的在于有计划地使用广告经费，使经费使用合理有效。它对每一项广告活动、每一段时间、每一种媒介上应投入的费用都做了合理分配，这就保证了广告经费的合理支出，避免不必要的浪费。

3. 评价广告效果

广告预算为广告效果的测评提供了经济指标。为了达到相应的广告效果，较多的经费投入必然要求获得较好的广告效果。同时，广告预算要求根据广告战略提案和媒介策略提供相应的广告费用。

企业在进行广告经费投入时，应避免一些错误的认识。

(1) 有了广告投入就会有效益。不尽然。广告活动如果经过深入调查、周密策划，是具有新颖的创意，那么广告投入越多效益越好。但是，如果没有计划，缺乏周密、细致的调查，盲目展开广告活动，随意进行广告投放，即便投入再多的广告费用，也难以获得预期的广告效果。

(2) 广告投入会增加成本，降低企业竞争力。广告费用控制在适当范围内是不会增加成本和影响销售的。

二、广告预算的内容

广告费指的是广告活动中所需要的各种费用,主要包括广告市场调查费用、广告设计制作费用、广告媒介使用租金、广告行政管理费等。

1. 广告市场调查费用

包括广告市场调查研究费用,购买所需材料等费用。

2. 广告设计制作费用

包括照片、翻印、制版、录音、录像、文字编辑、美术设计等费用。

3. 广告媒介使用租金

购买广告传播媒介的版面或时间费用。

4. 广告行政管理费

广告人员的行政费用,包括工资、办公、出差、管理费用等。

一般而言,广告费用在四个方面的支出比例大体是:广告设计制作费用占广告预算的10%,广告媒介使用租金占广告预算的80%,广告市场调查费用占广告预算的5%,广告行政管理费用占5%。当然,每个企业的管理情况不同,广告费用的内容和支出比例也会不尽相同。

三、广告预算的方法

1. 根据营销情况制定广告预算

根据营销情况和营销需要来确定广告预算,主要有销售百分比法、盈利百分比法和销售单位法。

1) 销售百分比法

销售百分比法是以一定期限内的销售额或利润额与广告费用之间的一定比率计算出广告费总额的方法。具体计算公式为:

$$广告费用 = 销售总额 \times 广告费用与销售额的百分比$$

也就是说,企业根据自身在一定阶段内销售总额的预算,将广告费用的投入确定为销售额一定百分比,由此计算出下一阶段的广告费用预算。

例如,企业去年销售额为 1000 万元,今年预算的广告费用占销售总额的 5%,那么今年的广告预算为:

$$广告费用=1000\,万元\times5\%=50\,万元$$

销售额百分比法主要根据销售额、利润额的不同计算标准细分为历史百分比法、预测百分比法和折中百分比法。历史百分比法就是依据历史上的平均销售额或上年度的销售额加以计算。预测百分比法就是预测下年度的销售额加以计算。折中百分比法，是将以上两种方法的结果加以折中计算。

2) 盈利百分比法

盈利百分比法是根据一定期限内的利润总额的大小来确定广告预算的一种方法。这里的利润可以是上年度已经实现的利润，也可以是预计来年的利润；可以按毛利计算，也可以按纯利计算。广告活动中，一般采用毛利计算。其计算公式与销售百分比相同。

例如，企业今年预计实现的毛利为 500 万元，广告费用占毛利的 5%。其广告预算为：

$$广告费用=500\,万元\times5\%=25\,万元$$

3) 销售单位法

销售单位法是按照一个销售单位所投入的广告费用进行广告预算。将每件商品作为一个特定的广告单位，每个特定单位加以一定金额的广告费，然后乘以计划销售额就可以得到广告预算。其具体公式为：

$$广告费用=每件产品的广告费\times产品销售额$$

例如，某产品每件广告费用为 0.1 元，计划销售 1000 万件，其广告预算为：

$$广告费用=0.1\,元/件\times1000\,万件=100\,万元$$

销售单位法简便，容易实施掌握，而且能了解产品广告的平均费用。这种方法比较适合薄利多销的产品，产品销售快，没有什么较高利润，能较准确地预算到产品被均摊后的广告费。采用这种方法，可以掌握各种产品的广告费用开支及其相应的变化规律。

2. 根据广告目标确定广告预算

这种方法可以称为目标达成法，是一种科学的广告预算方法。这种方法能明确广告费用与广告目标之间的关系，而且方便效果评估。

目标达成法的实施首先要明确广告目标，也就是要确定传播目标、销售目标和系统目标。其次，明确达成相应目标所要做的工作，如广告策划、广告制作、广告媒介和广告管理等。再次，计算各工作所需费用，如广告调查费用、策划费用、制作费用、媒介投放费用等，从而确定整体广告活动经费。

目标达成法根据目标和计算方法的不同，可分为销售目标法、传播目标法和系统目标法。

1) 销售目标法

销售目标法是以销售额或市场占有率为广告目标来制定广告预算的方法。即依据设定的广告目标来拟定广告活动范围、内容、媒介、频率等，再以此计算出所需广告费用。

2) 传播目标法

传播目标法是以广告信息传播的各阶段为目标来制定广告预算的方法。它是以传播过程的注意—了解—确定—行为几个阶段为目标来确定广告预算的。因为广告费与销售额的关系是由消费者对广告的反应过程与深浅程度表现出来的，因此，传播目标法比销售目标法更科学。传播目标法将各种媒介计划与销售额、市场占有率以及利润额等目标有机结合，能更科学地反映广告费用与广告效果的关系。

3) 系统目标法

系统目标法采用系统分析和运筹学的方法，将系统目标范围扩展到整个企业生产经营活动中，即将广告、销售密切相关的生产、财务等因素一并纳入广告预算，加以系统分析和定量分析，使广告预算更合理、科学和完善。

3. 根据广告效益和销售收益确定广告预算

这种方法主要包括根据广告效益递增广告预算和根据销售收益递减广告预算两种。

1) 广告效益递增法

广告效益递增法是一种动态地计算广告费用的方法，即按照企业销售额的增加比例增加广告预算。这种方法是浮动比例法的一种。如果企业营销目标实施中，产品销售额有所增长，广告费用投入就相应增加，二者比照递增。

广告效益递增法使用方便，易于把握。其基本原则是，企业广告费用按企业销售额的增加而增加。理论上说，如果企业的销售额较上一年度提高了 1 倍，广告投资额也相应增加 1 倍；当广告投放增加 1 倍后，销售总额也会增长 1 倍。

2) 销售收益递减法

销售收益递减法与广告效益递增法正好相反。企业产品销售不可能永远处于旺季，当产品处于销售高峰后，销售总额可能会减少。如果产品处于供不应求阶段，应该采用广告效益递增法进行广告预算，但是如果产品处于饱和阶段，就应该用销售收益递减法来确定广告预算。使用这种方法，关键要看企业能否审时度势，有效实现广告预算。

4. 根据竞争对抗确定广告预算

竞争对抗法是根据竞争对手的广告预算来确定本企业的广告预算方法，即根据同类产品的竞争对手广告费用的支出情况来确定本企业的广告预算。这种方法的主要依据是市场上同类产品竞争对手广告预算实际情况。具体有以下两种方法。

1) 市场占有率法

根据竞争对手的广告费用与市场占有率的比例来确定本企业的广告市场占有率所需广告预算的方法。其计算公式为：

广告费用=(竞争对手广告费÷对手市场占有率)×本企业预期市场占有率

如果竞争对手每年的广告费用是200万元，市场占有率为50%，而本企业希望达到20%的市场占有率，广告预算为：

广告费用=(200万元÷50%)×20%=80万元

2) 竞争比照法

企业根据竞争对手的广告费用支出水平来确定本企业保持市场占有率所需的相应广告预算的方法。其计算公式为：

广告费用=本企业上年广告费×(1±竞争对手广告费用增减率)

如果竞争对手上一年度的广告费用为1000万元，今年比去年广告费减少了10%，今年投入了广告费900万元，而本企业去年广告费为500万元，为了保持市场份额，本企业今年的广告费为：

广告费用=500万元×(1-10%)=450万元

一般而言，企业应尽可能保持与竞争对手差不多的广告费用水平。一方面，企业不愿意使自己的广告费低于竞争对手，因为这样可能会由于广告宣传量的差异使自己处于不利的竞争地位；另一方面，企业又不想让自己的广告费用超过对手太多，因为双方的广告费用有可能使广告效果相互抵消。因此，企业一般会使自己的广告费与竞争对手保持平衡，避免过多刺激对方。

5. 根据企业实力确定广告预算

根据企业财力和营销情况确定广告预算的方法。主要有全力投入法、平均投入法和任意投入法3种方法。

1) 全力投入法

全力投入法是根据企业财力，将广告资金一次性投入的预算方法。企业在进行广告预算时，根据企业财力将能拨的钱都用于广告预算。这种方法能保证资金在"量入为出"的前提下进行适度调整。如果广告费在某个活动阶段相对集中，则有的阶段可能减少使用，使广告活动尽可能具有完整性。这种方法适合于必须进行广告宣传，又没有必要进行长期规划的中小企业。

2) 平均投入法

平均投入法是根据企业财力，将资金分阶段等量投入到广告活动中的预算方法。例如，每月平均投资多少，或每季度投资多少等。采用这种方法的企业主要是资金不足，先看广告效果再做之后的广告预算。

3) 任意投入法

任意投入法是以一时期的广告费用为基数，根据企业财力和市场需要增减费用的广告预算方法。一般是广告主只支付广告活动的启动资金，也就是第一阶段的广告资金，后续资金要看第一阶段的广告促销效果，再考虑投不投入资金或投入多少资金。这种方法比较适合不进行长期广告规划的中小企业。

四、影响广告预算的因素

广告费的分配受众多因素的制约，如产品情况、销售情况、竞争状况、媒介投放、经济发展状况等。

1. 产品因素

广告费用分配首先要考虑的是产品因素。例如，产品是新产品还是老产品，差异性大还是小，是日用品还是选购品，是处于生命周期的哪个阶段等，必须根据产品情况做出合理的广告预算。以产品生命周期为例，处于导入期和成熟期的产品，一般广告预算较多，处于成熟期和衰退期的产品则应适当减少广告预算。

2. 销售因素

广告预算要考虑销售目标、销售对象、销售时间和销售范围等因素。不同产品有不同的销售目标，销售额高、利润高的产品广告预算较多，反之较少。不同销售范围广告经费分配不同，本地销售和外地销售的广告预算不同，国内销售和国外销售的广告预算也不同。

3. 竞争因素

广告预算要考虑竞争因素，市场竞争激烈，竞争对手多且强、市场范围大、供过于求的产品广告投入较多。反之，则要少些。

4. 媒介因素

广告媒介投放是广告预算的主体，通常占广告预算的 70%～90%。广告预算要考虑媒介因素，电子媒介尤其是电视广告传播广、覆盖率高，分配经费就多，一般的直邮广告、招贴广告等分配的金额相对较少。

5. 经济因素

广告预算要考虑整个经济背景，如国际国内的经济形势、政府的经济政策和通货膨胀等。经济环境有利时广告投入较多。反之，广告预算相应减少。

【课堂演练】

根据任务1中课堂演练2的策略单，完成广告策划书的广告预算部分。

任务7　广　告　提　案

【教学准备】

1. 具有互联网环境的实训教室。

2. 指定可链接的网页。

(1) 中国大学生广告艺术节学院奖(http://www.xueyuanjiang.cn/)。

(2) 第七届全国大学生广告艺术大赛(http://www.sun-ada.net/)。

(3) 中国文明网(http://www.wenming.cn/)。

【案例导入】

太太口服液广告文案

正文：

不让秋雨淋湿好心情，

心情好。

不让秋日带给女人一点点的伤，

没有黄褐斑，脸色是真的。

不让秋风吹干肌肤的水，

肌肤充满水分，脸色更加好。

不让秋夜成为失眠的开始，

晚上睡得好，脸色才会好。

赏析：该广告获得2000年全国报纸广告医药保健类铜奖。太太口服液系列广告作品成功塑造了品牌形象。广告文案围绕中心，从"不让秋雨淋湿好心情""不让秋日带给女人一点点的伤""不让秋风吹干肌肤的水""不让秋夜成为失眠的开始"四个方面宣传产品

特点，成功地推销了产品。(广告文案是广告提案的重要部分)

【知识嵌入】

一、什么是广告提案

企业为了完成某项市场和信息推广业务，通常选择一家广告代理公司为自己服务。有时，企业指定某一家广告代理公司为自己服务。但更多情况下，企业是通过众多有实力的广告代理公司采用比稿会的方式选择一家为自己服务。

如果企业指定某一家广告代理公司为自己服务，那么广告代理公司只要根据企业的任务要求，通过与企业通力合作，拿出自己的策划方案、创意方案、媒介策略方案等，再进行广告提案，获得企业有关人员的修改意见或认可后，最终获得方案的执行即可。

而如果是企业通过众多广告代理公司进行比稿会后选择一家广告公司为自己服务的话，则企业通常会提前一段时间对有业务往来或被企业关注的广告代理公司发出比稿通知。企业有关负责人通过会见打算参与比稿的广告代理公司的业务代表，明确广告策划的基本运作程序。然后，企业代表向这几家广告代理公司介绍基本情况，各代理公司自行决定参与提案的人选和人数，在计划的时间内向企业提交广告提案，争取本广告公司的方案获得企业认可，赢得方案的执行。当然，比稿中用到的全部费用由企业承担。

对企业而言，提案是其判断、选取最适合自身的广告代理公司和方案的重要途径；对广告代理公司而言，提案是争取业务、展现实力的战场。所以，提高提案和提案会的水平，对一家综合性广告代理公司的生存与发展至关重要。

什么是广告提案呢？

广告提案是一份具体的报告，是借助视听媒介进行口头表述，力求通过理性思考与逻辑辩证，将一个概念转化成可被具体评估或操作的报告。提案能传达大量信息，具有非常重要的劝说作用。

提案活动包括以下三个方面。

第一，提案会现场以多媒体为介质提供视听信息演示，以作为对口头表达的辅助。

第二，提案者在提案现场进行口头表达。

第三，准备书面广告策划书，在提案会后留给相关人员进一步阅读，主要用于对提案的建议细节进行记录和分析。

其中，第三部分的广告策划书，功能和样式类似于一份保证听众会后阅读理解的资料，作用非常大。

二、广告提案演示部分的写作

由于视听资料在引起听众兴趣,展示逻辑和观点、资料方面的作用非常突出,目前广告提案演示主要是运用电脑和投影仪制作 PPT 文件进行文字、图画和影像部分的编排演示。除此之外,一些辅助手段,如提案板、实物展示架、幻灯片等物品也经常使用。

1. 广告提案写作的基本要求

提案演示的目的是配合提案者的口头表达,加强信息传递的效果,使提案更具说服力。所以,我们更关心怎样提高演示效果的一些基本问题。

1) 关注主题、策划信息

提案规模是提案者首先必须了解的问题。提案会既有一对一的交谈,也有面对众多客户的大型演说。提案会的正规程度一般与观众的多少有关,人越多,提案形式越正规。

了解提案会听众成员的组成,就是了解提案对象是谁,明确谁负责制定决策、谁能影响决策人、哪些是敌人等问题的答案,它可以使提案者获得更多的沟通优势。

在准备提案会时,首先要明确提案会的任务是什么,准确地找出提案的主要观点,找准企业的真正问题在哪里,提出什么样的解决方案。

其次,要明确表达思路。既要考虑演示部分的表达思路,还要考虑演说部分的表达思路。同时,应站在"广告主的观点,从广告主的角度考虑问题"。

再次,在信息的组织和表达风格上下工夫。例如,一定要有强有力的主题,整理出最有力的事实和最好的概念,选择要点,符合听众的理解和记忆习惯。

另外,在提案的开头,可以尝试一些独特的方式开场,如利用道具、故事、名言,令人震惊的事实、数据或问题等吸引听众的注意力;在提案的结尾,可以利用业务咨询、概述要点、幽默或传单发放等方式帮助提案会达到高潮气氛。

2) 选择视听媒介

要想保持听众的注意力,帮助他们理解复杂的信息,将注意力集中到提案者的发言上,可以借助视听资料。传递视听资料的媒介种类主要是电脑、投影仪、幻灯片、电视、提案板等。

(1) 电脑和投影仪作为提案媒介,可以通过制作 PPT 文件展示提案者的思路。这种方式简便易行,完成难度较小,且沟通效果的潜力很值得挖掘。无论提案参与者人数众多或较少,PPT 文件的沟通方法都适合,灵活且专业感较强。

(2) 幻灯片的形式也比较普及,幻灯片的排列可以调整,视觉多样化,生动形象。只是在制作过程中略显复杂，特别是声音方面有缺陷，对设计效果的丰富程度有一定影响。

(3) 电视可以用于播放录像资料，可作为主要的视听媒介以外的补充媒介，适合于各种场所，具有专业性，但是录像片的准备比较费时费力。

(4) 提案板更适用于单独的提案方式，更具个性化，适合谈话环境，因为形式比较单一、实在，毫不夸张。缺陷在于略显笨拙，一般需要手写，效果与书写质量有关系。

3) 制作视听材料须注意的事项

制作视听材料须注意以下几点事项。

(1) 每一份视听材料都要有一个明确的要点，切忌节奏混乱，思路不清晰。

(2) 要像设计广告一样，在提案中的图表要字迹清晰，赏心悦目，简洁紧凑。

(3) 视听材料的设计要简洁、大小适宜，能让有一定距离的人看清楚。

(4) 围绕关键词句设计视听资料，尽量少用文字说明，不要对视听材料做过多的说明或修饰。

(5) 尺寸、字号、标点、色彩、标志等规范连贯。

(6) 注意使用图形图像，突出重要内容。

4) 其他细节

提案会现场还应注意其他细节，比如现场的席位布置和环境差别。

传统的提案会现场席位布置通常有一个供提案者演讲或就座的区域，他们要面对眼前的客户代表。提案负责人的位置与客户负责人的位置紧挨着，以便回答一些提问。双方座位安排尽量避免产生一种"我们对他们"的感觉，可以将桌旁所有人都交叉安排在一起，建立起比较和谐的同志式的紧密关系。同时，要预留一些位置给负责开关灯、分发资料和配合演讲的同事。

提案会场所非常重要，因为它会影响提案的格调。小型会议室、礼堂、教室、会议厅、宾馆房间、候机厅等，环境各有差异。有时提案会地点不能控制，但事情的充分考察和了解是必要的。

2. 广告提案写作的内容

提案要努力引起客户的兴趣，表现的内容要满足客户的需求。提案的内容主要包括以下几个方面。

1) 主题

明确广告策划的主旨，要领会广告活动的核心，明确自己要做什么：是希望目标市场成员从广告提案中得到最重要的单一观点，还是打算突出产品特征，或是说明用户可以从中得到的好处。

2) 市场调研情况

相关背景和市场调查情况的介绍，包括市场环境分析、产品分析、消费者分析、竞争对手分析、形式分析、问题界定等。该部分主要是调查结果的解释与汇报。

3) 广告策略

广告策略是广告概念和活动过程、确定的广告目标、广告战略的组合。

4) 广告创意

广告创意是对广告战略活动中所需要的广告作品的展现。

5) 媒介策略

媒介选择方案，包括目标受众，媒介分布，增强到达率、频次和持续性的媒介选择和组合方式，媒介排期等。

6) 广告预算

广告预算包括广告市场调查的费用，广告战略、创意设计制作的费用，媒介实施的费用等。

3. 提案与策划书的关系

与广告策划书相比，广告提案更具体、形象，在信息传播上具有直接性和双向性。两者之间的关系主要体现在以下几个方面。

1) 组成

广告策划书和广告提案都是完成广告策划任务的有效手段和方法，只是在表达方式上有所不同。

2) 派生

广告提案的内容是广告策划书重点精华的提炼。广告提案是将广告策划书中的广告目标、市场分析、广告策略、广告创意、活动具体执行方案、媒介投放和广告预算等内容进行简明扼要地展现，并借助视听辅助媒介和其他相关资料实现提案活动开展。

3) 精髓

广告提案是在广告策划书的基础上进行信息重新编码、加工整理，把广告策划的精华体现出来，但是不能脱离广告策划书的整体构思。

三、广告提案表达的准备工作

1. 形象准备

提案者要有激情、自信的良好形象。因此,要对外表形象和内在形象都进行适当准备。同时,提案者要注意适当了解和修正声音、表情、肢体语言等能提高表达效果的要素,从而达到最佳效果。

2. 做热身运动

提案会的热身彩排为提案者提供了热身机会,能将自身表达与提案形式结合起来。个人彩排和集体彩排都是必要的。彩排后有针对性地修改应该重视。当然,彩排的次数不宜过多,以免消耗表达激情。

3. 慎选提案者

提案者可以是一个人,也可以是几个人,每人负责一部分。如果是一个人完成提案,要求提案者注重个人的口头表达能力和对提案思路的掌握;如果是几个人共同完成,则要求同事间的配合,通过分派角色,加强提案会的效果。有多个提案者共同参与的形式,能减轻长时间提案的沉闷感,但是表达风格差异不能太大,观点或资料的使用要尽量避免重复。

4. 简洁

提案过程中,口头表达要注意语言的简洁,重复要有原则性,尽量完整地表达出观点间的逻辑联系,突出提案的主题。

5. 控制注意力

提案过程中,不可能每个人的注意力都非常集中,如果注意力分散,观众可能会遗漏某些重要内容。制造悬念是保持兴趣的好方法,不妨用一些办法在听众走神时重新将其拉回提案现场。

(1) 停止演说。沉默可以缓和气氛。然后重复:在刚才讲述的内容中,最重要的是……

(2) 加快节奏。如果受众被一堆数据或资料困扰,提案者应省去一些细节,直接提出重点。

(3) 活跃兴奋。通过发出敲击声或提高嗓门,刺激听众困乏的神经。

(4) 移动位子。从演讲台走出来，通过走动活跃气氛。

(5) 提出问题。提出问题，但不要让听众回答，而是让问题悬在空中，将大家的注意力重新调动起来。

(6) 休息一会儿。在提案进行了一小时后，稍作休息，以保持清醒。

【课堂演练】

结合前面 6 个任务中课堂演练中广告策划书的各部分内容，完成广告提案 PPT 设计。

项目实训——广告提案演练

一、实训名称

广告提案演练。

二、实训目的

1. 了解广告策划书的主题提炼。

2. 掌握广告策划书的写作格式。

3. 掌握广告提案的 PPT 创作。

4. 能运用创作的广告提案 PPT 进行广告提案演示。

三、实训内容

1. 结合本项目课堂演练中的各部分内容，将"广告策划书主题提炼""广告市场环境分析""广告策略提案""广告创意提案""广告媒介提案"和"广告预算"串联起来，形成广告策划书。

2. 在广告策划书完成的基础上，完成广告提案的 PPT 设计部分，注意广告提案与广告策划书的关系，保持风格的一致，但不是完全照搬。

3. 对广告提案表达进行演练、彩排。

四、实训步骤

1. 完善广告策划书。将广告策划书的各部分串联起来，包括封面、目录、前言、正文和附录。

2. 完成广告提案 PPT。将广告策划书中的核心部分即广告市场环境分析、广告策略提案、广告创意提案、广告媒介提案和广告预算中的重要信息在 PPT 中进行提纲挈领地展现，提案风格与策划书需要保持一致。

3. 讲解广告提案。熟悉广告提案，结合广告策划书讲解广告提案。

五、实训要求

1. 上交广告策划书(不超过 40 页)。

2. 上交广告提案的 PPT。

3. 广告提案演练时必须注意：提案者的形象——有激情、专业、自信；口头表达——简洁，围绕主题，有新意；有一定的控制力——采用各种技巧吸引观众。

六、考核标准

项　目	考核标准		
	优秀(90～100 分)	良好(80～90 分)	合格(60～80 分)
考核标准 (100 分制)	主题明确；PPT 设计优美；提案者形象良好；口头表达有技巧；控制力很强	主题明确；PPT 设计良好；提案者形象较好；口头表达良好；有一定的控制力	主题明确；PPT 设计一般；提案者形象一般；口头表达一般；控制力有待加强
自评分			
教师评分			

注：未参与实训项目，在当次实训成绩中计 0 分。

附件

【策略单】美莱整形美容

品牌名称	美莱整形美容
品牌简介	美莱(中国)医疗美容集团 1999 年诞生于中国时尚之都——上海，是亚洲规模最大、实力最雄厚的专业医疗美容医院连锁集团，旗下拥有"美莱""华美"两大知名品牌。 自开启基业至今，美莱已历经十五载寒暑。经过多年的奋发坚持、不懈进取，美莱在医疗、教学、科研等多个医学美容领域占据了领导地位，成为集整形、皮肤、无创、口腔、中医、抗衰老六大中心于一体的大型医疗美容集团。 目前集团在北京、上海、广州、成都、韩国首尔等城市共设立了 16 家医疗美容连锁医院及合作机构，拥有 112 项国际专利技术、195 名中外博士专家组成的团队、超过 150 万名消费者的高满意度；同时，美莱集团拥有亚洲地区最好的专家资源以及全球顶尖医疗技术支持，创新了多项国内外行业领先技术，并获得多项国家医学美容专利技术，在医资力量、设备、技术、环境、服务、管理六大方面实现了国际化接轨，正引领着中国乃至亚洲医学美容行业朝着更加成熟、更加规范、更加国际化的方向迈进。 2012 年，美莱医疗美容集团强势入驻京城，成立了北京美莱医疗美容机构

续表

广告主题	美丽预见未来
目标群体	美莱目标群体对美丽有着不懈的追求，以18～50岁女性为主，男性为辅。其中最主要的人群是28～50岁的成熟女性，她们在生活、职场上都独当一面
服务项目	现有六大中心——整形、皮肤、无创、口腔、中医、抗衰老，具体项目可见相关网站：www.bjmylike.com
主题解析	美莱　美丽预见未来 美莱来自英文 My like 的音译，其含义是 My future & I like，即"我的未来我喜欢"，名称和标识完美结合，给人一种清新、时尚、美丽的感觉，体现了美莱品牌的价值取向和文化精髓。未来是未知的、不确定的。美莱借助顶尖医疗设备和国际化专家团队，为消费者个性化定制自己的面容身形。选择美莱，遇见美丽，预见美丽的未来
广告目的	1. 体现"美莱整形美容"亚洲第一医疗美容品牌的行业创导性、权威性； 2. 从感性、理性角度传达给受众美莱整形美容的专业、规模、服务理念等； 3. 主品牌："美莱整形美容"，可从品牌、项目、专家、实力等各方面阐述，即分为品牌广告和产品广告
广告形式	平面广告、影视广告、微电影广告、广播广告、动画广告、广告策划案(总预算为1000万元人民币)
信息获取	www.bjmylike.com
LOGO及元素	MYLIKE 美莱 亚洲医疗美容领导品牌 素材文件在本选题压缩包中，文件格式：AI

课 后 练 习

1. 简答题：广告策划书包括哪些部分？
2. 思考题：广告策划书正文前为什么要写摘要？

项目五　广告合同写作

【情境描述】

　　现代社会的发展和人们法律意识的增强使得合同对于企业与个人的意义日益突显。签订一份规范的合同，能够更好地适应社会主义市场经济发展的需要，对于及时解决经济纠纷，保护当事人双方的合法权益，维护社会经济秩序，促进社会主义现代化建设，均具有十分重要的作用。合同是规范市场交易的重要武器和手段。出版人对于合同并不陌生。同样，在进行出版广告运作中也要擅长运用合同，这一具有法律效力的文件形式保护自己的权益、规范自己的行为。

　　广告合同属于经济合同的一种，它的形成与签订应该符合国家相关法律法规。但是作为一种专业性较强的经济文书，广告合同的签订又有自身的特殊性，需要我们在现实操作中注意、强化。本项目将带领大家熟悉广告合同的类型和特征，掌握不同广告合同的写作要求和注意事项，在拟定广告合同的实践过程中学会草拟合同条款、协商与审定合同文本，体验其从草签到正式生效的全部流程，完成相应的实训任务，更为将来从事出版行业广告合同草拟、审阅、修正、签署及相关工作打下基础。

【学习目标】

- 掌握广告合同的类型和特征。
- 掌握不同广告合同的写作要求和注意事项。
- 能发现广告合同中的不当之处并进行修正。

【学习任务】

任务1　认知广告合同(建议：2课时)

任务2　不同类型广告合同的写作(建议：4课时)

项目实训——广告代理合同写作(建议：2课时)

任务1　认知广告合同

【教学准备】

1. 具有互联网环境的实训教室。

2. 指定可链接的网页。

(1) 中国大学生广告艺术节学院奖(http://www.xueyuanjiang.cn/)。

(2) 第七届全国大学生广告艺术大赛(http://www.sun-ada.net/)。

(3) 中国广告媒体网(http://www.ad163.com/law/)。

(4) 中国广告网(http://www.cnad.com/)。

【案例导入】

2009年8月31日，A广告公司和B旅行社签订《广告业务发布合同》，约定B旅行社委托A广告公司在京华时报上发布旅游业务广告，合同期至2010年3月31日。该合同书价款为11000元/月，而实际上合同双方始终按照5500元/月的价格执行。之所以如此，是因为A广告公司希望能够在合同书中体现较高的签约价格，以便与其他客户签订价位较高的广告合同。B旅行社考虑与A广告公司已合作多年，同意了A广告公司的这一请求。

2010年8月，A广告公司据此《广告业务发布合同》将B旅行社告上法庭，主张B旅行社仍有巨额广告费未付，要求法院判令B旅行社按照11000元/月支付广告费，并承担超出广告费本身的高额违约金和滞纳金。

面对A广告公司的上述诉讼请求，B旅行社进行了如下答辩。

(1) 双方虽在合同中约定了11000元/月的高额广告费，但B旅行社持有的合同书上有A广告公司业务员在合同书尾部注明的双方实际结算价格为5500～5800元/月。

(2) B旅行社在与A广告公司合作期间，始终按照5500元/月结算，A广告公司也实际上接受了以此价格结算的方式。即使按照11000元/月的价格，A广告公司实际接受B旅行社以5500元/月履行合同的行为，构成了双方对合同价格的一致修改。

(3) 11000元/月的广告价格完全脱离市场行情，其他公司同样大小版面的广告价格都在6000元/月以下。B旅行社在2009年8月前和2010年3月后委托A广告公司的广告价格始终处于5500元/月上下。

B旅行社同时提出注明实际结算价格的合同书、A广告公司业务员证人证言和业务洽谈QQ聊天记录、双方结算财务凭证等14项证据。

经法院公开开庭审理本案，双方代理律师对本案证据和争议焦点展开了长时间的激烈辩论，法官也居中核实了双方提供的证据并审查了双方的辩论意见。结果，A广告公司面对B旅行社确凿的书面证据和有利的证人证言，最终选择了撤诉。

分析：

书面的合同书是民事合同法律关系中至关重要的确认依据，B旅行社在合同书中签订高于实际价格的合同条款,即使出于与 A 广告公司的长期合同信任,但也显然将自己的合同利益拱手相让送给了 A 广告公司。

(案例来源:贺芳律师的博客:http://blog.sina.com.cn/s/blog_53ff6d770100rroj.html)

【知识嵌入】

合同又称协议、契约。从广义上讲,合同指的是所有法律部门中确定权利、义务关系的协议;从狭义而言,合同是指所有的民事合同;还有最狭义的合同,仅指民事合同中的债权合同。

《中华人民共和国民法通则》第八十五条指出:合同是当事双方或当事人之间设立、变更、终止民事关系的协议。依法成立的合同,受法律保护。《中华人民共和国合同法》第二条规定:合同是平等主体的法人、自然人或其他组织之间设立、变更、终止民事权利义务关系的协议。

合同作为一种民事法律行为,是当事人双方协商一致的产物,是两个以上的意思表示一致的协议。只有当事人所做出的意图表示合法,合同才会具有法律约束力。依法订立的合同从成立之日起生效,具有强制的法律约束力。

一、广告合同的含义和特征

1. 广告合同的含义

广告合同是指广告主、广告经营者、广告发布者之间为确立、变更、终止广告承揽、代理、发布关系而制定的协议。广告合同可以按照不同的标准进行分类。一般来说,根据广告活动中广告的设计、制作、发布与代理,这四个主要环节可以将广告合同分为广告设计合同、广告制作合同、广告发布合同、广告代理合同 4 类。

2. 广告合同的特征

广告合同除具备经济合同的一般法律特征外还有以下几个主要特征。

1) 广告合同的当事人是特定的

广告合同的当事人是指广告活动中依法订立广告合同的广告主、广告经营者和广告发布者。其中,广告经营者因其在广告活动中具有核心作用而成为各种广告合同的特定当事人。因此,广告合同的一方当事人必须是在工商行政管理机关登记注册的广告经营者;否则,当事人签订的广告合同无效。

2) 广告合同的标的是特定的

广告合同的标的主要可以分为 3 类：一是广告经营者按照广告客户要求完成的工作成果；二是广告经营者接受广告主、广告发布者的委托，为其完成的有关广告业务的代理行为；三是广告发布者接受广告主和广告经营者的委托进行广告发布的行为。

3) 广告合同是明确当事人之间权利义务关系的协议

广告合同当事人之间的具体权利义务为广告合同的主要内容。签订广告合同的目的在于明确作为广告合同当事人的广告主、广告经营者、广告发布者他们之间的权利义务关系。广告合同一旦成立，合同中确定的当事人的权利便会受法律保护，当事人的义务则受法律约束，当事人违反广告合同的约定，则将依法承担相应的法律责任。

4) 广告合同必须采用书面的形式

书面合同是指当事人以文字表述广告协议内容的合同。按照《广告法》的要求，广告主、广告经营者和广告发布者在广告活动中应当依法订立书面合同。因此，书面合同是广告合同的法定表现形式。凡是在广告活动中订立口头合同的，因缺乏必要的形式要件而不能成立。广告合同采用书面的形式便于主管机关和广告合同管理机关检查监督，发生广告纠纷时，当事人举证方便，也易于分清责任。

二、广告合同的主要条款

广告合同的主要条款又称必要条款，是指广告合同所必须具备的条款，它包括法律规定的条款，当事人一方要求必须规定的条款，以及各种广告合同性质决定的条款。根据法律规定的以及广告业务活动的内容，广告合同应具备以下几项主要条款。

1．标的

标的是合同双方当事人权利与义务共同指向的对象，是合同所必须具备的首要条款。广告合同的标的是指代理或承担的广告项目，可以是物，如灯箱，路牌；可以是行为，如广告代理；也可以是智力成果，如广告创意等。如果是广告经营者为客户提供包括市场调查、广告策划、广告方案实施在内的综合性服务，则需要在广告合同中明确表述以规范当事人的权利和义务。

2．标的的质量、数量

质量与数量是确定合同标的的具体条件，它是不同标的相区别的具体特征。广告合同标的的质量，是指广告项目满足规定要求的特性的总和，它的数量，则是指完成广告项目的多少。质量和数量是衡量双方权利与义务的尺度，直接规定了双方权利义务的范围。在规定数量时，需要明确计量单位，如秒、页、通栏、平方米等，还要确定计量方法。在规定质量时，有时会涉及客户所提供的小样、样品，由广告经营者依样加工，应明确须达到的具体要求。有时广告需要委托广告经营者设计，设计是一种抽象的智力劳动，在质量衡量标准上，较难统一，极易发生纠纷和分歧，因此应在合同中列明最终验收的标准和设计要求。

3. 广告内容及交验、查验广告证明

广告经营者与广告发布者在承接广告业务中，应当依法查验广告证明文件，核实广告内容。因此，确定该条款以认定广告内容是否经过审查、合同双方当事人是否履行了法律规定的签约程序，如发生违约问题，各自应当承担什么责任。

4. 酬金和价款

酬金和价款是当事人一方取得标的向另一方当事人支付的代价，是合同当事人自己实现经济利益的基本条款，也是检验当事人履行了义务与否的基本依据。在广告合同中，酬金是设计发布代理的广告方面的劳务约定应取得的报酬，而价款则是广告商品的价格。酬金和价款在广告业务中统称广告价格。按照广告法规规定，广告收费标准由广告经营商制定，报当地物价管理机关和工商行政管理机关备案。签订合同时，当事人必须履行有关收费标准，不得损害客户的利益，哄抬价格和低价倾销，进行不正当竞争。与价款和酬金相关联的条款还应包括结算方式、定金支付、账号、开户银行等条款。

5. 广告合同的履行期限、地点和方式

履行期限是广告合同当事人履行义务和实现权利的时间界限，是确定广告合同是否按期履行或者延期履行的客观标准，也是确定是否应当承担违约责任的依据。广告宣传具有较强的时效性，因此广告合同的履行期限必须在合同中加以明确。履行地点是合同一方当事人实现权利，另一方当事人履行义务的地方。在合同约定履行地时，应注意掌握有关情况，了解有关规定。例如，不允许设置户外广告的地点和位置，则不能作为合同的履行地。履行方式是指广告合同当事人履行合同义务的方法。

6. 违约责任

违约责任是指广告合同当事人因其过错，造成合同的不适当履行或者不履行，根据合同约定和法律规定，应承担的相应的法律责任。规定违约责任，目的是在于督促当事人严

格履行广告合同所规定的义务，对违约人给予法律制裁，对违约行为进行惩罚，保护当事人的合法权益。违约责任通常采用支付赔偿金、违约金、继续履行3种方式解决，在合同中需要明确约定。

根据不同广告合同的性质所决定的条款，也是该广告合同的主要条款。如广告制作合同就应明确规定制作方法、制作材料等内容。

为了达到广告合同目的，除规定的主要条款外，有时当事人还会要求在广告合同中规定一些特殊的条款，这也可以成为广告合同的主要条款，但这些条款必须在合同当事人之间达成一致，否则不能成立。

三、广告合同制度

我国《广告法》第二十条明确规定：广告主、广告经营者、广告发布者之间在广告活动中应当依法订立书面合同来明确各方的权利和义务。

1. 广告合同制度的含义

广告合同制度，是指广告监督管理机关指导、监督、促进广告合同当事人依法订立、履行各类广告合同，从而规范广告经营行为来保护合同当事人合法权益的制度。

2. 广告合同制度的作用

广告合同制度作为广告管理制度的一个重要组成部分，其作用主要表现在以下几个方面。

(1) 有利于发挥广告合同在社会主义市场经济发展中的法律工具作用。随着社会主义市场经济体制的建立，我国的广告管理和广告经营活动都与过去计划经济下的情况有了很大不同。在广告活动中，更多地应用广告合同的形式来约定广告经营双方或多方的义务、权利，同时在广告管理活动中，实行广告合同制度，将广告合同纳入广告管理范畴，可以通过广告合同的管理，保护广告活动中的正当竞争，从而促进市场经济的繁荣和发展。

(2) 有利于推动广告业的发展。随着社会生产的发展，社会化的生产程度越来越高，各部门各环节之间的相互制约性也越来越强。广告活动中的分工越来越专业化，越来越精细。实行广告合同制度，就可以使广告活动中的各环节、各部门之间的联系和协作以广告合同的形式固定下来。运用广告合同所规定的权利义务、内容约束以及广告合同的法律关系，使广告合同当事人按照约定履行广告合同，有利于广告主、广告经营者和广告发布者在设计、制作、发布广告和广告代理活动中协调运转，促进广告业有序发展。

(3) 有利于扩大国际广告活动的合作与交流。广告合同是开展对外广告业务活动普遍采用的法律形式。它在发展国际经济关系，开展对外经济和技术交流时起着不可替代的作用。在广告涉外经营活动中，实行广告合同制度，有利于保护我国广告当事人的利益，也有利于保护外商的合法利益，进而促进我国广告活动的国际合作与交流，推动外贸的发展。

四、广告合同的法律适用

广告合同属无名合同，目前只能参照适用《民法通则》《合同法总则》及《广告法》的有关规定。

1. 广告合同法律适用的一般原则

适用其他法律及《合同法总则》的规定，以确定合同效力。比如，广告主与不具备广告经营资格的个体工商户签订制作某商品广告招牌、灯箱的合同，依照《合同法总则》第一百二十三条"其他法律另有规定的，依照其规定"的规定，适用《广告法》的规定，确定该合同为"广告制作合同"，而不是依据《合同法分则》中有名合同的规定确定为"承揽合同"。

广告合同属民事法律行为的一种。在《合同法总则》没有做出具体规定时，应适用《民法通则》关于民事法律行为的一般规定。比如，有的城市选用某些女性作为城市形象代言人并给予一定报酬的合同。因其与《合同法分则》中的有名合同均不类似，《合同法总则》也没有具体规定，因此，只能适用《民法通则》关于民事法律行为的一般规定进行处理。

如广告合同的权利义务关系类似于《合同法分则》中规定的一类或几类有名合同的，可参照有关分则规定来适用法律。

2. 几种特殊形式广告合同的法律适用

广告合同依照其实际状况分为纯粹无名广告合同、联立无名广告合同、混合无名广告合同3种。

1) 纯粹无名广告合同

纯粹无名广告合同是指以法律全无规定的事项为内容，也就是合同的内容不符合且无法参照任何典型合同要件的合同。例如，某产品广告使用影视明星、著名歌手、体育明星的肖像、形象或表演宣传产品并给予一定报酬的合同就属于纯粹无名广告合同。对此类广告合同，因其与《合同法分则》中的有名合同不同，因此只能适用《合同法总则》及《民法通则》有关民事法律行为的规定进行处理。其重点主要是判断合同的效力，对当事人约定的条款不明确或需要进行补充的，可适用有关合同解释的规则。

2) 联立无名广告合同

联立无名广告合同是指多个广告合同具有相互结合的关系。一种情况是单纯外观的结合，也就是几个独立的合同仅因缔约行为而结合，相互之间没有依存关系，在这种情形下，应分别适用各自的合同规范。例如，某广告主与某广告经营者签订某产品的广告策划、广告设计制作、广告市场调查合同，分别涉及参照适用《合同法分则》中承揽合同、委托合同的规定。另一种情况是根据当事人的意愿，一个合同的效力或存在依赖于另一个合同的效力或存在。在这种情形下，各合同是否有效成立需要分别判断，但在效力上，被依存的合同不成立、无效、撤销或解除时，依存的合同应同其命运。

3) 混合无名广告合同

混合无名广告合同是指多个广告合同部分构成的合同，它在性质上属于一个合同。大致有以下 4 种类型。

(1) 典型广告合同附其他种类的从给付义务。也就是双方当事人所提出的给付符合典型合同，但一方当事人尚附带其他种类的从给付义务。比如，广告主甲委托广告经营者乙制作产品广告，期间借用乙的广告灯箱发布为期 1 个月的广告，用后归还灯箱。其中，广告制作合同是主要部分，借用灯箱合同的构成部分为非主要部分。

(2) 类型结合广告合同。也就是一方当事人所负的多个给付义务属于不同合同类型，彼此间属于同值地位，而对方当事人仅负单一的对待给付或不负任何对待给付，如公益广告的合同。

(3) 二重典型广告合同。是指双方当事人应负的给付分属于不同合同类型的合同。比如广播电视台甲为服装广告主乙发布服装广告一次，乙提供给甲所有节目主持人免费某品牌服装一套。其中甲的给付义务为广告发布合同的组成部分，乙的给付义务归属于赠与合同。对此，应分别适用各类典型合同的规定。

(4) 类型融合广告合同。是指一个广告合同中所含构成部分同时属于不同合同类型的合同。例如，电视台甲为广告主乙编排、制作并发布其产品广告，甲的给付义务同时属于广告制作和广告发布。对此，原则上参照适用二重典型合同规范。

【课堂演练】

1. 搜集不同类型的广告合同，分析其内容特点。
2. 混合无名广告合同有哪几种类型？

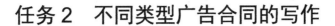

任务 2　不同类型广告合同的写作

【教学准备】

1. 具有互联网环境的实训教室。

2. 指定可链接的网页。

(1) 中国大学生广告艺术节学院奖(http://www.xueyuanjiang.cn/)。

(2) 第七届全国大学生广告艺术大赛(http://www.sun-ada.net/)。

(3) 中国广告媒体网(http://www.ad163.com/law/)。

(4) 中国广告网(http://www.cnad.com/)。

【案例导入】

2012 年 12 月 8 日，金宇广告公司与宏文传播公司签订了一份价款 111 万元的《广告发布合同》。双方约定，金宇公司委托宏文公司在 23 个省份投放报纸广告。签约后，金宇广告公司分两次支付了定金及价款共计 77.7 万元。2013 年 1 月 10 日，双方又签订《补充合同》约定，宏文传播公司应在 2 月 6 日前将原合同约定的广告发布完毕；金宇广告公司保证将其已经与某酒厂签订的"高粱酒"《媒体广告发布总代理合同》全权委托宏文传播公司独家发布执行，已经支付的 77.7 万元改作《补充合同》的定金。第二天，双方另行签订《委托合同》约定，鉴于金宇广告公司已经与酒厂签订相关合同，现委托宏文传播公司发布中央电视台等广告，合同总金额为 1500 万元。

金宇广告公司突然来函称，由于酒厂不同意 2 月 6 日在 23 个省份报纸上刊登广告，恳请中止执行《补充合同》，并退还已经支付的 77.7 万元。来函同时承诺，停止刊登报纸广告并不影响《委托合同》的执行。宏文传播公司立即回函表示，金宇广告公司停止刊登报纸广告已经违约，考虑到双方以后的合作，可以停止发布，但 77.7 万元不应退还。4 月 23 日，金宇广告公司向法院起诉，要求宏文传播公司返还定金 77.7 万元，并支付相应利息。金宇广告公司认为，这 77.7 万元是《广告发布合同》的定金，超过了总价款 111 万元的 20%，应属无效。宏文传播公司则以《补充合同》为依据，认为《委托合同》与前两份合同是一个整体，合同总价款应为 1611 万元，77.7 万元作定金并不违法。

长宁区法院受理本案后，被告宏文传播公司以主要经营地不在长宁区为由提出管辖权异议。法庭审查后认为，被告注册地在长宁区，长宁区法院对本案享有管辖权，遂裁定驳回被告的异议。被告不服，提出上诉，被二审法院裁定驳回。之后，法庭先后三次公开开庭审理，为双方主持调解。因双方各执己见，调解未能成功，法院依法做出判决，驳回原告的诉讼请求。

分析：原告方的主张，是将涉案三份合同孤立起来看，这与双方签订涉案三份合同的本意不相符合，也与《广告发布合同》中关于定金的约定存在矛盾。法院确认，双方通过《补充合同》已将原告方支付的77.7万元改作《补充合同》的定金；《补充合同》涉及的广告发布，包括23个省份的报纸广告和"高粱酒"媒体广告，总价款高达1611万元，相关定金约定并不违法。同时，原告确认其与酒厂签订的合同已不可能再履行。因此，原告与被告间的合同也无法继续履行。原告没有履行自己的合同义务，无权要求被告返还其已经交纳的定金。其诉请依法应予以驳回。

(案例来源：天涯社区法治论坛：http://bbs.tianya.cn/post-law-564888-1.shtml)

【知识嵌入】

一、广告设计、制作合同

1. 广告设计、制作合同的概念

广告设计是在广告产品调查的基础上，对广告的表现形式进行艺术创作，将广告产品宣传的原始信息变为用语言、文字、画面和图像组成广告作品的过程。广告制作是对广告产品各种信息进行摄影、绘制、录像、录音、印刷等创造广告的活动。广告设计、制作合同，是指广告经营者利用自己的设备和技术，按照广告主的要求进行设计、制作广告作品，并获取约定报酬的协议。

2. 广告设计、制作合同的法律特征

广告设计、制作合同属于双务、有偿的承揽合同。广告主或其代理公司为广告作品的定做人，广告设计、制作公司为承揽人。

广告设计、制作公司应当以自己的设备、技术和创造性劳动，完成广告的设计、制作任务。如将所承揽的主要工作交给第三方完成的，应当就该第三方完成的工作成果向定做人负责；未经定做人同意，不得转交给第三方去完成，否则定做人有权单方面解除该合同。

广告设计、制作合同的标的是具有特定性的工作。承揽人要完全按照定做人委托的要求去完成，不得任意更改设计、制作的内容。

广告承揽人有承担风险的责任。如果造成设计、制作的广告作品受到损坏或灭失，应该承担损害赔偿责任。

定做人可以随时解除承揽合同，造成承揽人的损失，应当赔偿。

3. 广告设计、制作合同的主要条款

广告设计、制作合同的主要条款如下。

(1) 广告设计、制作项目。

(2) 设计、制作广告作品的数量和质量。

(3) 设计、制作广告作品的方法。

(4) 设计、制作广告作品使用的原材料的数量、规格和质量。

(5) 合同履行期限、地点和方式。

(6) 验收标准和方法。

(7) 价款和酬金。

(8) 结算方式、开户银行和账号。

(9) 违约责任。

(10) 双方约定的其他条款。

4. 写作范例

广告设计合同

甲方：_____(以下简称甲方)

乙方：_____广告传播有限公司 (以下简称乙方)

经双方充分协商，根据《中华人民共和国合同法》相关规定，特签署本合同。

一、合同内容

1._____质量要求：

2._____质量要求：

3._____ 质量要求：

二、合同金额

共计人民币(大写)_____(小写)_____

三、付款方式

1. 本合同签订后，甲方支付合同总额的____%，即人民币¥_____元整(大写：_____元整)。

2. 项目结束后甲方向乙方支付合同余款，即人民币¥_____元整(大写：_____元整)。

四、责任与义务

1. 乙方应按甲方要求按质按量完成相关设计和制作工作。

2. 乙方需要在规定时间(_____年___月___日前)完成,并送交甲方签字认可。

3. 甲方根据乙方需要提供相关资料,并承担因版权、文责所引发的法律责任和经济纠纷。

五、产权约定

甲方将委托设计的所有费用结算完毕后才享有著作权,否则,乙方设计的作品著作权归乙方,甲方对该作品不享有任何权利;甲方在余款未付清之前擅自使用或者修改使用乙方设计的作品而导致的侵权,乙方有权依据《中华人民共和国著作权法》追究其法律责任。

六、违约责任

因设计和制作工作具有很大的特殊性,在经过大量调研工作的同时更需要设计师的精心创作,乙方在开始着手设计时就已经在全面地履行合同,因此,甲方如提前终止合同,预付款乙方不予退还。

七、其他事项

八、甲乙双方如因履行本合同发生纠纷,应友好协商解决,如无果则提请法律途径解决。本合同一式两份,甲乙双方各持对方签字盖章合同一份,均具有同等的法律效力。

甲方(盖章):   乙方(盖章):
代表签名: 代表签名:
地址: 地址:
电话: 电话:
传真: 传真:
日期: 日期:

5. 广告设计、制作合同当事人义务

1) 广告经营者的义务

广告经营者应承担的义务如下。

(1) 按照设计、制作合同规定的日期,按时完成广告作品的设计、制作工作。

(2) 广告经营者要以自己的技术、设备与力量完成广告主要求的广告设计与制作任务。

(3) 广告经营者进行设计、制作广告所用的原材料和方法要符合合同的约定,并接受广告主的检验;不得隐瞒原材料的缺陷或使用不符合合同规定的原材料。

(4) 广告经营者要按照广告主的要求进行设计、制作,如果发现广告主的要求设计与制作广告不合理,有义务及时告知广告主。

(5) 广告经营者对广告主未按时领走的广告设计、制作作品,在代为保管期内,负有妥善保管的义务。

2) 广告主的义务

广告主应承担的义务如下。

(1) 提供相关证件。广告主应如实向广告经营者提供真实合法有效的证明文件:营业执照以及其他生产、经营资格的证明文件;质量检验机构对广告中有关商品质量内容出具的证明文件;确认广告内容真实性的其他证明文件;发布广告需要经有关行政部门审查的,还应提供有关批准文件。

(2) 按照合同约定的时间、地点接收设计、制作的广告作品,并进行验收。

(3) 按照合同的约定向广告经营者支付报酬。

二、广告发布合同

1. 广告发布合同的概念

广告发布是指通过电视台、电影、报纸、广播、期刊、户外广告等各种媒介将制作完毕的广告作品刊播、张贴、设置的宣传过程。广告发布合同是指广告发布者与广告主或广告主委托的广告经营者为发布广告而达成的协议。

2. 广告发布合同的法律特征

广告发布合同具有以下几个法律特征。

(1) 广告发布者利用自己掌握或控制的媒介,完成广告主或广告经营者委托的广告发布活动。未经广告主或广告主委托的广告经营者同意,不得转交给第三方去发布。

(2) 广告合同的标的是发布广告的行为。广告发布者要按照广告发布合同约定去完成,不得擅自更改发布的内容。如发现有不应发布的内容或广告内容有错误,广告发布者应及时告知广告主或广告主所委托的广告经营者。

(3) 广告发布合同是一种有偿的劳务合同。

3. 广告发布合同的主要条款

广告发布合同的主要条款如下。

(1) 广告发布的项目。

(2) 广告发布的质量和数量。

(3) 广告发布的媒介。

(4) 广告发布的范围。

(5) 广告发布的地点、期限和方式。

(6) 验收标准和方法。

(7) 酬金。

(8) 违约责任。

(9) 双方约定的其他条款。

4. 写作范例

广告发布业务合同

广告客户或代理单位名称(以下称甲方): _____

广告发布单位名称(以下称乙方): _____

甲乙双方根据国务院《广告管理条例》及有关规定,签订本合同,并共同遵守。

一、甲方委托乙方于_____年_____月_____日至_____年_____月_____日期间发布_____广告。

二、广告发布媒介为_____

三、广告发布规格为_____

四、广告采用_____样稿(样带),未经甲方同意,乙方不得改动广告样稿(样带)。

五、乙方有权审查广告内容和表现形式,对不符合法律、法规的广告内容和表现形式,乙方应要求甲方做出修改,甲方做出修改前,乙方有权拒绝发布。

六、广告样稿(样带)为合同附件,与本合同一并保持。

七、广告单价_____元,加急费_____元,其他费用_____元,扣除优惠_____元,扣除代理费_____元,播出次数_____,总计_____元。

八、甲方应在_____年_____月_____日前将广告发布费付给乙方,付款方式_____。

九、违约责任_____。

十、合同纠纷解决方式: _____(经济合同仲裁或法院起诉)。

十一、其他:_____

十二、广告的编排方式和发布时间表:

广告编排方式										
月 日	1	2	3	4	5	6	7	8	9	10
一										
二										
三										
四										
五										
六										
七										
八										
九										
十										
十一										
十二										

广告客户或代理单位	广告发布单位	根据需要，乙方可以向有关部门申请对本合同进行鉴证。
单位名称	单位名称	鉴证意见
单位地址	单位地址	
法定代表人	法定代表人	
委托代理人	委托代理人	
电话	电话	经办人：
电报挂号	电报挂号	鉴证机关章
邮政编码	邮政编码	年 月 日
图文传真	图文传真	
开户银行	开户银行	
账号	账号	

签订日期　年 月　日

5. 广告发布合同当事人的义务

1) 广告发布者的义务

广告发布者的义务如下。

(1) 按广告发布合同约定的地点、期限、方式完成发布广告的义务。

(2) 广告发布者要接受广告主或广告主委托的广告经营者对履行合同情况的检查。

(3) 如实地向广告主和广告主委托的广告经营者提供媒介的收视率、覆盖率、发行量等有关材料。

2) 广告主或广告主所委托的广告经营者的义务

广告主或广告主所委托的广告经营者的义务如下。

(1) 如实向广告发布者提供真实、合法、有效的下列证明文件：营业执照以及其他生产、经营资格的证明文件；质量检验机构对广告中有关商品质量内容出具的证明文件；确认广告内容真实性的其他证明文件；广告发布前须经有关行政部门审查的，还应提供有关批准文件。

(2) 按照合同约定支付广告发布者报酬。

三、广告代理合同

1. 广告代理合同的概念

广告代理是指广告代理人和受托人以广告被代理人或委托人的名义，在授权范围内，从事的直接对广告被代理人产生权利义务关系的广告业务活动。广告代理行为在广告活动中相当普遍，广告主与广告经营者之间因委托产生的代理关系一旦形成，就必须以广告代理合同的形式加以确定。广告代理合同，是广告代理人以广告委托人的名义为委托人办理委托事务，如市场调查、广告设计、广告效果的测评、代订广告发布、委托支付约定报酬的协议。

2. 广告代理合同的法律特征

广告代理合同具有以下几个法律特征。

(1) 广告代理合同是一种有偿的委托合同。合同委托人是广告主，合同的受托人是广告公司。

(2) 广告代理合同的标的是处理委托广告事务的行为。

(3) 广告代理合同是建立在双方相互信任的基础上。委托人委托受托人处理广告事务，是以委托人对受托人的能力和信誉表示信任为基础的，因此受托人必须亲自办理受托事务。

3. 广告代理合同当事人的义务

1) 广告代理公司的主要义务

广告代理公司的主要义务如下。

(1) 按照广告主的指示处理广告事务的义务。广告公司应当在广告主的委托范围内处理相关的广告事务，需要对广告主的委托事项做变更处理的，应经广告主的同意。

(2) 亲自处理的义务。经广告主同意，广告公司可以进行转委托。广告主可以就委托事宜直接转委托的第三人，作为受托人的广告公司仅就第三人的选任以及对第三人的指示承担责任。转委托未经广告主同意的受托人应当对第三人的行为承担责任。

(3) 谨慎处理的义务。广告公司作为受托人对广告主委托的广告事务应尽必要的注意义务。因广告公司的过错给广告主造成损失的，广告主可以要求赔偿。

(4) 披露义务。广告公司以自己的名义，在广告主的授权范围内与第三人订立合同，第三人不知道广告公司与广告主之间的委托代理关系的，广告公司因第三人的原因对广告主不履行义务，广告公司应当向广告主披露第三人，广告主因此可以行使广告公司对第三人的权利。广告公司因广告主的原因对第三人不履行义务，广告公司应当向第三人披露广告主，第三人因此可以选择广告主或者是广告公司，作为相对人主张其权利。

2) 广告主的主要义务

广告主的主要义务如下。

(1) 支付费用的义务。广告主应当预付广告事务的必要费用。广告公司垫付的相关费用，广告主事后应当偿还，并支付相应的利息。

(2) 支付报酬的义务。广告公司完成广告主对其广告委托事项的，广告主应当向广告公司支付报酬。按照我国规定的标准，广告代理费为广告发布费的15%。

(3) 赔偿的义务。广告公司在处理广告主委托的广告事务过程中因不可归责于自己的事由而造成损失的，广告公司可以向广告主要求赔偿损失。

【课堂演练】

1. 广告合同应具备哪些主要条款？
2. 广告发布合同当事人的义务有哪些？

项目实训——广告代理合同写作

一、实训名称

广告代理合同写作。

二、实训目的

1. 明确广告代理合同的法律特征。
2. 掌握广告代理合同当事人的义务。
3. 掌握广告代理合同的主要条款。
4. 能拟定广告代理合同。

三、实训内容

1. 根据项目五中设计的广告策划书，为广告主寻找一家广告代理公司，并起草广告代理合同。

2. 利用 Word 文档编辑，正确认识广告代理合同的法律特征。明确广告合同当事人的义务。

3. 广告代理合同中涉及广告调查、广告设计制作、广告发布等代理业务。

4. 将编辑完成的文本转换为 PDF 格式进行发布(可发布在 360 云盘、大学城空间和 QQ 空间)。

四、实训步骤

1. 研究广告策划书。分析广告策划书中涉及的代理活动，如广告市场调查活动、广告设计制作活动、广告发布活动等。

2. 假定广告代理公司，并研究其义务。

3. 完成广告代理合同。明确广告代理合同的主要条款。

五、实训要求

1. 上交广告代理合同。

2. 广告合同中标的明确。

3. 广告合同的主要条款准确无误。

六、考核标准

项目	考核标准		
	优秀(90~100 分)	良好(80~90 分)	合格(60~80 分)
考核标准 (100 分制)	广告合同标的明确，广告合同的主要条款完备且表述严谨、准确无误，广告合同格式准确	广告合同标的明确，广告合同主要条款完整、表述严谨准确性有待加强，广告合同格式正确	广告合同标的明确，广告合同的主要条款尚有缺失、表述不够准确，格式有缺陷
自评分			
教师评分			

注：未参与实训项目，在当次实训成绩中计 0 分。

课后练习

1. 简答题：广告合同的特征、分类有哪些？

2. 思考题：广告代理制的含义以及我国广告代理制发展的方向。

附录　授课计划表(72课时)

项目与任务		学习目标	建议课时
项目一 认识广告写作	任务1　认知广告与广告写作	掌握广告活动的流程；熟悉广告写作的内容，能对广告和广告写作有整体认识	2
	任务2　广告写作者相关素质要求	了解广告写作者的知识要求；掌握广告写作的思维方式；能利用各种思维方式对广告产品进行不同的表现	2
	项目实训——广告写作者知识储备训练	能按主题要求搜索某品牌广告；能对所搜集的广告作品进行分析整理；掌握广告活动流程的内容；能运用广告写作者知识结构和技能分析广告作品	2
项目二 广告调查报告写作	任务1　广告调查的内容	掌握广告调查的内容，重点熟悉广告产品、消费者和竞争对手的调查内容；能对某一广告产品进行调查规划	4
	任务2　广告调查的方法	掌握二手资料收集方法；熟悉原始资料收集方法；能运用原始资料收集方法，设计调查问卷	4
	任务3　广告调查报告	掌握广告调查报告的写作格式；熟悉广告调查报告的写作注意；能进行广告调查报告写作	2
	项目实训——广告调查报告写作	掌握广告市场调查的内容；掌握问卷设计的方法；掌握调查报告写作格式；能撰写广告调查报告	2
项目三 广告文案写作	任务1　认知广告文案写作	掌握广告文案写作的特点；熟悉广告文案写作的原则；掌握广告文案写作的要求；能分辨广告文案的合法性	4
	任务2　广告标题和标语的写作	掌握广告标题写作；熟悉广告标语写作；能进行广告标题和标语的写作	4

续表

项目与任务		学习目标	建议课时
项目三 广告文案写作	任务3 广告正文和随文的写作	掌握广告正文写作；熟悉广告随文写作；能进行广告正文和随文的写作	4
	任务4 报纸广告文案写作	熟悉报纸广告文案写作的特点；掌握报纸广告文案写作的技巧；能利用Photoshop设计不同版面大小的报纸广告	2
	任务5 杂志广告文案写作	熟悉杂志广告文案写作的特点；掌握杂志广告文案写作的技巧；能进行杂志广告文案写作	2
	任务6 广播广告文案写作	熟悉广播广告文案写作的构成要素；掌握广播广告文案写作的表现形式；能进行不同表现形式的广播广告文案写作	2
	任务7 电视广告文案写作	熟悉电视广告文案写作的构成要素；掌握电视广告文案写作的技巧；能进行不同写作格式的电视广告文案写作	2
	任务8 新媒体广告文案写作	熟悉网络广告文案的特征；掌握网络广告文案写作的技巧；能进行不同类型的网络广告文案写作	2
	项目实训——广告文案写作	掌握各种媒体广告的特点；掌握各种媒体广告文案写作技巧；能对给定资料进行分析整理，提炼广告主题，创作不同媒体的广告文案	2
项目四 广告策划书写作	任务1 解读广告策划书	掌握广告策划书的格式；熟悉广告策划书的写作要求；能根据策略单进行广告主题的提炼	2
	任务2 市场环境分析	掌握PEST分析法、消费者分析、产品分析和竞争对手分析；能据市场环境分析，做出广告主的SWOT分析	4

续表

项目与任务		学习目标	建议课时
项目四 广告策划书写作	任务3 营销策略提案	熟悉营销策略的写作格式；掌握营销策略的常用形式；能根据广告策略单的主题写作营销策略提案	4
	任务4 广告创意执行提案	熟悉广告创意的基本理论；掌握广告创意的原则和表现形式；能根据广告策略单的主题进行广告创意执行提案写作	4
	任务5 媒介投放提案	熟悉媒介种类和特性；掌握媒介选择的因素；能根据广告策划中的营销策略和创意执行进行媒介选择	2
	任务6 广告预算	熟悉广告预算的内容；掌握广告预算的方法；能根据广告策划的媒介选择等进行广告预算	2
	任务7 广告提案	熟悉广告提案的内涵；熟悉广告提案的准备工作；能根据广告策划书的内容写作广告提案	2
	项目实训——广告提案演练	了解广告策划书的主题提炼；掌握广告策划书的写作格式；掌握广告提案的PPT创作；能运用创作的广告提案PPT进行广告提案演示	2
项目五 广告合同写作	任务1 认知广告合同	熟悉广告合同的含义和特征；掌握广告合同的主要条款；能辨识广告合同的完整性	2
	任务2 不同类型广告合同的写作	掌握广告设计合同、制作合同、发布合同和广告代理合同的写作；能进行不同类型广告合同的写作	4
	项目实训——广告合同写作	能够明确广告代理合同的法律特征；掌握广告代理合同当事人义务；掌握广告代理合同的主要条款；能拟订广告代理合同	2

参 考 文 献

[1] 倪宁. 广告学教程[M]. 北京：中国人民大学出版社，2008.

[2] 王吉方. 现代广告策划实务[M]. 北京：电子工业出版社，2009.

[3] 杨先顺. 广告文案写作原理与技巧[M]. 广州：暨南大学出版社，2009.

[4] 丁邦清，程宁宁. 广告创意[M]. 长沙：中南大学出版社，2011.

[5] 闫洪深. 现代广告策划[M]. 北京：高等教育出版社，2012.

[6] 张衬. 广告文案写作[M]. 郑州：郑州大学出版社，2010.

[7] 周渡. 广告文案写作教程[M]. 北京：对外经济贸易大学出版社，2012.

[8] 邬晓光. 广告文案写作[M]. 北京：机械工业出版社，2005.

[9] 初广志. 广告文案写作[M]. 北京：高等教育出版社，2005.

[10] 丁柏铨. 广告文案写作教程[M]. 上海：复旦大学出版社，2005.

[11] 李世丁，周运锦. 广告文案写作[M]. 长沙：中南大学出版社，2003.

[12] 冯章. 新编广告文案写作与赏析[M]. 北京：经济管理出版社，2009.

[13] 柴鹏举. 广告文案写作[M]. 北京：化学工业出版社，2010.

[14] [美]奥格威. 一个广告人的自白[M]. 林桦，译. 北京：中信出版社，2010.

[15] [美]布莱. 文案创作完全手册：文案大师教你一步步写出销售力[M]. 刘怡女，译. 北京联合出版公司，2013.

[16] 黄升民，段晶晶. 广告策划[M]. 北京：中国传媒大学出版社，2013.

[17] 陈培爱. 广告策划与策划书撰写[M]. 厦门：厦门大学出版社，2009.

[18] 陈培爱. 广告策划原理实务[M]. 北京：中央广播电视大学出版社，2007.

[19] 卫军英. 现代广告策划[M]. 北京：首都经济贸易大学出版社，2010.

[20] 赵国祥. 广告策划实务[M]. 北京：科学出版社，2009.

[21] 原博. 广告创意[M]. 合肥：安徽美术出版社，2006.

[22] 丁培卫. 广告创意与文案策划[M]. 福州：福建人民出版社，2012.